艺术体育
高校学术研究论著丛刊

体育教学改革创新与信息化教学研究

彭仁兰　王根深　赵鹏东　著

中国书籍出版社
China Book Press

图书在版编目 (CIP) 数据

体育教学改革创新与信息化教学研究 / 彭仁兰，王根深，赵鹏东著 . -- 北京：中国书籍出版社，2021.5
 ISBN 978-7-5068-8488-4

Ⅰ . ①体… Ⅱ . ①彭… ②王… ③赵… Ⅲ . ①体育教学－教学改革－研究②体育教学－计算机辅助教学－教学研究 Ⅳ . ① G807

中国版本图书馆 CIP 数据核字（2021）第 096833 号

体育教学改革创新与信息化教学研究

彭仁兰　王根深　赵鹏东　著

丛书策划	谭　鹏　武　斌
责任编辑	李　新
责任印制	孙马飞　马　芝
封面设计	东方美迪
出版发行	中国书籍出版社
地　　址	北京市丰台区三路居路 97 号（邮编：100073）
电　　话	（010）52257143（总编室）　（010）52257140（发行部）
电子邮箱	eo@chinabp.com.cn
经　　销	全国新华书店
印　　厂	三河市德贤弘印务有限公司
开　　本	710 毫米 ×1000 毫米　1/16
字　　数	338 千字
印　　张	18.75
版　　次	2022 年 1 月第 1 版
印　　次	2022 年 1 月第 1 次印刷
书　　号	ISBN 978-7-5068-8488-4
定　　价	98.00 元

版权所有　翻印必究

目 录

第一章 体育教学与创新教育概述 … 1
- 第一节 体育教学概述 … 1
- 第二节 创新教育理念概述 … 8
- 第三节 创新教育理念与体育教学的关系 … 18

第二章 体育教学的基本发展状况 … 23
- 第一节 体育教学的发展现状与问题 … 23
- 第二节 体育教学的未来发展走向 … 27
- 第三节 体育教学改革创新的策略 … 30

第三章 体育教学思维与目标的改革创新 … 34
- 第一节 体育教学思维的改革创新 … 34
- 第二节 体育教学目标的改革创新 … 44

第四章 体育教学方法的改革创新 … 62
- 第一节 体育教学方法概述 … 62
- 第二节 体育教学方法的选择与应用 … 67
- 第三节 体育教学方法创新的必要性 … 73
- 第四节 体育教学方法创新的困惑与未来展望 … 74
- 第五节 体育教学方法创新的应对策略 … 77

第五章 体育教学内容的改革创新 … 87
- 第一节 体育教学内容概述 … 87
- 第二节 体育教学内容的组织与实施 … 100
- 第三节 体育教学内容资源的开发与选择 … 103
- 第四节 体育教学内容发展现状与改革创新 … 113

第六章 体育教学模式的改革创新 … 117
- 第一节 体育教学模式概述 … 117
- 第二节 常见的几种体育教学模式 … 128

第三节　体育教学模式的未来发展走向……………………143
　　第四节　体育教学模式的优化与发展创新…………………144

第七章　体育教学评价的改革创新…………………………………149
　　第一节　体育教学评价理论体系……………………………149
　　第二节　当前常见的体育教学评价手段及利用……………153
　　第三节　体育教学中的师生评价……………………………155
　　第四节　体育教学评价的发展与探索………………………166

第八章　体育教学主体的改革创新…………………………………171
　　第一节　体育教学主体概述…………………………………171
　　第二节　体育教学中教师的创新发展………………………183
　　第三节　体育教学中学生的创新培养………………………189

第九章　体育教学管理的改革创新…………………………………194
　　第一节　体育教学管理概述…………………………………194
　　第二节　体育教学主体的管理………………………………203
　　第三节　体育教学财物的管理………………………………208
　　第四节　体育教学管理现状及改革发展……………………219

第十章　体育教学改革创新的科学保障体系构建…………………224
　　第一节　体育教学改革创新的背景分析……………………224
　　第二节　体育教学改革创新的安全教育体系………………229
　　第三节　体育教学改革创新的环境保护体系………………240
　　第四节　体育教学发展的特殊课程设置……………………244

第十一章　互联网与体育信息化教学发展研究……………………251
　　第一节　互联网时代背景与体育教学发展形势……………251
　　第二节　体育信息化教学的意义与发展……………………266
　　第三节　体育信息化教学的设计与实施……………………273

第十二章　体育信息化教学方法研究………………………………276
　　第一节　体育信息化教学之体育微课教学…………………276
　　第二节　体育信息化教学之体育微格教学…………………279

参考文献………………………………………………………………289

第一章 体育教学与创新教育概述

体育教学的发展状况受到很多因素的影响。随着教育事业的不断发展，人们对教育越来越重视，并且针对当前的教育发展状况，不断提出与之相适应的新的教育理念，以更好地服务于教育事业发展，使教育事业更加完善、与社会发展相符。创新教育就是一个新的教育理念。这里主要对体育教学与创新教育进行探析，所涉及的内容有体育教学的基本理论、创新教育理念概述及其与体育教学的关系。

第一节 体育教学概述

一、体育教学的概念与内涵分析

（一）体育教学的概念界定

相较于其他学科，体育教学在教学环境上的要求更高，所需器材和教学场地更加严苛。由此可见，这是由多种构成因素共同组合而成的一种活动形式。

从实质上来说，体育教学就是指学生通过教学活动来不断发展的一个活动过程。具体来说，就是学生在学校教育中，通过教师的组织和指导，来不断学习体育相关知识，掌握体育相关的技术、技能，不断增强身心健康，培养良好的思想品德，提高身体活动能力、自然和社会环境适应能力，促进个性发展的一种活动形式。

当前关于体育教学的概念还没有统一说法，将其中蕴含的共同之处归纳起来，即为"以体育课程为中介的师生双方教与学的双边活动"。

（二）体育教学的内涵分析

通过分析体育教学的概念，可以将其内涵大致理解为以下几个方面。

1. 体育教学是一门学科

体育教学作为一门学科，其是由很多因素组合而成的，比如，最基本的体育教学目标、教学内容、教学评价等。其中，体育教学目标是促进学生身心健康，增进学生全面发展。这里所强调的重点是对体育运动的知识与技能的学习与掌握。

2. 体育教学是教育的组成部分

体育教学活动的开展，与教师的指导是分不开的，同时，教学内容所涉及的范围也非常广泛，对不同学科的知识都或多或少有所涉及，比如主要的生物科学、教育学、心理学、社会学、哲学等，体育教学与德、智、美、劳的教育之间是相互配合的关系，这些方面共同促进学生身心的全面发展。

3. 体育教学是活动

体育教学本身就是一种活动，这种活动具有组合性特点，即将那些有目的、有计划、有组织的体育活动有机组合起来。从更加严谨的角度上来说，可以将体育教学理解为对理论知识的熟知，但是，也不仅仅局限于此，参与运动技能、积累体育感受体验也是这一活动形式的重要方面。

二、体育教学的特点

体育教学作为一种教育形式，有着教育活动的基本特点以及其自身的特点，具体如下。

（一）传承运动知识的操作性

相较于其他学科来说，体育教学中的知识是较为特殊的，可以将其理解为是一种"身体知识"，能够影响到学生的自我认知，但是，其重要性总是得不到相应的重视。"身体知识"是一种正回归人类自身感觉的知识，教育工作者要继续深度挖掘这类知识的重要功能，以真正彰显其重要性。人类在其发展历史中创造了无数的知识，这方面的理论作为其中的一类知识具有其自身的特殊性，这也体现了人类在知识的探索中越来越注重知识的全面性，注重从不同角度探索知识，不仅探索外部自然知识，也探索内在身体知识，这也是人类历史的一大进步，这直接促进了人类知识体系的完善。

当前，教育部门对体育教育过程中学生的主体性的重视程度较高，因此，学生的个性养成就成为体育教学的主要内容和目标，这种追求人类自我知识的回归将体育教学的特殊性以及体育教学知识传承的特殊目标与意义体现了出来。

（二）师生身体活动的频繁性

在体育教学中，学生通过亲身参与体育实践活动而获取"身体知识"，没有实践参与，就不可能获得这类知识。学生参与体育实践，需要教师给予准确的指导。在体育实践课上，教师将所教动作示范给学生看，根据动作的难易程度和学生的实际水平选择完整示范或分解示范等方式，引导学生关注连贯的动作、每个动作环节以及一些容易忽视和出错的细节，指导学生完成动作，并给予反馈和评价。在教师示范的过程中，学生要认真观察，了解一个完整的技术是由哪几个动作组成的，每个动作要如何准确完成，特别要观察细节，不要错过每个细节之处，观察后在教师的指导下练习，获得直观的体验。由此可见，学生在对体育基础理论知识予以掌握的基础上，必须亲身参与到体育实践中，身体力行，认真操练，否则无法掌握技术，熟悉技能，也不可能达到强身健体的目标。所以，在体育教学过程中，师生的互动与其各自的身体活动有必然的联系，而且不管是教师的身体活动还是学生的身体活动，都比较频繁，二者的互动也很多。体育教学是在身体活动的基础上达到教与学的目标，而其他学科很少涉及身体活动，且互动也不像体育学科这样频繁。

一般的文化学科在室内组织课堂教学，室内环境安静，学生静静地听教师讲课，安静的课堂环境有助于学生掌握文化知识，有助于学生认真思考，教学效果也比较好。但体育学科的教学不同于此，师生的身体活动都是有强度的，只是有的动作强度大，有的动作强度小，师生在身体活动中也会将自己的情绪融入其中，赋予技术动作情绪的表达，即行为反映情绪，情绪通过身体表现出来，这也是体育文化的一个特殊性，学生在身体活动中表达积极乐观的情绪，可见充满阳光与活力的体育运动适合青少年学生参与。

（三）学生身心合一的统一性

在体育运动过程中，人的很多方面都会得到有效的发展，比如，形态结构、生理机能水平、心理素质等。体育教学的开展，不仅能塑造学生优美的形体，还能将各种体育的相关文化传授给学生，对学生社会适应能力的提高起到促进作用，这些都能体现出体育教学对人体改造的多元性与全面性。

体育教学有其特殊的教学情境,其不同于文化学科教学中的智育教学情境,体育教学情境的特殊性主要体现在动作直观、生动形象、富含情绪等方面,正因为有特殊的教学情境,才能通过体育教学积极影响学生的身体健康、心理健康以及社会适应健康。因此,体育教学中存在符合唯物辩证主义的观点,即身心发展的一元性。身体发展与心理发展关系密切,前者是后者的基础,后者对前者又能积极地反作用。

具体来说,体育教学中身心合一的统一性可以从以下几个方面得到体现。

第一,体育教学中学生是处于主体地位的,因此,这就要求体育教学必须与学生的年龄特点和心理特点相符,体育教师也要以此为依据,来进行教学方案的设计工作,让学生对体育产生浓厚的兴趣,积极、主动地参与到体育运动中,进而将体育教学的功能更加充分地发挥出来。

第二,体育教师在进行教学组织与选择教学方法时,要考虑多方面的因素,学生个人情况就是必须考虑的因素之一,必须做到所选择的教学方法和教学组织活动与学生的身心规律相符,使学生在一定运动负荷的锻炼与间歇过程中实现提高体质、发展身心的目的。

第三,体育教学在选择教材内容时,需要关注的重点方面是教材对学生身体各部位的素质、各项运动能力所产生的积极影响,以及教材对学生心理健康和社会适应能力培养的影响,除此之外,还要与心理学、体育美学和社会学等方面的要求相符。

（四）教学过程的直观形象性

直观形象性是体育教学非常重要且明显的一个特点,这集中从教学过程这一教学因素中体现出来,下面具体从两个方面来解释这一特征。

第一,体育教师在体育课堂上向学生示范动作之前要先进行语言讲解,语言讲解技术动作不同于讲解一般的理论知识,因为技术动作的完成是动态的,所以讲解要讲求生动形象,而且为了吸引学生认真听讲,教师要把握好语言的艺术性、趣味性,这样虽然动作复杂,但通过教师技巧性的讲解,学生顿时感到技术动作通俗易懂,这有助于学生直观了解所学技术,并加深记忆,同时也能提升其实践练习的自信心。

第二,体育教师生动形象地讲解技术动作后,就要向学生示范动作,示范方式直接影响学生的学习效果,所以要尽可能选择直观的方式来演示,示范方法越直观,越能抓住学生的眼球,使学生建立的动作表象更清晰,动作意识更深刻,进而比较轻松地掌握动作方法,这有助于提高其练习的准确性和熟练性。

（五）教学内容的审美情感性

体育中包含着非常多的运动项目，这些运动项目能够将各自的美都充分展现出来，而体育教学的美，则主要从动作技术练习过程中的形体美、运动美上得到体现。通过长期坚持运动锻炼，学生的四肢会更加协调，身体各部位更加健美，身体线条与轮廓更加清晰、优美，这些美集中在一个人身上，其在运动中会散发无穷的魅力，这也是体育的魅力。当然，仅仅有这些外在层面的美是远远不够的。一个人要拥有完整的美，就要既注重外在美，又注重内在美，体育对人内在美的塑造主要体现为培养精神美，具体表现在以下几个方面。

第一，学生遵守规则，尊重对手，与队友和谐相处，与对手公平竞争。

第二，学生顽强拼搏，坚持不懈，克服困难，为掌握复杂的技术动作或在比赛中取得胜利而持之以恒、加倍努力。

第三，学生主动克服身心障碍，不断挑战自我，努力完成高难度动作。

学生大脑中储备的体育知识随着体育教学实践的开展而越来越丰富，而且学生的运动技能也是在长期的运动实践过程中积累与提升的，知识与技能的持续发展离不开不断的实践和不断的创新，知识储备达到一定程度，运动技能达到一定水平，学生就会自然而然地对体育教学的独特魅力产生深刻的体会与感悟。比如，体育教师在传授知识的过程中，对其进行了艺术的处理，这样能够使学生从中得到美的感受、美的启迪，陶冶情操，净化心灵，促使身心健康和谐发展。

（六）客观外界条件的制约性

教学效果受主客观因素的影响，也受内外环境因素的影响，有的学科的教学效果主要受主观因素影响，有的主要受客观因素影响；有的主要受内在环境因素影响，有的则主要受外在环境因素影响。就体育教学来说，其受外在环境因素及客观因素的影响非常大，也就是说客观因素和外在环境因素在很大程度上影响体育教学效果。

体育教学主要在户外进行，教学环境开放、复杂，户外的气温、场地器材、地形等因素都对体育教学的开展及最终的效果有不同程度的影响。

三、体育教学的功能

（一）强身健体功能

体育教学，就是针对体育进行教学，所涉及的不仅有体育的理论知识，还有体育的实践活动。因此，这就赋予了体育教学显著的强身健体功能。体育运动项目种类繁多，不同项目对人体运动素质所产生的具体影响是不同的，因此，在具体应用上也有所差别。比如，田径中的短跑运动项目，需要借助的是学生的爆发力和速度能力，因此，通过短跑运动教学，能对其力量与速度素质有很好的发展效果；而田径中的中长跑运动项目，则是需要借助学生的心肺功能和无氧水平来进行的，因此，对学生的耐力素质有较高要求，同样的，通过中长跑运动训练，能对学生的耐力素质有很好的提升作用。

体育教学的开展，对于学生这一教学主体来说，最直观的功能主要体现在其身体功能的提升上，而这一功能的发挥，与体育教学规律这一重要前提有着密切联系，并且合理运用科学的教法与组织形式，才能取得较好的教学效果。

（二）完善心理功能

体育教学对学生的身体有强健的功能，同样的，也会对人体的心理产生重要影响，因为人的身心在某种程度上是统一的。体育教学本身就是教育形式的一种，因此，育人功能是其本质功能之一，这种功能主要通过教师的言传身教来实现，因为教师在教学中的言谈举止无时无刻不对学生产生影响，因此，教师要将其榜样的力量充分发挥出来，使学生能够因此受到潜移默化的教育影响。

体育教学对学生心理的影响主要包括两个方面：一个是个人心理方面，从这个角度来看，体育教学能有效调节学生的内心，培养学生正确看待胜利和失败，始终保持乐观向上的心态，不沮丧气馁，不甘落后，奋起直追，这对于学生的成长具有积极意义。一个是团体心理方面，从这一角度来说，体育运动中的很多项目是团队运动，因此，这就要求参与团队运动的每一个成员需要处理好个人利益与集体利益的关系，以大局为重，抛开个人杂念，发扬集体主义精神，成就团队荣誉。

第一章　体育教学与创新教育概述

（三）促进社会交往功能

体育教学过程中，受众往往是很多学生，因此，体育教学活动，从某种程度上可以看作是一种集体社交活动。在体育活动中，学生会通过各种方式来进行交流，而在交流的过程中，能够将一些社会形态的东西体现出来，比如体育的道德、规则和规范等。体育教学具有社会属性，要求参与者必须严格遵循其中所赋予的各种规则与准则，否则，就会受到惩罚和制裁；若表现出众，则会得到表扬和奖励。而对此进行判定和执行的人就是体育教师，这就要求教师必须做到公平公正、实事求是，否则不仅不会对学生产生积极影响，还有可能适得其反，鉴于此，就要求教师一定要注重体育教学过程中学生体育道德规范意识的形成，进而培养学生使其能够与未来社会的各种道德规范及理念相适应。

（四）传授运动技术的功能

体育教学与其他学科教学之间的一个显著区别，就是运动实践方面，这是体育教学所特有的教学内容之一。某种程度上，体育运动项目的精髓和精神都是蕴含在运动技术中的，所以，体育教师对学生进行运动技术方面的传授，实际上也是体育运动传承的方式之一。

体育教学中，体育运动所涉及的所有的技术、战术等都是非常重要的实践技能，在安排教学内容时，也会将其放在主要的位置上，这方面的内容，甚至可以具体到某单元教学中的单个动作环节。

（五）传承体育文化功能

体育经过不断的发展、演变，才形成了现在这种形态，并且已经形成了具有自身特殊意义的体育文化。可以说，体育文化也是蕴含于体育教学过程中的重要教学内容。体育文化的传承与发展，是通过各种途径实现的，比如，体育竞赛、体育的相关科学研究、体育运动项目规则的改进、民族传统体育的挖掘与整理等，体育教学也是其中的一种重要途径。通过体育教学活动的开展，能够让学生对体育文化有一个从浅入深、逐渐全面深入的了解和理解过程，体育文化也以这种形式，在学生身上进行传承。因此，这就将体育教学传承体育文化的功能体现了出来。

第二节 创新教育理念概述

一、创新教育的概念

最初,美国经济学家熊彼得将创新教育这个概念提了出来,但是这一理念是用于经济领域的,后来才被应用于教育领域。

要对创新教育有所了解,首先要认识创新一词。目前,我国对创新的认识也有了很大的提高,比较笼统的观点是:创新是思想与市场的最佳结合,也是理论与实践的有机结合,是一种很好的表现形式。

在新时代中,创新一直都是强调的重要主题,也是教育发展到一定阶段必须解决和面临的问题。结合我国国情,实施创新教育是最适合的教育改革,因为只有通过教育理念和方法的创新,才能创造出有助于具有创新精神和创新能力的优秀人才产生的教育环境和氛围。

为适应现代化建设和社会主义市场经济发展的需要,创新教育已成为21世纪教育发展的主流。作为一种新型的教育模式,它使人们不断地将新技术、新思想、新知识转化为先进的生产力,并把培养人们的创新思维和创新能力作为最终目标,这正是创新教育模式的主要目的所在。在当前社会,创新教育的重要性越来越被突显出来。

关于创新教育,教育界中一直都存在着不同的观点,当前,比较具有代表性的有以下几个观点。

创新教育是使学生在掌握学科知识的同时,形成基本技能,开发创新潜能,发展创新能力。

创新教育将起点放在使学生具有创新意识上,同时,创新教育也将其目标确定了下来,即让学生对创新产生热爱之情,形成创新思维,还要对学生的创新能力进行重点培养,这也是现代社会发展的一个显著需求。

创新教育,实际上是一种新型教育形式,主要目的是对创新型人才进行培养。在体育教学中运用创新教育,就是在创新理念的指导下,借助于新型的教育方法、手段以及教学活动,使学生建立良好的创新意识,形成创新精神,在此基础上,来培养学生的创新意识和创新精神并进而发展其创新能力的全方位的教育活动。

通过对上述几种观点的综合,可以将创新教育的概念界定为:创新教育,就是以社会主义现代化发展对人的要求为依据,对学生的基本价值

第一章 体育教学与创新教育概述

取向进行培养,使学生能在创新方面建立起相应的意识,形成相关的素质,并具备相关的能力,以此来使创新型人才队伍的建设速度进一步加快的一种新型教育理论。[①]

二、创新教育理念的内涵

创新教育是培养高素质的创造性人才的必经之路,也是深化教育改革的具体措施。关于创新教育理念的内涵,可以从两个方面着手进行分析:一方面,是从创新教育的概念入手,从教育主体的角度对创新教育的内涵进行分析,比如教育管理者对创新教育的认可、教师的创新能力、家长对创新教育的认识与理解以及学生自身等多方面;另一方面,则是从教育教学过程的角度出发来进行分析,包括教育理念的创新、教材等教学内容的创新、教学手段和教学评价体系的创新等。

(一)教育教学主体的创新教育内涵分析

1. 创新精神

在创新教育汇总,创新精神是处于核心地位的。在教育教学过程中,要对学生进行创新教育,培养起良好的创新精神。具体来说,创新精神包含的内容是较为广泛的,具体有以下几个方面。

(1)创新意识

一般的,对创新意识的认识可归纳为:它是一种个体追求新知的内部心理倾向,如果这种倾向能够保持稳定性,那么,就会升华为个体的精神与文化。

具有创新意识的个体,会有这样的表现:首先,对自身以及自身所处的现状都存在不满的情况,同时还具有强烈的上进心,总是希望能够有对自我的超越,因此,其会不断尝试做各种工作,以期实现这一目标,同时,在这一奋斗的过程中还将其不畏艰险、不怕苦难,勇于上进的优良品质体现了出来。再加上强烈的好奇心和浓厚的求知欲,这种创新意识转变为创新能力的可能性是非常大的。

(2)创新情感

创新情感是以创新意识为基础实现的。创新情感对于个体来说,其产生的作用和影响丝毫不亚于创新意识。在创新的实践过程中,需要个

---

① 胡珺.基于创新教育的高校图书馆学习共享空间建构研究[D].合肥工业大学,2016.

体付出自己的奋斗,付出自己全部的身体和心理上的能量,从而取得一定的成绩,而取得的这些成绩会给个体带来一定的成就感,由此,也进一步催生出了其更加强烈的责任感,这对于其今后各方面的工作都是不小的财富支撑。

（3）创新意志

在不断提高自己的同时,来自不同方面的干扰也会形式多样地纷至沓来,这就要求创新个体排除干扰,使自己始终保持在最原始的状态,经得住诱惑,对自己的工作更加专注,在这个过程中形成的坚定意志就是创新意志。

2. 创新能力

创新能力是指将创新精神贯彻于实践活动从而完成创新成果的能力。学生的创新能力是由多方面内容构成的,比如,搜集处理信息能力、团队合作能力、人际沟通交流能力、协调指挥能力以及实践动手能力,这些能力可以归纳为两个方面,即创新思维和创新活动。这些创新能力对于实现资源的合理化配置、营造良好的创新氛围都是非常有帮助的。

（1）创新思维

创新思维,顾名思义,就是一个人在面对问题时的思考方法以及思考层面的一种创新。通常,具有创新思维的人,具有敏锐的感受能力、有灵活的思维能力、有对事物本质的洞察能力,能够在实践中不被传统思维束缚,另辟蹊径找到解决问题的办法,以达到事半功倍的效果。在创新教育过程中,创新思维是不可或缺的重要方面,因此,需要在教育教学过程中对学生进行这方面的重点引导和教育。

（2）创新活动

创新活动,就是把创新思维所造就的新思路、新理论运用到实际当中的一个方式,不管是什么样的理论、思路,都必须能经过实践的考验才能成立,否则,就是没用的。创新活动就是要把创新思维得出的东西进一步夯实,进一步修改,以期能够达到理想的目标。同时需要强调的是,创新活动与创新思维两者并不是相互独立的,而是紧密联系不可分离的。

3. 创新素质

创新素质是指个人通过外在环境、相关培训教育以及创新实践活动等影响因素的共同作用形成的相对稳定的知识结构、能力水平和品质素养。对于教育教学中的教师和学生来说,创新素质都是必须具备的重要素质。

第一章　体育教学与创新教育概述

4. 创新人格

个体在行为上的内部倾向性,就是所谓的人格,其主要表现为个体适应环境时在能力、情绪、需要、动机、兴趣、态度、价值观、气质、性格和体质等方面的整合。由此,创新人格可以被理解为是科学世界观、正确方法论等智力因素和坚韧不拔的毅力等非智力因素的有机结合。创新人格的表现主要有这样几个方面。

(1) 能为自我实现提供必要帮助。
(2) 兴趣上具有广泛性、稳定性与持久性特点。
(3) 做事勤奋,有较强的责任心。
(4) 情感处于积极状态,自我控制情绪的能力非常强。
(5) 有强烈的好奇心和满满的求知欲。
(6) 竞争意识较强,还有强烈的危机感。
(7) 有非常强的自信心,并且在处理事情上坚韧且有毅力。
(8) 有勇气,做事果断,还具有很强的冒险精神。
(9) 有独立性的批判精神。
(10) 有开放的心态以及团结协作的精神。

学生处于青少年发展时期,这对于其一生来说,是非常关键的转折时期,这一时期表现出的特点是他们的心理、生理逐渐走向成熟,对人格的形成有重要影响。这也是教育教学开展的重要目的。鉴于此,就要求教师要将自身的引导作用充分发挥出来,为学生正确人格的形成提供必要的帮助。

(二) 教育教学过程的创新教育内涵分析

1. 弹性化的时间制度

弹性化的时间制度,就是改变过去固定时间的学习模式,在保证学习质量的基础上放宽对时间的限制。比如,欧美国家将互联网应用于日常生活中,利用其获取信息便利的优势,可以实现图书馆全天 24 小时开放的目标,这对于读者来说是非常大的福利和便利。同时,读者在选择阅读的内容方面,也更加便利,时间限制大大降低,创新教育的针对性、个性化和自主性由此得以体现。

2. 学习模式创新

在创新教育理念影响下,学习模式也发生了改变,被动式的学习模式已经无法适应创新教育了,创新的学习模式应该是基于问题的学习模式,具体来说,就是所提出的创新型的学习模式,必须能够对学生的创新、实践、合作以及交流等各方面能力起到锻炼和提升的作用。

目前,美国教育机构对创新教育的学习模式进行了总结,大致有这样几种:小型社区化学习模式、基于项目的学习模式、主动学习模式和基于兴趣的学习模式。

(三)创新教育与传统教育的本质区别

创新教育所涉及的范围是非常广泛的,除了教育的目标问题、方法的改革和内容的调整,还应系统地对教育进行改革。可以说,进行教育创新的主要目的在于,对学生创新素质和能力加以培养。

尽管创新教育与传统教育都是教育的形式,但是,从本质上来说,两者之间的区别还是非常显著的(表1-1)。

表1-1 传统教育与创新教育的对比

	传统教育	创新教育
培养目标	培养出的人才是"知识生产者",就是具备对精确领域问题加以解决的能力的人才	培养出的人才是"生产知识者",就是具备对模糊领域问题加以解决的能力的人才
强调重点	将模仿和继承作为强调的重点,还要有较强的适应当今社会的能力	将变动和发展作为强调的重点,还要有较强的应变未来社会的能力
教学要求	教学标准较低,强调全面平推	教学标准较高,强调单项突破
获取知识	强调信息在储存、积累方面的能力	强调信息在提取、加工方面的能力
学习态度	被动接受	积极主动
学习思维	集中	扩散
教学形式	提供结论性的东西,是结论性教学,给学生现成的、唯一的标准答案	学习的思维过程,是过程性教学,提倡探索的设想方案并进行选择和决策

三、创新教育理念的构成

作为一种新型的教育理念,创新教育的实质并没有发生变化,仍然是对人的创新素质的培养,对这种创新素质的理解是广义上的,尤其在内容上得到体现,比如创新意识与创新精神、创新思维与创新人格、创新能力与实践能力。

第一章 体育教学与创新教育概述

创新教育所包含的各种内容中,处于核心地位的是对创新意识的培养和对创新能力的锻炼与提高,其中,培养创新意识是基础,锻炼创新能力是提高。

创新教育的核心构成可以从图 1-1 中有直观的展示。

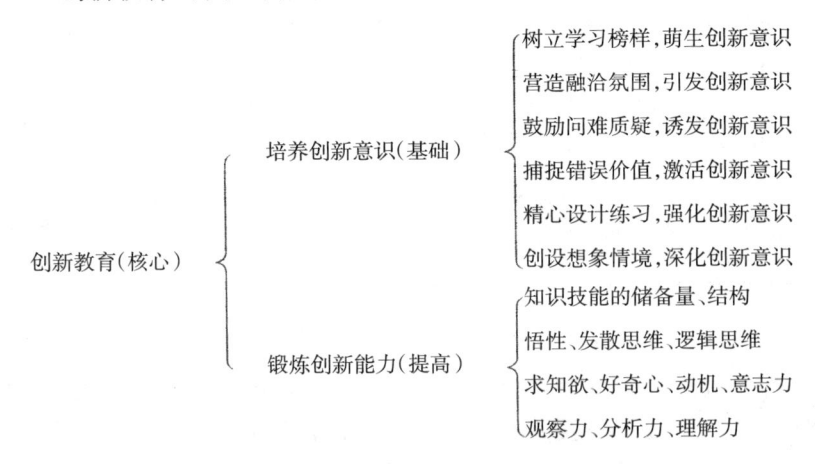

创新教育(核心) {
 培养创新意识(基础) {
  树立学习榜样,萌生创新意识
  营造融洽氛围,引发创新意识
  鼓励问难质疑,诱发创新意识
  捕捉错误价值,激活创新意识
  精心设计练习,强化创新意识
  创设想象情境,深化创新意识
 }
 锻炼创新能力(提高) {
  知识技能的储备量、结构
  悟性、发散思维、逻辑思维
  求知欲、好奇心、动机、意志力
  观察力、分析力、理解力
 }
}

图 1-1

(一)创新意识

创新意识,所反映的是创新活动的内部心理倾向,具有创新意识的人,往往具有强烈的好奇心、求知欲、怀疑感,同时,创新需求比较大,还具有很强的思维的独立性。创新意识是创新心理素质形成的重要基础。

创新意识,并不单单指某种意识形态,而是在很多意识形态方面都表现出的创新性与发展性等先进思想,比如,在思维、个性方面的创新属于创新意识的范畴,批判、求异方面的思维以及好奇与兴趣、独立与独创、自觉与果断、自制与毅力、自信与自尊、怀疑与求真也都属于创新意识的范畴。创新意识的形成并不是一蹴而就的,也会受到多种因素的影响和制约,比如,学习压力、抑郁和焦虑等。

在培养和建立创新意识时,首先要具备一定的创新敏感度、创造创新张力。这是创新意识形成的重要基础条件。

(二)创新能力

创新能力,就是达到创新目的会用到的相关能力的总称。这些应该具有创造性的能力主要涉及观察能力、思维能力和实践能力等。对个体创新能力的衡量标准,主要有知识储备量、知识结构、悟性思维、逻辑思维、好奇心、求知欲、动机、意识、意志、注意力、观察力、分析力等。

创新能力的形成，受到多种因素的影响，其中，影响力较大的有学习压力、抑郁、适应能力等方面。创新意识是创新能力的形成前提，其主要受创新意识的支配和强化，同样的，创新意识的增强也会反作用于创新能力。

综上所述，坚持这些教学活动不足以培养学生的创新意识，锻炼学生的创新能力。它是一门没有终点的学科，是一项长期的复杂系统工程。这就要求我们必须与时俱进，时刻关注，从每一节课做起，师生共同参与，共同探索，以"创新花、结创新果、育成林"。

四、创新教育理念的特征

（一）全面性

创新教育对教育者的基本要求为：在教育创新过程中，不仅要考虑到学生对本科教材知识的接受程度，更要使学生在关注自身学科知识的同时更大程度地理解其他相关知识，使学生得到更全面的发展，为他们未来的学习和生活奠定基础。如此一来，学生所掌握的知识能够更加广阔，不仅知识结构得以完善和优化，视野也会因此而变得更加开阔，为以后走入社会创造良好的条件，从而使学生偏科的现象减少发生的概率，对学生学习积极性的激发也是非常有帮助的。

除此之外，还要在思想上做到全面性。学科知识的累积与扩展固然重要，但不是全部，还要对学生的学习思维以及兴趣爱好加以关注，因此，这会对学生的学习教育产生指向性的作用。教师也要重点关注这一方面，充分了解并把握学生的各方面特点、能力水平，对学生的优点以及兴趣爱好了然于胸，然后以此为依据，对不同的学生进行有针对性和侧重点的引导，促进其优势方面得到进一步的强化，而劣势或者不足之处，要有效补充或改善，以此来有效保证他们的全面性发展。

（二）前瞻性

创新教育，强调创新，这就与传统的教育有了显著区别。教育是不断发展的，现阶段的教育会在某些方面体现出对前一阶段的教育的创新、完善，也为下一阶段教育的发展奠定基础，指出未来的发展方向。实际上，这就将创新教育的前瞻性特征体现了出来。

创新教育是一种科学合理的现代教育，更适合人类的进步和发展，是在现实基础上培养创新人才的教育。

第一章　体育教学与创新教育概述

这里所说的前瞻性,与超前之间是有区别的,只有有规律、有章法、有计划性的超前才称得上是前瞻性,不能将创新教育的前瞻性特点与那些毫无章法的超前之间划等号。通过具体分析,可以将创新教育的前瞻性理解为:这是一种较高的教学目标,教师和学生通过相互配合、共同努力是可以实现的,这一努力的过程中渗透了世界先进的教育理念、教学方法,同时还与我国的基本国情相结合。由此所得出的教学目标,不仅仅具有显著性、引导性和超越性特点,还能保证其可行性,能满足现代社会发展以及新课程改革的需求。

(三)探究性

创新教育所包含的观念中有一个处于核心地位的就是要最大程度地引发学生对问题的研究。在提倡学习的过程中,只有将学生探索的兴趣激发出来,才能使其在主动参与到教学活动的过程中产生动机和动力,学生的思维以及学习能力才能得到真正的提高和锻炼。因此,这就要求教师应当主动鼓励学生去参与到课堂当中去,并且充分发挥自身的智慧,对教师在课堂上提出的问题进行思考,并且提出自己的解决方案,不要人云亦云,丧失了自己的个性化特点。对于教师来说,要对学生的思考和积极提出自己的想法进行积极鼓励,从而很好地保护学生的创新性,使学生在积极鼓舞的状态下,更好地进行创新,保证学校创新教育的顺利实施。

(四)时代性

我国的教育形式是随着时代的更替而不断发展的,从最早的私塾,到应试教育,再到素质教育,再到现在的实践创新教育,这一教育的发展过程也体现出了建设社会的发展历程。我们可以将创新教育的提出理解为时代潮流的产物。学校由被动的教育向"创新性教育"的转变和学生由机械式的学习到"创新性学习"的转变,是教育事业中最重要的两个转变,抓住了现代化教育改革的核心和本质,能够将实施创新教育的鲜明时代性特征反映出来。

(五)民主性

民主性,对于创新教育的实施能够起到非常重要的作用,主要还有一个因素——课堂的民主性,学生面对教师,尤其是我们的思想品德教师,天生就有一种敬畏。这就会对课堂上的气氛产生影响,造成学生无法将其主动性和积极性表现出来,这些都对其心理产生了非常大的影响。然而,这样的状态对创新教育的实践产生了制约甚至阻碍作用,所以,这就要求教师要从心理上彻底去消除学生的这种敬畏情感,使他们能够有一个宽松、愉快、民主、自由的课堂氛围,从而使创新教育的顺利实施得到保证。

(六)应用性

随着社会的发展进步,科学技术的不断更新,新的教育思想、教育手段、教育器材层出不穷,这也进一步拓展了学生的思维、视野,在教学过程中,如果能够科学利用新鲜的教育方法所起到的作用是非常显著的,但是不管创新理论怎样变化,有一点是不变的,即基本目标,其仍然要与教学大纲相贴合,仍然以课程中心思想为参照的重要核心依据,由此,要保证创新教育的顺利落实,与实际教学应用相结合是一种必然,这对于国家的可持续发展也是有利的。

(七)实用性

实用性是创新教育非常重要的一个价值,也是实施创新教育的最终目的。我国在世界上一致被认为是善于模仿,而不是善于创新,在这样的背景下,必须通过各种方式途径来使自己拥有较强的自主创新能力,实现由"中国制造"向"中国创造"的可喜转变,使自己的自主创新能力能得到进一步提升。总的来说,创新教育作为一种实践创新的教育形式,一定要大力推广和普及,以此来进一步培养创新型人才,在国家建设方面也加以创新,使创新教育的实用性特征得到更加广泛的体现。

(八)超越性

从本质上来说,所谓的创新教育就是教师要引导学生去不断超越与前进,使他们不怕问题的艰难,不满足于现状,更加地发奋学习、努力思考。因此,这就要求教师必须对学生进行积极的引导,从而使他们去进行自我超越,树立更高的理想、信念。这种信念与精神同样也是创新教育要达到的目的当中必不可少的。同样的,教师自身也需要去超越自我、追求更高、勇往直前,不甘落后。

五、创新教育在我国的发展态势

我国学界有关"创新教育"的理解和应用最早的显露是陶行知先生在 20 世纪 20-30 年代提出并进行了相关试验的"创造教育"问题。现如今,对创新教育的研究,主要涉及创新教育的理论研究、创新教育的实践研究、创新教育的实施途径、创新教育的评价、创新型教师培养等几个方面。

近年来,我国的经济发展态势越来越好,经济水平提升幅度较大,再加上科学技术、文化等方面的支撑,进一步拓展了与世界各国的交流,在广度和深度上都有所提升。在这种形势下,为了保证这种良好的发展态势,对人才就提出了更高的要求即必须具备非常强的创新能力,因此,创新教育就是现代新型人才培养必须要包含的一项重要内容。

创新教育是实施与开展,是在传统教育的基础上进行的,因此,这就要求一定要在保证学生对知识、技能的正常学习的基础上,来加以创新,才能保证得出的创新意识与创新能力是有深厚基石的,才是与教育需求相适应的。当前,国家对创新是非常重视的,可以说,创新是引领发展的第一动力,创新人才的培养更是重中之重,这也在一定程度上成为创新教育的强大动力。

创新教育的实施与推进,应该首先明确其切入点,即对学生创新精神的培养,这是本质要求,以此来通过一系列的方式创新、理念创新,进一步强化学生的创新能力,全面提升学生的综合素质。教师在创新教育的发展过程中,所扮演的角色是施教者,教师的创新意识、创新观念,直接关系到创新教育的质量与效果。因此,要求教师首先从自身出发,建立创新意识,培养创新精神,具备创新能力,为学生创新教育奠定基础的同时,也发挥好隐性的榜样作用。

学校教育中,创新教育作为一种新型的教育形式,其要求创新的方面应该是全方位的,包含理念、方法、手段以及内容等各个方面,能够为学生顺利接受上一级教育打下较为扎实的知识基础,同时,有助于学生养成良好的创新能力,培树优秀的创新品格。

第三节　创新教育理念与体育教学的关系

创新教育理念与体育教学之间是有着密切关系的，将两者有机结合起来，能够产生非常强大的影响力，对两者的发展和完善都有积极的作用。

一、创新教育理念对体育教学的要求

创新教育理念在体育教学中实施，是有一定要求的，这种要求所针对的主要是体育教学的主体及其行为，即教师的教和学生的学。

（一）创新教育理念对体育教师及教法的要求

1.要求教师对创新教育理念持坚信态度

第一，每个学生都有很多潜能，只要善于挖掘与激发，学生的潜能便能有效发挥出来，对此教师应予以肯定，要坚信这一点。学生的众多潜能中包含创新潜能，这是一个非常重要的潜在能力，值得教师深入挖掘，挖掘与培养学生的创新潜能，有助于对创新型人才的大力培养。教师要相信，潜能的大小与学生的成绩没有必然的联系，不仅成绩好的学生有创造潜能，成绩差的学生也有，只是有待挖掘，所以对教师来说，挖掘与培养学生的潜能是非常重要的教学任务，应将此重视起来。

第二，对学生的创新素质在层次和类型上的差别持坚信态度。教师在对待所有的学生时，没有一种模式是万能的，这就要求其能够了解与尊重学生的不同个性，针对不同的学生有针对性地进行教育，将统一要求与弹性要求结合起来。对于兴趣广泛的学生，教师要对其尊重，并允许其表明自己的态度，在课堂上要善于引导学生开动脑筋，发散思维，鼓励其创新。有些学生的想法看似"稀奇古怪"，实则有其自己的逻辑和态度，教师不能主观否定，要多鼓励，多引导，并主动要求学生在课堂上提出质疑，培养学生的创造性思维和自主学习能力。

第三，学生的创新素质能够通过丰富的教育内容和多元化的教育手段得到培养与提升，教育的这一功能与作用非常重要，教师要在正确认识这一功能的基础上想方设法将这一功能发挥到最大程度，促进学生创造

第一章　体育教学与创新教育概述

意识与创造能力的提升。

第四,创新教育的主体是学生,这一点毋庸置疑,教师对此要有正确的认识,并努力提升自己的创新能力,只有有创造意识与创造能力的教师才能更好地对学生的创造性进行培养。学生在自主学习的过程中往往更容易开动脑筋,拓展思维,所以教师要打破教师主动教与学生被动学的传统课堂模式,留出一定的时间让学生自主学习、合作学习、探索学习,使学生将其主观能动性和潜在的能力发挥出来。教师可在课堂上创设一些问题情境,启发学生思考问题,并鼓励学生从不同角度、运用不同方法解决问题,进而提高学生解决现实问题的能力。

2.要求教师采用和实施的教学方法是创新的

创新的教学方法是在一般教学方法的基础上实现的,因此,两者之间既有一致性,又有其特殊性。鉴于此,要求体育教师在系统理论的指导下,以时代发展需求为依据,大力开展体育创新教育,促进学生创新素质的不断提升。

(二)对学生及学习方式的要求

1.要求学生要树立正确的创新价值观

第一,学生对于创新要有一个客观的认识,创新并不神秘,也并非遥不可及,是每个学生都有可能具备的能力。创新的成果并非都是影响力巨大的,现实生活中或日常学习中通过创新取得的成果是非常务实的,创新可存在于很小的事务中,学生学习体育课程,可通过采取新的方法来解决学习中的问题,或用不同的方式表现一个技术动作,这都是创新,可见创新具有务实性,并非高不可攀。

第二,使学生不要认为创新都是科学家做的事,人人都可以创新。将创新的自卑感彻底消除掉。

第三,学生有了新的想法,或找到新的方法后,应能够客观评价自己的创新思维或做法是否有逻辑性,是否有价值,评价后及时反思,如若发现新的想法或做法行不通,要及时转换思维,寻求其他新方法,这样的创新思维与行为更具现实意义与实际价值。

第四,日常生活中有很多与创新有关的典型案例,也不乏创新性成果,学生要善于发现这些成果,并抓典型,主动学习,激发自己的创新思维,使自己的创新意识和创新能力得到提高。学生在学习创新案例时,要避免一味地模仿,可以适当借鉴,关键是加入自己的想法,把意识转化成行动。

2.要求学生掌握学习方法并对固有的学习方式进行改变

对于学生来说,他们未来的教育重点就在于学会学习、掌握学习方法。在未来的体育教学中,教师的角色会变得更加丰富多元,除了要扮演好"传授者"这一基本角色,向学生传授体育知识与技能,还要善于启发学生的思维,引导学生创新,因此教师的角色在"传授者"的基础上又增加了两个新角色,即"引导者""启发者"。教师角色发生变化的同时,学生的角色也发生了相应的变化,主要表现为突破传统的"接受者"角色(对应教师的"传授者"角色),增加了新角色,如"思考者""筛选者"等。因为角色发生了变化,更加多元丰富,所以学生的学习方法也要打破陈旧方法的束缚,除了要运用好传统学习方法外,还要善于运用新的学习方法,如合作学习法、探究学习法、掌握学习法等。学生采取多元学习方法掌握丰富的知识后,如果教师传授的知识存在不合理性,则学生更有信心提出质疑。学生除了质疑教师外,也要善于自我反省,发现自己的问题,然后主动改进,不断充实与提升自己。角色多元化的学生更能主动发挥自主性,自主探究问题,在课堂上积极回答问题,并在教师创设的问题情境中认真思考,积极探索,用创新的方法解决问题,向其他同学分享自己的奇思妙想和创新成果。

经过创新取得的每一个成果都是来之不易的,创新的过程具有一定的复杂性,而且学生难免会走错路,走弯路,对此,教师不必过分苛责。走错路和走弯路对学生来说也是不可避免的,学生可将此作为自己的宝贵经验,在犯错误后能及时改正,走弯路后能及时停止脚步,重新开始新的探索,新的思考,并再次付诸行动,走一条正确的路。为了培养创新型学生,教师必须重视在课堂上抓住机会对学生的创新与求异思维进行启发,使学生自觉思考,主动探索,发散思维,解决问题,这对于学生学习能力的提升也很有意义。

二、创新教育价值在体育教学中的实现

(一)有效整合体育课堂中的人文教育和知识教育

体质差的问题在我国青少年学生群体中普遍存在,体育具有强身健体的功能,因此,学校体育教学要将解决学生体质健康水平低下的问题作为一项重要教学目标,通过体育教学全面改善学生的体质健康状况。教育能够促进人的社会化,这是教育的一个重要目标,也是教育的社会功能

第一章 体育教学与创新教育概述

的体现,鉴于此,学校要避免仅从学生体质这个单一角度入手来解决学生的体质问题,如果这样,不仅体质问题得不到解决,反而会引起其他问题,这也是头痛医头、脚痛医脚的主要弊端。体育教学的目标是多元化的,如增强体质、掌握技术,这是主要目标,但很多人都认为增强体质、掌握技术是体育教学的全部,这种理解比较肤浅和狭隘,回归文化本位思想是解决学校体育教学问题的必然要求。

体育人文的内容非常丰富,体育活动中的很多元素都属于体育人文的范畴,如体育意识、体育精神、体育知识、体育技能、体育语言、体育符号、体育行为、体育规则、体育制度,等等。体育教育和人文教育之间存在着非常密切的关系,二者都以育人为目的,在育人方面互为一体。人的全面发展是教育的一个重要理念,该理念要求体育教育与人文教育要实现深度融合,此外,二者的融合也是科技、社会和教育发展的必然要求。

传授知识、培养品格等都是教学的主要任务与功能,能否充分发挥这些功能,顺利完成这些教学任务,与教学内容是否广泛有很密切的关系,不断充实教学内容,使教学更具多面性,对于实现育人目标非常重要,这也就对体育教育与人文教育的结合提出了严格的要求。体育教学具有实践参与性,要求学生亲身参与体育活动,掌握运动的技巧,切身感受与体会运动的魅力,提升力量、速度等身体素质,除此之外,学生参与体育活动还能获得精神上的享受和心灵上的愉悦,这与人文教育具有一定的相通性。

(二)将体育教学中隐性因素潜移默化的影响充分发挥出来

体育教学中的隐性因素有很多,这些隐性因素所产生的作用是潜移默化的,但是作用的显著程度并不亚于其他显性因素的作用,具体可以从以下两个方面着手。

1. "身"教

人的心理活动具有内隐性,有时也是无意识的,其中往往蕴藏着学习潜能。有时人们会在无意识的活动中产生灵感,顿时感到豁然开朗,这与其大脑中储备的知识、长期积累的经验有很大的关系,这些知识与经验可以说是灵感的来源。因此,体育教师不仅要做"人类灵魂的工程师",而且要担当起"塑造人类健美的建筑师"的重任。体育教师本身就是学生的审美对象,体育教师的举手投足都会对学生产生潜移默化的影响,这种影响涉及教育作用,也涉及审美意义。因此,这就要求体育教师担当起价值引导、智慧启迪、思维点拨的神圣职责。

2."风"教

"风"教中的"风"指的是学风、教风、校风,具体表现为校园舆论、学生行为准则、价值观念、道德规范等,这些都是由学校中的师生共同享有的。学校各学科的教学都在长期实践中形成了自身独特的"风气",体育学科的教学同样如此,我们可以将学校体育"风气"理解为校园体育文化,其所具有的育人功能非常强大,而且也较为独特,学校培养体育人才,离不开校园体育文化的教化。体育教学中,对学生体育兴趣与体育参与积极性的培养非常重要,只有学生对体育感兴趣,才能在体育课上自觉配合,课后自觉参与体育活动,并在日常生活中关注体育相关内容,久而久之形成良好的体育锻炼习惯,并通过锻炼达到强身健体、提高心理素质、增强意志品质的目的,最终实现全面发展,这就是体育教学中的隐性因素潜移默化影响学生的表现。

(三)使体育教学中"教""管"结合的育人思想有效落实下来

在体育教学中教是基础,学是根本。教师的主导性和学生的主体性这两者作为体育教学的两个方面,关系密切,相辅相成、相互促进。因此,这就要求必须正确认识教师的主导性,从而使学生的主体性得到更好的发挥。

体育教学的突出意义就在于将规则明确下来,对纪律提出严格要求,教导学生应该做什么,不该做什么;什么时候适合做什么事,这也是有序开展体育教学活动的基本保证。在体育课堂上,学生遵守纪律,学习知识,在规则允许的范围内完成动作,使个人体验达到新的高峰。

第二章 体育教学的基本发展状况

体育教学需要改革创新,只有这样才能满足时代和社会的要求。但改革创新需要以体育教学的发展情况为依据,如此才能保证体育教学的科学发展。本章对体育教学的基本发展状况进行研究,主要包括体育教学的发展现状与问题、体育教学的未来发展走向以及体育教学改革创新的策略。

第一节 体育教学的发展现状与问题

一、体育教学的发展现状

在传统教育理念的背景下,学校体育对体育教学的内涵发展是非常重视的,但是,仅限于此,而基本上忽略了其外延的发展,对提高教学质量的关注程度较高,而在结构的优化方面所给予的关注却非常少。有很长一段时期,学校体育的发展模式较为封闭,这与计划经济的影响是分不开的,因为缺乏开放式发展模式,所以虽然社会教育与学校教育在不断发展,但学校体育教学却明显落后,且长期没有得到有效的改善。

多年以后,学校体育在开始从体育教学的各个方面着手进行转变,来促进体育教学的进一步发展。

(1)体育教学目标方面的转变。学校开始从重视学生体质的增强逐渐转变为重视对人的教育。但学校在处理德育、智育、体育的关系上一直找不到折中的方式,只是强调三者在育人方面具有一定的相通性。其实一直以来学校都将增强学生体质作为育人目标中的首要目标,过分强调通过体育教学培养身体素质强的青少年一代,却忽视了育人目标的其他内容,忽视了人的多元需求,这也导致体育教学内容以有助于增强体质的内容为主,忽视了对其他内容的挖掘与实施。另外,让学生掌握运动技能也是学校体育教学的主要目标,为达到这一目标,学校一味让学生被动接受体育技能,却忽视学生本身的创造性,学校没有针对学生的个性化需求设计灵活的教学内容和不同层次的教学目标,最终影响了体育教学质量,影响了学生的全面发展和自我价值实现。

(2)体育教学思想方面的转变。由于我国的传统教育思想存在时间较长,对体育教学产生的影响也较为深远,这就导致之前的体育教学对"三基"的创收比较重视,却没有投入一定的资源与精力来培养学生的体育能力,而且也没有为培养学生的体育能力而有针对性地完善教学体系,包括更新教学思想、创新教学方法、完善教学模式等,这些工作的缺失以及教学要求的不明确最终导致学生缺乏基本的体育能力;另外,在体育教学实践中,一直没有探索出科学有效的方法手段来培养全面发展的青少年学生。从当前的形势来看,对于学校体育教学来说,尤其需要改进的是在体育教学过程中选择和采用有效、科学的锻炼方法。

(3)以培养学生能力为依据转变课程建设重点。体育教学对学生体育能力的培养是通过实施体育课程实现的,实施体育课程,首先要设计课程,即做好课程建设工作。但当前我国体育课程建设中存在重竞技体育项目、轻传统体育项目的问题,且该问题一直并长期存在,课程建设的弊端直接影响了课程实施的效果,片面的课程建设不利于培养学生的终身体育意识及锻炼习惯。

(4)体育课堂教学的限制因素。在体育教学中,体育理论课以及电化教学的应用也受到了一定的限制,比如,遇到雨雪天气,体育教学的开展就会因为缺少有效的对策而无法进行或者受到一定的限制,对于不同专业学生是否开设不同的体育课程没有进行认真研究,没有根据专业课的方法来成立各个不同的教研组实施分类教学。

(5)体育教师综合素质的影响。当前,我国对体育教师的培养不够重视,尤其是和文化学科教学相比,更显得重视程度弱。不仅如此,体育教师往往也不重视自我提升,这些都是体育教师的知识储备、学历水平不及其他学科教师的主要原因,这就能理解为什么不同学科的教师之间在综合素质上存在一定的差距。我国体育教师虽然技术性强,能够很好地完成运动技能的传授工作,但因为普遍缺乏文化知识和科研能力,所以无法培养出全面发展的人才。

二、体育教学中存在的主要问题

我国体育教学存在很多弊端与不足的地方,问题重重,下面就其中几个比较重要的问题展开分析,以便从实际着手来探索解决问题的方法和

第二章 体育教学的基本发展状况

路径。

（一）教学思想陈旧

体育教学的发展受诸多因素的影响，从宏观层面来看，社会因素和国家发展因素对体育教学的影响非常显著，国家和社会的发展对人才提出了严格的要求。为适应这一点，在很长一段时期内学校也基于此而树立体育教学观念，一心将学生培养成社会和国家需要的人才，但对于学生真正爱好什么、在体育学习中有何需求等问题并没有引起应有的关注与重视。

改革开放以来，学生的主体性渐渐受到学校的重视，体育教学中同样开始关注与强调学生的主体性，意识发生转变后，体育教学思想也发生了相应的转变，国外一些比较先进的教学思想及成功的教学经验被我国一些体育学者和体育教育工作者所借鉴，教学思想的转变一定程度上促进了我国体育教学的改善。虽然体育教学思想与之前相比有了些许进步，但和我国教育的发展水平相比，还是存在明显的滞后性，而且国外注重竞技体育的发展，我国也盲目借鉴，而对于普及性强的大众体育项目则没有予以重视，且课内外教学活动的联系不够紧密，没有构建系统的教学体系。

客观来讲，我国的体育教学思想滞后于整个教育的发展，教学思想的落后必然会影响其本身指导功能的发挥，影响体育教学活动的开展，且随之也会产生一些教学问题，学生体育参与的积极性不高、缺乏体育兴趣，一定程度上与落后的体育教学思想有关。陈旧的教学思想也阻碍了体育教学实践的改革与发展，对学校体育育人目标的落实造成了限制。

（二）教学内容单一

我国从国外引入很多竞技性强的体育项目，其中有些项目备受人们喜爱和推崇，并成为学校体育教学的主要内容。青少年学生也对国外传入的竞技体育项目颇感兴趣，参与的积极性也比较高。有些学校甚至在体育教学目标的设置中纳入了竞技目标，竞技性的教学内容受到了高度重视。但如果过分强调学生的竞技体育成绩，则体育在增强学生体质方面的功能及体育教学促进学生体质增强的目标就会被忽视，这不利于学生的健康成长与全面发展。

单一的教学内容也容易使学生的思维固化，一提到体育课，就想到竞技性的项目，对娱乐性、传统性的项目了解甚少，这不利于我国传统体育项目及传统体育文化在青少年群体中的传播及在学校的传承。

（三）教学形式落后

体育教学组织形式以集体教学形式为主，且运动技术是集体教学中的主流内容，陈旧而单一的教学组织形式与体育教学的多样性特征不符，也不适应体育教学的发展要求，因此应进行适当的改革，创造新的教学组织形式。高校的体育教学形式相对多元化一些，选修课的形式运用得很普遍，但教学内容还是缺乏创新，甚至和必修课的教学内容重复，或者无法吸引学生的兴趣，有些课程甚至无人问津，难以开展下去，这不利于体育教学的长久发展。

（四）教学计划与教学评价作用较小

在体育教学中，教学计划、教学评价都是不可或缺的重要组成部分，二者对体育教学的发展起着非常重要的促进作用，其重要性不可忽视。科学制订教学计划有助于引导教学活动的有序开展与实施，提高教学效率，达成教学目标，实施教学评价有助于直观了解教学效果与教学目标的契合度及存在的差距。

通常情况下，体育教学计划的制定是要按照相应的依据进行的，学生的具体实际就是其中一个重要方面，具体来说，就是要针对学生的具体实际问题，通过教学评价作出详细有效的分析。

体育教学的上述两个组成要素之间存在着十分密切的关系，二者共同发挥作用，促进体育教学活动的高效开展。但在当前的学校体育教学中，教学计划不被重视是一个普遍存在的问题，或者说虽然制订了计划，但不按计划行事，教学工作没有有序开展。此外，教学评价以考试形式为主，过分强调考试成绩，无法真正发挥评价的功能与作用，学生也难以在有效的评价中得到激励与发展。

（五）体育教师的主导地位没有得到有效维持

在体育教学过程中，随着教学思想的不断转变，学生的主体地位得到了极大的提升。但与此同时，这种转变也产生了一些必然影响，其中，体育教师的主导地位被削弱就是其中一个重要方面，甚至有些人出现了一些偏激的理解，即通过将体育教师的主导地位进一步削弱，来加强学生主观能动性的发挥，这种认为学生的主体性地位与教师的主导性地位之间

第二章 体育教学的基本发展状况

是矛盾、此消彼长的关系的观点是错误的,这点是毋庸置疑的。

学生的认知规律要求在体育教学中尊重学生的主体性,将学生的主体地位重视起来,围绕学生这一中心开展教学工作。但不能一味强调学生的主体性而忽视教师的主导性,学生在体育课堂上主观能动性的发挥也需要教师的指导,教师在控制课堂节奏、引导学生学习以及促进学生全面发展方面发挥着不可替代的作用,所以要将教师的主导性与学生的主体性同步重视起来,不能单一强调学生的主体地位而轻视教师的主导地位。

现代体育学习方式越来越多元化、先进化,如探究学习、自主学习、合作学习等方式都受到推崇与重用,但学生采用这些学习方式进行体育学习的过程中有时会出现盲目跟风的现象,即在不了解这些学习方法的前提下选择不适合自己的学习方式,最终影响了学习效果。可见,即使有先进的学习方式,学生的学习依然需要教师的引导,可见教师的主导性何其重要。

第二节 体育教学的未来发展走向

一、将终身体育作为体育教学发展的指导思想

终身体育,就是在人的终身生活中都伴随着体育的参与。这一观念对体育教学的发展也有着重要意义。

(一)终身体育与现代社会发展需要相适应

强健身体,是所有社会人都向往的一个重要目标,老年人希望老当益壮、延年益寿;中年人希望身体素质全面发展、身体健康;青少年则希望增强各方面身体机能,促进生长发育。由此可见,终身体育与现代社会发展的需求之间是相适应的。

(二)树立终身教育观念,形成终身体育能力

从体育教育的角度上来说,树立正确观念、形成必要能力是其首要任务。为了让学生树立起正确的终身体育观念,需要采取一定的措施,比如,通过各种各样的方式和途径来让学生能全面理解体育的价值,将体育真正视为科学,因此,体育教师主导作用的发挥至关重要,否则,其对学生的

指导作用就无法发挥出来。

终身体育能力,是体育教学开展的另一个重要目标,对于学生来说也至关重要。具体来说,终身体育能力包含着多方面的内容,有丰富的体育锻炼知识、长期锻炼的良好习惯,当然也包括多项体育锻炼技能。终身体育能力是终身体育得以开展的重要保障和条件。

二、体育课程目标的有效调整备受重视

(一)高度重视学生终身体育观念的树立

体育教学也要高度重视学生终身体育能力的培养,某种程度上讲,学生正确终身体育观念的树立就是在这一重要前提条件下才有可能实现的,同时,这也有助于学生良好体育习惯的养成。这种观念不仅能有效指导体育教学目标的改革,同时还能推动新课改标准下的体育教学发展。

(二)体育对人的全面发展与促进作用日益显著

教育包含的内容是多方面的,体育则是重要方面之一,体育教学的根本目标在于促使学生全面发展。一般的,体育在改善和提高学生身心素质方面所起到的作用是非常显著的,与此同时,还要注重学生智力的开发、思想教育、审美教育等的实施。

三、体育教学的内容得到进一步的充实和完善

体育教学目标的实现受很多因素的影响,体育教学内容就是其中之一,同时也是体育教学目标得以顺利实现的有效载体。要想与现代体育教学发展的需要相适应,就要求进一步充分和完善教学内容,使其具备以下特点。

(一)通用性和民族性特点

现代体育教学内容必须保证其规范性和统一性,能够满足不同类型学生,这就是所谓的通用性特点。

民族性特点,所指的就是具有鲜明地域特色的乡土体育运动项目或民族传统体育运动项目。需要注意的是,这方面教学内容的引入,一定要与学生的特点和兴趣相符,能对学生有足够的吸引力,否则,就失去了教学的意义。

第二章 体育教学的基本发展状况

(二) 科学性和逻辑性特点

科学性,主要是指体育教学内容的选择要具有合理性,在不同的体育教学阶段所具有的侧重点是与之相适应的。

逻辑性,则是指体育教学内容的内部技能在处理上具有一定的程序化特点,并且与学生身心发展的规律是相适应的。

(三) 多样性与趣味性特点

多样性,是指体育教学内容具有丰富性的显著特点,是学生个性化发展的重要前提和保证。

趣味性,一方面是指学生喜欢的、感兴趣的;另一方面,是通过引导使学生能发现和理解体育教学中的趣味性和相关价值。

四、教材内容逐渐贴合学生的特点与实际需求

整体来说,由于学生这一受众具有个性化特点,但是体育教学的教材和教学内容的差异性却是微乎其微的,其中竞技体育运动项目依然占有绝大部分的比例,包含了一些专业要求高、难度系数大、重复无味的练习。但是,学生这一群体,所需要的体育教材应该是具有趣味性、实用性、健身性和娱乐性等特征的,这样才能使学生多方面的需求得到满足,但这些都是目前体育教材所欠缺的东西。

因此,这就要求体育教材中的内容应当与学生的根本需求相符合,对那些不能激发出学生兴趣、与生活及未来工作无关的部分内容进行修剪和删除,适当调控教学时数进度,在教学的潜移默化过程中使学生都能较好地树立良好的终身体育意识和习惯。

五、实施自主体育教学组织管理的必要性增强

学生的主体性地位以及在教学中的主动性往往被忽视,通常,统一的教育模式要求学生必须绝对服从体育教师,但是,这与实际情况相背离,尽管对于教师来说,军事化、一刀切的教学方法比较受青睐,但是,这种教学组织方式也有着非常显著的缺点,就是会抹杀学生好动、活泼的天性,同时,学生的积极性和兴趣也会因此而被大大压制,导致很多学生出现了抵制的情绪。针对这种情况,如果教师采取传统的继续施压的方式来处

理,那么导致的唯一后果,就是学生的逆反心理越来越强。因此,实行自主的体育教学组织管理是十分必要的。从体育教师的角度上来说,正确的做法是,在体育教学过程中积极主动地去开展对责任教育的研究,使学生能明确自己该做的事情,在条件允许的范围内,尽可能发挥自己的聪明才智,能够在潜移默化中学习并实现自我管理和自我控制。

六、按照学生需要和社会需要来建立与之相适应的教学体系

学生在体育教学中处于主体地位,因此,这就要求在建立体育教学体系时,要将学生的发展程度和对社会需求的满足程度作为评价的重要标准,应将满足学生的个体发展需要和社会需要作为建设教学体系的前提。

七、体育教学的多样化特点更加显著

体育教学的多样化特点在很多方面都有所体现,并且显著程度逐渐提高,具体如下。

（一）学生个体体育需要方面

在体育教学实践中,由于学生具有个性化的特点,这也就决定了学生的需求是不同的,对于同一学生来说,其体育需求也具有多方面性,如健身需求、娱乐需求、提高技能的需求等。因此,在对体育教学的具体事项进行安排和规划时,教师要尽可能使学生各个方面的需求得到满足。

（二）学校体育内容方面

学校体育的内容必须具有多样化的特点,因为只有这样才能与学生的多样化需求相适应。比如,可以通过开设个体健身类运动项目,来满足学生的健身需求;通过开设反映当今时代特征的运动项目,来充分发展学生的个性,可以使实现学生自身价值和增进社会交流的需求得到满足。

第三节 体育教学改革创新的策略

针对体育教学的未来发展走向,要积极进行改革创新,采取科学的方法对策来促进体育教学朝着这些良好的方向发展,具体可以从以下几个

第二章　体育教学的基本发展状况

方面着手。

一、积极树立终身体育理念

学校要在体育理念方面进行积极宣传,使学生能认识到良好的体育理念对其产生的重要影响,不仅能使学生了解体育锻炼的重要性和必要性,还能对体育运动的发展起到推动作用。教师要在体育课堂的教学中培养学生的终身体育观念,使其自觉参加体育活动,在生活学习上更加自律,学会有目的、有计划地锻炼身体。

二、教学手段上要有所创新和转变

体育教学手段上的创新也是必不可少的,具体可以通过以下三个转变来实现。

（一）传授型逐渐转变为引导型

体育教师处于主动方,对学生进行强制性灌输,只能使学生进行机械式的模仿,这在一定程度上制约甚至阻碍了学生兴趣和能力的培养。因此,在体育教学中,教师要将民主、合作、平等的教风体现出来,积极进行引导,使学生参与到讨论之中,将"要我学"转变为"我要学"。

（二）形式型逐渐转变为实效型

如果教学目的、任务不变,在这样的情景中,就需要对教学形式、教学手段、技术难度、竞赛办法和器材设备的规格等方面进行相应的改变,以此来达到有效提高课堂效果及质量的目的。

（三）枯燥型逐渐转变为快乐型

体育教师要创造出新颖的组织形式、教学方法,从而对激发学生的浓厚兴趣起到促进作用,使体育教学能够在和谐的氛围之中得以顺利开展。

三、教学内容的选择要遵循适宜原则

一成不变的体育教材不仅无法满足不同水平学生学习与生活的需要,还有可能会导致学生丧失学习的积极性,做好体育教材的选择工作是

非常重要的,具体可以从以下几个方面加以注意。

首先,教学内容的选择要充分考虑到学生心理健康水平及素质的提升。

其次,教学内容的选择要考虑到社会的实际情况和社会发展的需要。学生在学校所学到的知识和技能是为了能在毕业后在社会上有所用处,因此要根据社会需要来选择教学内容。

最后,教学内容的选择要将现代化教学手段充分利用起来。

四、建立良好的师生关系,保持良好的师生互动氛围

传统的学校教学中,教师与学生的关系是主动与被动的关系,现代社会,师生互动的情况其实是非常普遍的,教师不仅是良师,同时也扮演着益友的角色。正确处理好学生和教师的关系,对于课堂效率的提高是非常有帮助的。教师应该关注学生多方面的发展,调动每一个学生的积极性和主动性,引导学生真正爱上体育。

五、对体育教学的组织管理进行有效改善

体育教学中不切实际的并且严重忽视学生个体差异的一刀切的教学组织方法严重地扼杀了学生好动的天性,尽管如此,这种方法却为许多教师盲目青睐与推崇。这就要求在体育教学的组织管理模式方面应当实行自主管理的模式。课上给予学生更多的活动时间和空间,使他们养成良好的自我控制和管理习惯,由此使学生过去在教学过程中过紧的束缚问题得到妥善解决。

六、将线上与线下教学结合起来,充分利用新媒体教学

发展至今,随着科学技术迅速发展,网上学习已是非常普遍的存在了,并且这种上课形式已经走入了学校中。相比于传统课堂学习,网课以视频的形式呈现在学生课堂学习中,学生定期签到学习视频内容并进行考核。但是体育毕竟是以动作运动为主,因此,线下教学也是不可或缺的。在这样的学习背景下,就可以将线上学习与线下学习结合起来,使两者能同步进行,相互补充,这对于教学效果的提升和教学改革的不断推进都有所裨益。

七、加强基础保障方面的投入,加大管理力度

近年来,各大高校在招生方面都进一步加大了力度,学校的日常开销增大,这就导致平时不受重视的体育方面的经费受到进一步的影响,出现严重不足的情况。为此,需要进一步增强物质资源的投入,首先要加大投入体育经费的力度,同时,还要进一步加强对体育现有物资的管理和使用。

第三章　体育教学思维与目标的改革创新

体育教学系统涵盖的要素众多,在这一系统中,体育教学思维与目标是其重要的内容。可以说,一切教学活动的开展都要以体育教学思维为指导,围绕着教学目标进行,因此体育教学思维与目标的改革创新是非常重要的。

第一节　体育教学思维的改革创新

一、体育教学思维的概念与特征

（一）体育教学思维的概念

关于教学思维的概念,诸多专家及学者都有自己的见解和认识,其中以下两位专家的认识比较有代表性。

学者代建军认为,对于教学思维的认识可以从各种教学现象和教学问题等方面来理解,在具体的体育教学过程中,体育教师充分运用比较、综合、联想等方法组织教学活动,在教学过程中逐步形成自己的教学理念,在教学理念的指导下实现既定的教学目标与任务。在某种教学观念的影响下作出的各种教学决策从而影响教学行为的思维活动就是教学思维。[①]

学者刘庆昌认为,教学思维可以说是人类教学实践活动的理论总结,它指的是在一定的教学观念支配下的教育操作思路的统一体。[②]

综上所述,我们可以将体育教学思维的概念概括为:体育教学思维

---

① 李志厚.论教学思维的属性、特征与修炼[J].课程·教材·教法,2016(10):32-38.
② 李志厚.论教学思维的属性、特征与修炼[J].课程·教材·教法,2016(10):32-38.

第三章 体育教学思维与目标的改革创新

是指体育教师从专业视角对各种教学问题进行思考并作出判断以及回答、议论和解决的一个认知过程。[①] 体育教学思维对于体育教学活动的顺利开展具有重要的意义。

(二)体育教学思维的特征

体育教学思维可以说是对体育教学过程的一种认识,其特征主要表现在以下几个方面。

1. 动态性特征

在具体的体育教学活动中,师生之间少不了各种互动与交流,整个教学过程呈现出动态发展的特征。师生之间的互动也呈现出动态变化的特征。在课前、课中或课后,体育教师的情感都会出现一定的变化,教师为了帮助学生更好地学习与提高体育知识和技能,采取各种手段与措施激发学生学习的兴趣。这些手段的采用带有一定的不确定性和变化性。选择的手段不同,就有可能带来不同的教学效果。由此可见,体育教师教学活动中的思维不是固定不变的,而是处于变化之中的,具有一定的动态性特征。

2. 复杂性特征

在具体的体育教学过程中,影响教学活动顺利进行的要素是多方面的,作为一名出色的体育教师,一定要具备出色的组织教学活动的能力,要能洞察体育教学中的各方面因素,展开有针对性的教学活动。师生是体育教学中的重要主体,二者之间的关系比较复杂,除此之外还存在着其他方面的关系,体育教学需要在这样的复杂局面下处理好各方面的关系,引领体育教学主体朝着预期的方向发展。

师者,传道受业解惑也。因此,作为一名体育教师,必须要在具体的教学活动中,解答学生的各种疑问,帮助学生积极主动地思考问题,这就使得教师的思维呈现出一定的复杂性特征。

3. 应用性特征

与其他课程相比,体育教学活动具有很强的实践性。在体育教学活动开展的过程中,体育教师利用各种教学手段与方法指导学生进行各种技术动作的学习。在这一过程中充分贯穿着体育教师的教学思维,这就

[①] 李志厚.论教学思维的属性、特征与修炼[J].课程.教材.教法,2016(10):32-38.

是体育教学思维在体育教学的具体应用,体现出重要的应用性特征。

4. 综合性特征

整个体育教学过程是比较复杂的,整个教学过程中存在着各种不确定因素,作为体育教师而言,要密切关注这些不确定的因素,展开有针对性的教学活动。体育教师在教学过程中要充分结合体育教学目标、体育教学思想、体育教学理念、体育教学方法等因素组织与开展具体的教学活动,这样才能保证教学活动的顺利进行。另外,体育教师还要考虑自己的个性特征、体育教学策略、体育教学计划等,保证教学活动的顺利进行。

5. 元学科性特征

在体育教学中,学习与提高运动技能不是最为根本的目的,其目的在于通过体育教师的教学,学生能掌握学习的手段与方法,达到学以致用的效果。为实现这样的效果,体育教师必须要充分认识与了解体育学科的概念、特征、功能及思维方式等多方面的内容,这样才能产生正迁移的作用。

在互联网教学思维下,教学思维不仅是关注教学活动本身,而且还重点关注体育教学活动的主体——学生,引导学生积极参与整个教学过程,在这样的情况下,学生的各方面素质才能获得进一步发展和提高。这一过程属于一个元认知或元学科式的横向思考过程,因此体育教师一定要把握体育教学思维的这一特征,这样才能组织与实施合理的教学活动。

(1)让学生充分认识与理解体育教学课程的概念与性质。

(2)让学生在体育教学活动中受到启发。

(3)根据具体的教学实际及时调整学生的学习观念、学习态度和学习行为。

二、体育教学思维转变与发展的基本方向:从简单到复杂

人的思维方式主要包括简单思维与复杂思维两种方式,体育教学思维的转变主要指的就是从简单思维到复杂思维的转变。

(一)简单思维

人之所以与动物不同,其中一个很重要的原因就在于人类具有各种复杂的思维方式,这一思维方式主要是指一定的世界观在人头脑中的内化与表现。恩格斯认为,人类的各种思维方式都是一定的历史时期的产

第三章 体育教学思维与目标的改革创新

物,在不同的时代背景下,人类的思维方式会呈现出不同的样态。[①] 人的简单性思维主要来源于简单性原则。但需要注意的是,简单性思维并不是指的简单化的处理社会问题,而是利用简单思维的方式处理复杂的问题,将问题简单化,这样便于更好地处理。总之,简单性思维主要是将系统看作一个单一因果关系的线性相互作用系统,该系统处于一个平衡发展的状态,该系统的运行是有序的,遵循一定的规则。

在简单性思维方式的指导下,世间万物都可以简化为机械系统,该系统内的各个零件相互作用、共同发展,如果人们能够对每一个零件进行细致的分析,就能总结出世界上各种事物的发展特点与规律。在人们认识世界与改造世界的过程中,简单性思维可以说是发挥着非常重要的作用,对人类社会的发展具有重要的意义。

在学校教育中,简单思维可以说是建立教学体系的一个主要依赖条件,这一思维方式在体育教学领域也发挥着极为重要的作用。

伴随着现代社会不断发展,简单思维逐渐与现代社会发展的客观要求不符,开始制约着人类思维的发展,这就需要由简单思维向复杂思维的转变。但需要注意的是,简单性思维仍然在人类思维史上占据着非常重要的地位,并不是可有可无的。

(二)复杂思维

伴随着现代社会的不断发展,人类探索世界的思维方式开始由简单思维向复杂思维转变。与简单思维不同,复杂思维主要呈现出以下几个特征。

1. 非线性特征

线性与非线性属于一种数学概念。线性指的是两个变量之间的正比例关系;非线性则是指两个变量之间没有直线关系。复杂性与简单性相区分的一个基本尺度就是非线性。非线性系统具有多样性的特征,在具体的实践探索中,我们要从不同层次、不同角度来研究复杂的非线性系统。

2. 生成性特征

世界每时每刻都是处于不断发展和变化之中的,这说明世界具有不确定性的特征。在这样的情况下,世间万物也就呈现出一定的不可预测性和不可重复性特征。伴随着时代的不断发展,各种事物都会发生明显的变化。各种旧事物被淘汰,新鲜事物萌生,整个世界呈现出一个复杂的

---

① 赵闯.从简单到复杂:体育教学思维方式的转变[D].南京师范大学,2007.

动态过程,这一过程中各个事物是生成和变化的。

3. 整体性特征

复杂性思维还会呈现出一定的整体性特征,这一特征呈现出各个组成要素本身并不具备的新特征。对于整个系统而言,系统内各要素发生着非常密切的联系,各个要素之间的关系是比较复杂的,这一复杂性的科学理论也被称为"非还原论科学"。

4. 开放性特征

简单思维下,系统是处于封闭的平衡状态的,系统内各要素与其运行环境没有互动与交流。而在复杂思维下,系统被认为是开放的,系统内的诸要素都与系统或外界发生着各种各样的联系。因此,复杂性思维要求我们本着发展的、开放的眼光看问题。这种思维方式与人类现实世界的真实图景更为接近,促使人们的思维方式由简单性思维转变为复杂性思维。

需要注意的是,在体育教学领域,我们通常采用的都是简单性思维,并在简单性思维的指导下去分析问题和解决问题,而对复杂性思维利用不够。这一情况在未来的体育教学中亟需得到转变,这样才能符合现代学校教育的基本要求。

三、简单性思维转变为复杂性思维的必要性

(一)处于体育教学内在逻辑发展的需要

在当今社会背景下,体育教学理论的发展面临着诸多方面的挑战,作为体育工作者要勇于突破传统的局限性,打破旧有的体育教学理论框架,重新审视体育教学理论,用复杂性教学思维去分析问题和解决问题。

在现代教育背景下,运用复杂性思维对体育教学系统内的各要素进行分析具有重要的意义。这样做的目的是能启发创新性思维,形成研究的新视角,从而紧跟时代发展的形势。这对于整个体育教学而言具有非常重要的理论与实践意义。

(二)体育教学主体的复杂性

在整个体育教学系统中,存在着各种各样的要素,正是因为这些要素之间的相互联系才构成了大的系统。在体育教学系统中,教师和学生是重要的主体,缺少了这两个重要的主体,体育教学活动也就无法开展。作

第三章 体育教学思维与目标的改革创新

为体育工作者必须要从生物学、社会学、心理学等方面对其进行全面的考察与研究,才能得出正确的结论。可以说,这两个主体要素的复杂性决定了体育教学系统的复杂性。

体育教学主体具有一定的复杂性特征,这一特征具体体现在以下几个方面。

第一,体育教学的主体——师生在年龄、经验与社会履历等方面都存在着一定的差距,因此其在思维方式、知识结构、综合素质等方面就存在着一定的差距,这是非常正常的。

第二,由于每一名学生在身体素质、运动基础、兴趣爱好等方面都存在着一定的差异,因此相对应的也就存在着班级间的差异。

第三,体育教学中存在着师生、生生等关系,处于这些关系之下的人都会对其他人构成一定的影响,进而影响到体育教学活动的顺利进行。因此,作为一名出色的体育教师,需要在平时的教学活动中恰当地处理彼此之间的关系,只有如此才能提高教学的效率,实现教学目标。

因此,在具体的体育教学实践中,体育教师要充分认识到这一差异,要科学组织与安排教学过程,实施因人而异的教学。

(三)体育教学其他要素的复杂性

体育教材是教师教学和学生学习的重要载体,缺少了这一载体,体育教学活动便无法进行。

作为学校教育的重要组成部分,体育教学在近些年来受到高度重视。伴随着现代社会的不断发展,体育教学系统发挥着越来越重要的作用,通过体育教学能为社会培养大量的人才,满足社会发展的需求。

与其他学科不同,体育教学注重实践性,大部分的教学活动都是在户外进行的,教学环境与其他学科也有着极大的不同。体育教学环境既包括物质环境,又包括心理环境和社会环境,这说明体育教学环境具有复杂性的特征。

(四)体育教学研究的简单化倾向

通过以上分析可知,体育教学属于一个复杂的系统,该系统内包含的元素众多,因此需要运用复杂性思维来分析问题和解决问题。但是,受各种因素的影响,当前在学校体育教育中,简单性思维方式仍然占据主导地位。这主要体现在以下几个方面。

1. 追求还原论,忽视整体性

运用简单性思维去处理体育教学中的各种问题,主要表现为只追求突破体育教学的一个环节或一个部分,而忽视了整个体育教学系统的改革与发展。这对于体育教学的发展是非常不利的。

2. 注重结果,忽视过程

在简单思维的引领下,人们往往只注重研究的结果,对于研究的过程不甚重视。这部分研究者试图寻找到一种一劳永逸的教学方式来引导体育教师和学生的发展,但实际上,整个教学系统以及系统内各要素都是处于不断的发展和变化之中的,这一方式欠缺合理性。

3. 研究成果缺乏实用性

与一般的学科研究不同,体育教学研究更注重实用性,这主要表现在两个方面:一方面需要通过一定的检验活动来评定教学研究成果是否正确;另一方面通过一定的手段评定体育教学研究成果是否具有应有的实用价值。这两个方面都是必需的,缺一不可。

体育教学研究是一项非常复杂而艰辛的工作,在这一研究过程中,工作人员需要付出加倍的努力才有可能获得预期的研究成果,这一研究成果不仅要正确,而且要具有一定的实用价值,这才是有意义的研究。因此,体育教学研究要强调来源于实际需要、应用于实际需要的实用性。

4. 重复研究,没有创新

作为研究人员,首先就要明确体育教学研究的各个问题,要选择那些具有研究价值的选题,深入细致地调查与研究课题的现状,搜集大量的资料展开细致的分析。当前,很多体育教学方面的研究都属于重复性的研究,有很多研究内容都缺乏必要的意义,既不能丰富和完善现有的体育教学理论体系,也没有一定的实际价值,可以说这些研究都是无用的研究。因此,体育教学研究要与时俱进,讲究创新性地应用于发展,这样的研究才是有意义的研究。

四、影响体育教学思维创新的因素

当前,我国学校教育普遍进行的素质教育,素质教育的一个非常重要的目的就是培养和提高学生的创新意识与能力。对于个体而言,要培养和提升自身的创新能力,首先就要具备一定的创新思维,这是最为基本的条件。需要注意的是,创新思维并不是凭空产生的,其形成与发展需要一

第三章　体育教学思维与目标的改革创新

个长期的过程,是个体通过不断的摸索与发展才形成的。在培养创新意识或思维的过程中,会受到各方面因素的影响。作为个体,必须要充分认识到这些因素,并采取必要的手段和措施消除这些因素带来的消极影响,这非常有利于个体创新思维的形成与发展。具体而言,影响个体创新思维的因素主要有以下几个方面。

（一）认知因素

学生在培养与发展自己的体育教学思维时,主要受以下认知因素的影响。
（1）容易产生思维定势,学生不能及时领悟当前发展的具体实际情况。
（2）学生的体育知识结构体系不丰富,缺乏创新思维能力提高的必要条件。
（3）技术动作表征和酝酿能力较差,不能正确地感知和理解问题。
（4）存在一些不好的思维品质,影响学生创新思维能力的培养。

（二）个性因素

个性也是影响体育教学思维创新的一个非常重要的因素,这主要体现在以下几个方面。
（1）如果体育教师和学生缺乏必要的创新需要和动机就会影响体育教学思维的创新。
（2）在创新兴趣比较匮乏的条件下,体育教学思维的创新也难以实现。
（3）如果缺乏一定的创新意志也难以实现体育教学思维的创新。

（三）师生因素

师生因素也是影响体育教学思维创新与发展的一个重要因素,这一因素主要体现在以下两个方面。
（1）教师综合素质较低,不能为学生提供有益的帮助,影响学生创新思维能力的培养与提高。
（2）缺乏良好的社会意识导致学生创新思维培养的不利。

五、体育教学思维创新的对策

（一）激发学生的学习动机和好奇心

为提升体育教学的质量和效果，体育教师必须要引导学生激发自己的学习兴趣和动机，在这样的情况下，学生才能产生主动学习的动力，从而引发创新思维。在具体的教学过程中，教师要为学生做好良好的榜样，善于启发和引导学生的发散性思维，产生新的思维火花，不断提升学生的思维创新能力。

为进一步提升学生学习的动力，为创新思维的建立奠定良好的基础，体育教师在教学中要注意以下两方面的要求。

一方面，在平时的教学过程中，要综合教学中的各个要素设计合理的教学方案，这些教学方案要能有效引导学生进行积极的思考。

另一方面，在具体的教学过程中，要针对每一名学生的具体实际，合理设计与安排合适的体育教学内容，满足所有学生的学习需求，提高学生学习的主动性和积极性。

（二）给予适度的心理自由和心理安全

对于生活在校园中的学生而言，除了加强其身体素质的发展外，给予其一定的心理自由是非常重要的。学生只有拥有了心理自由才会感到心理安全，才能保证心理健康，避免出现各种心理问题。

只有具备了心理自由与心理安全，学生才能在平时的生活与学习中自由地表达自己的思想，塑造与发展自我。

为帮助学生实现心理自由与心理安全的目标，可以采取以下手段与措施。

（1）加强师生间的沟通与交流，教师要多鼓励学生，给予学生充分的信任，久而久之，学生就会建立起学习的自信心，以积极主动的热情投入到学习之中。

（2）在教学过程中构建一个良好的师生关系，增强师生间的互动与交流，师生共同发展和进步。

（3）教师应采取各种手段与措施激发和保护学生的创新思维，善于引导学生进行积极的思考。

第三章　体育教学思维与目标的改革创新

（三）尊重学生的独立人格

要想培养和提高学生的创新意识与能力，没有一个独立的人格是行不通的。创造性的基础就是要强调人格，实现自我价值与个性发展。对于我国学校教育而言，受传统教育思想的影响，我国历来都不怎么重视学生的人格教育，学生的个性发展与独立人格一直受到极大的压制。在这样的情况下，根本不可能培养和提高学生的自主创新能力。因此，尊重学生的独立人格，唤醒学生的自主性，就显得至关重要，这是激发学生创新意识与思维的重要基础。

在具体的体育教学中，尊重与培养学生的独立人格需要从以下方面进行。

（1）在平时的教学中要给予学生一定的自由，让学生结合自身的实际情况合理安排学习时间，提高学习的效果。

（2）采用先进的体育教学模式，给予学生充分的自主选择权，让学生自由选择学习内容。

（3）积极引导学生培养自己的创新思维与意识，提高其创新能力。

（四）开展探究性学习

探究法，是指在教学中学生掌握各种知识与技能的学习方法。[1] 这一方法在当今学校教育中得到了广泛的利用。通过这一方法的运用能有效地提高学生的创新思维意识与能力。

在具体的教学中，要注意以下几个方面的要求。

1. 目的要明确

教师在进行教学研究的过程中首先就要明确研究的目的，这样才能有一个明确的努力方向，否则体育教学的探究工作就显得没有意义，还会导致时间的浪费，更加不利于课程研究目标的实现。

2. 体育教学要与学生的知识水平相符

作为一名合格的体育教师，还要充分了解与掌握每一名学生的实际情况，包括学生的学习基础、学习态度、兴趣与爱好等，充分了解学生的知识结构，这样才能更加有利地引导学生进行教学的探索。

---

[1] 李启迪，邵德伟.体育教学基本理论研究[M].北京：北京师范大学出版社，2014.

3.善于启发与引导学生

在体育教学过程中,存在着大量的疑难问题,这时就需要体育教师积极地引导学生进行发散性思考,采取合理的手段与措施去解决这些疑难问题。在解决问题的过程中,学生的探究与创新能力可以得到极大的提升。

(五)利用网络资源培养创新思维

如今社会已进入一个信息化时代,在当今时代背景下,网络资源这一因素在社会各个层面都扮演着十分重要的角色,与此同时,学生利用网络资源的能力逐渐提高,通过各种网络信息或资源的利用,学生能很好地培养和提升自己的自主学习和创新能力,这对于学生创新思维能力的培养和提高具有重要的意义。

在具体的体育教学中,体育教师可以安排15分钟的准备活动,让学生自己设计、组织准备活动,准备活动结束后教师考评,并在最终考核中将这部分成绩纳入其中。对于完成作业优秀的学生,教师要给予一定的表扬和奖励,这就更能激发学生参与学习的积极性,有利于其思维创新能力的发展和提高。

在具体的教学过程中,学生可以提前和教师做好必要的沟通与交流,以保证教学活动的顺利进行,在教学中,学生可以向教师提出各种疑问和问题,教师逐步引导学生提升自己的发散思维,这对于培养和提升学生的创新思维能力具有重要的帮助。

第二节 体育教学目标的改革创新

一、体育教学目标的概念

要想将体育教学目标的概念界定下来,首先,需要对体育教学有一个全面的了解,主要从体育教学与其他学科教学的共性与差异性上入手。

(一)体育教学的一般教学活动特征

(1)体育课教学是学校的必修课。
(2)体育教学采用班级授课制。
(3)在体育课教学过程中存在着多边关系。

第三章　体育教学思维与目标的改革创新

（4）体育教学是"教师的教"与"学生的学"的双边活动。

（二）体育教学与以理论性为主的教学之间的差异（表3-1）

表3-1　体育教学与以理论性为主的教学之间的差异对比

	体育教学	理论性教学
学习手段	身体练习与思维活动相结合	大脑思维活动
设置内容	运动技术（运动操作知识）	各科理论性知识
负荷	身体与心理负荷	心理负荷
教学环境	户外	室内
智力因素侧重点	主要包括身体时空感觉、运动智力、人际交往智力等	言语智力、语言智力、逻辑智力、数理智力、自我认识智力等
是否有身体接触	大量的学生身体之间的接触与交流	基本没有
操作方式	学生对内在机体自我操作、体验与悟性	学生对外部知识的理解与悟性

由此，可以将体育教学目标的概念界定为："在运动技术教学过程中师生预期达到的结果和标准。"

二、体育教学目标的划分

一般的，体育教学目标可以分为学校体育目标、体育课程目标、单元教学目标、课时教学目标等几种，需要指出的是这些目标的层面是不同的，其中，学校体育目标和体育课程目标是体育教学目标的上位概念，因此在讨论体育教学目标时应排除在外。

也有的将体育教学目标体系分解为：学段教学目标、水平教学目标、学年教学目标、学期教学目标、单元教学目标、体育课教学目标等几种。[①]

总的来说，关于体育教学目标的划分，没有专门的论述，体育课程标准将其分为四大类：运动参与目标、运动技能目标、体能目标、心理与社会适应目标。也可以参照图3-1来更清晰地理解体育教学目标的划分及其关系。

---

① 李启迪，邵伟德.体育教学基本理论研究[M].北京：北京师范大学出版社，2014.

图 3-1

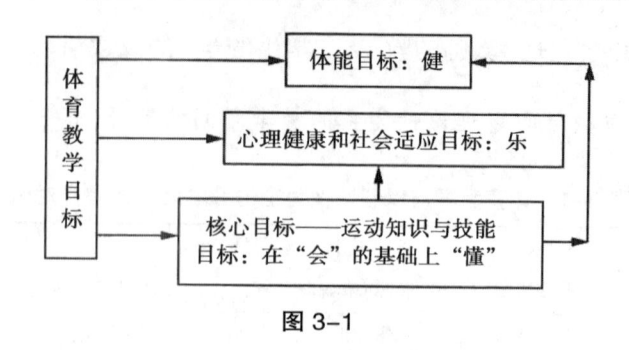

三、体育教学目标的分类

一般的,体育教学目标的分类主要涉及以下三个方面,其中,不同目标所用到的行为动词是不同的。

（一）认知领域目标

按照从简单到复杂的顺序,可以将体育教学中认知领域的教学目标大致分为知识、领会、运用、分析、综合、评价六个层次。其中,后五个层次属于理智能力和理智技能（表 3-2）。

表 3-2 认知领域的教学目标分类

层次	行为动词
1. 知识	界定、描述、指出、列举、选择、说明
2. 领会	转换、区别、估计、解释、归纳、猜测
3. 应用	改变、计算、示范、发现、操作、解答
4. 分析	关联、选择、细述理由、分辨好坏
5. 综合	联合、创造、归纳、组成、重建、总结
6. 评价	鉴别、比较、结论、对比、检讨、证明

（二）情感领域目标

按照价值内化的程度,可以将体育教学中情感领域的教学目标分为接受、反应、价值评价、组织、由价值或价值符合体形成的个性化五个具体类别或者说五个层次（表 3-3）。

第三章 体育教学思维与目标的改革创新

表 3-3 情感领域的教学目标分类

层次	行为动词
1. 接受	把握、发问、描述、命名、点出
2. 反应	标明、表现、遵守、讨论、呈现、帮助
3. 价值评价	邀请、验证、完成、阅读、报告、分享
4. 组织	坚持、安排、修饰、比较、准备、关联
5. 由价值或价值符合体形成的个性化	建立、分辨、倾听、实践、提议、品质

（三）动作技能领域目标

一般对体育教学中动作技能领域的教学目标进行分类，往往可以将其分为七个具体类别或者说七个层次，即知觉、定势、指导下的反应、机制、复杂的外显反应、适应、创作（表3-4）。

表 3-4 动作技能领域的教学目标分类

层次	行为动词
1. 知觉	描述、使用、抄写、理解、解释
2. 定势	选择、建立、安置
3. 指导下的反应	制作、复制、混合、依从、建立
4. 机制	操作、练习、变换、固定、修理
5. 复杂的外显反应	组合、修缮、专精、解决、折叠
6. 适应	改正、计算、示范
7. 创作	设计、发展、创造、筹划、编辑

五、体育教学目标的编制

体育教学目标，就是指课堂教学要达到的预期的学习结果。

（一）体育教学目标的确定依据

要将体育教学目标确定下来，需要遵循的依据有两个方面，一个是理论依据，一个是实践依据。

1. 理论依据：体育与健康课程标准

社会在发展，为与之相适应，教育事业也得进行改革和发展。改革开放以来，基础教育课程建设取得了可喜成绩，但是，时代发展迅速，原有的基础教育课程已不能完全满足社会发展的需要。为此，教育部将大力推进基础教育课程改革，调整和改革基础教育的课程体系、结构和内容，构建符合素质教育要求的新的基础教育课程体系的要求提了出来，同时，还颁布和推行了《体育与健康课程标准》。课程标准不仅将国家对不同阶段的学生在知识与技能、过程与方法、情感态度与价值观等方面的基本要求体现了出来，同时，还对体育课程的性质、目标、内容框架进行了明确规定，并将相应的教学与评价建议提了出来。从大量的实践中得知，体育课程标准已经成为当前我国教师进行体育教学目标设计的重要理论依据。

2. 实践依据：分析学习需求

某种程度上，课堂教学目标，也可以理解为课程目标及单元目标的分解，新课程标准从课程目标的角度对不同阶段的学生提出了统一的要求。体育教师在进行体育教学目标的设计时，只对新课程标准的要求进行考量是不够的，还要以具体的教学对象为出发点，对其学习需求加以分析。学习需求就是指学习者学习的目前状况与期望达到的状况之间的差距。在体育教学过程中，学生是教学活动的主体，忽视学情分析，会使教学"无的放矢"，缺乏针对性。因此，分析学习需求就成为确定体育教学目标的重要实践依据。

(二)编制体育教学目标的原则

编制体育教学目标，仅仅按照科学的理论和实践依据进行是不够的，还需要遵循一些基本原则，比如以下这些。

1. 整体性原则

编制体育教学目标，首先，要对体育课程目标和体育教学目标有一个全面的认识和把控，从整体出发，将学校教育目标和体育课程目标的总体要求反映出来，同时，也要将一般与具体的关系处理好，从而保证所编制的体育教学目标的整体性效果是理想的。

2. 科学性原则

体育教学目标的科学性在整体上都有所体现，具体来说，尤其在以下几个方面得到突出体现。

（1）要将体育学科的特点突出出来。
（2）要与教育的规律和学生身心发展的规律相符。
（3）要参照教材的特点这一重要依据，并且将重点和难点突出出来。
（4）要保证其具体性、可操作性。
（5）难度不能太大，也不能太小，适中即可。

3. 灵活性原则

关于体育教学目标设立要遵循难度适中的科学性原则，但是，这并不是绝对的，因为，在体育课堂教学中的教学对象是学生，他们存在着个体间的差异性特点，这种差异性也体现在学生的体育基础和运动的灵活性原则。具体来说，这种灵活性要求教师要尽可能将教材按照难度设立不同等级，并以每个学生的实际水平为依据来将其应达到的相应等级明确下来。

4. 可测评性原则

这里要强调的是，所编制的体育教学目标不能是笼统的、模糊不清的，否则就失去了确定的意义，具体来说，应该是较为具体的、明确的，并且能够通过一定的内容和方式进行比较客观的评价和检测的，这样才能在教学效果上有所反映，也才能为体育教学目标的确定提供反馈和依据。

（三）体育教学目标的构成要素及编制方法

一个完整、规范的体育教学目标的构成要素主要有四个：行为主体、行为动词、行为条件、表现程度。对于不同的要素，在具体的编制时所用到的方法也不同，具体如下。

1. 行为主体

体育教学目标的行为主体，就是教学对象，也就是所谓的学生。体育教学目标需要对学生的行为进行描述，并且始终围绕着学生来进行编制。

具体来说，对学生这一行为主体的表述，通常应该明确说明教学对象的构成。在具体措施上，应从学生的角度来叙写，正确的表述应该是"学生应该……"或者"学生能够……"等。

2. 行为动词

行为动词，主要用来对学生所形成的可观察、可测量的具体行为进行表述，简单来说，就是学生在学习后能够达到的水平。

体育教学目标中的行为动词的表述会产生重要的导向作用，因此，在编制体育教学目标时一定要准确做好行为动词的表述,这一点至关重要。

一般来说,行为动词可以大致分为以下几类。

(1)认识类行为动词,如指出、知道、了解、理解等。

(2)动作技能类行为动词,如模仿、练习运用、熟练使用、改编、创造等。

(3)情意类行为动词,如注意、接受、同意、遵守、服从等。

(4)身体素质类行为动词,如提高、改进、发展等。

在体育教学目标编制过程中选择行为动词时,一定要尽可能达到标准化、具体化的要求。

3. 行为条件

行为条件,就是指对学生学习结果产生影响的特定限制或范围等。对行为条件的表述,体育教学中常用的有如下几种。

(1)时间和速度因素,如"在6分钟内,跑完1500米"。

(2)环境因素,包括对学习空间和地点的限制,如"在肋木上完成……"。

(3)作业条件因素,包括对器材的重量和高度的规定,如"用4千克的实心球前、后抛"或"跳过1.2米高的横竿",以及允许或不允许使用器材与辅助手段等,如"在同学的保护帮助下跳过山羊"等。[1]

(4)教学组织形式因素,如"个人独立完成",或"小组集体完成"等。

(5)信息因素,包括是否给学生提供相关的资料、图表、书籍等,如"给出一幅人体解剖图,能说出……"。

(6)完成行为的情景,如"在课堂讨论时,能讲述……"等。

4. 表现程度

表现程度,就是指学生对目标所要达到的最低表现水准或标准,其可以作为重要指标来对学生的表现或学习结果所达到的程度进行评价。通常,表现程度的表述采用的往往是定量的指标或者标准,如"至少完成5次立定跳远"。相较于其他领域,对情意类目标表现程度的表述要更加困难一些,作业化和具体化的难度也比较大,因此,为了便于包含较复杂的、高层次的情意行为,通常会采用定性的语言。但是有一点要注意,就是要尽可能用通过教育观察可以做出判断的语言来表述学生内心情感的变化,抽象的语言要尽量少用或者不用。

---

[1] 邓星华,谭华. 新编体育教学论[M]. 上海:华东师范大学出版社,2008.

第三章 体育教学思维与目标的改革创新

六、体育教学目标的生成来源

对于确定体育教学目标来说,就不能不考虑到多种目标生成来源,它决定的是体育课程目标的价值。

通过分析和研究可知,学校体育课程目标的生成来源主要有学生成长的直接需求、体育课程范式的内在要求以及社会发展的实际需要。当然这只是众多生成来源中的三个最主要的来源,此外还有一些其他来源,并且不同教育观也对这三个来源的关系有不同的理解与认识。下面就对这三种体育教学目标生成来源进行逐一分析。

（一）学生成长的直接需求

教育是一种针对个人或群体的有目的、有计划的培养提升活动。接受教育的人是教育活动的着眼点,因此,不论教育的等级、内容、目的为何,其核心意义都在于满足人的生存与社会发展需要。就此来看,学校体育课程的目标也就是为了满足学生的自身发展需求。

再通过对学生需要进行仔细分析,可发现其具有一定的复杂性,其主要表现为学生的需要是不断产生的,并且在产生后会逐渐发展和变化;每个人的学习需求都是不同的,需求也会随着学生年龄的增长而呈现出变化;可以时间作为依据来划分,即有当前需求的满足以及有对未来长远需求的满足等;绝大多数学习者都清楚自己想要的是什么,但也有一些学习者不清楚,这部分人的学习需要依赖他人的引导和鼓励,以唤起他们自身对学习行为的重视;学习除了要满足实际的知识与能力的要求,还要从内在提升价值观与良好的意志品质。

著名学者泰勒就分析了学生对学习的几种需求。

（1）个人的健康需求。
（2）构建良好的社会关系需求。
（3）构建良好的公民关系需求。
（4）生活需求。
（5）娱乐需求。
（6）职业需求。

马斯洛经典的需要层次理论也为学习者的学习需求带来了令人信服的解释。马斯洛的需要层次理论将人的需求分为生理需要、安全需要、归属和爱的需要、自尊的需要、自我实现的需要等多个层次。就一般的学生而言,他们所具有的需要主要为获取知识和增强能力的需要、自尊的需要、爱和归属的需要等①。

如此看来,如果说制定学校体育课程目标的目的是满足所有学生的学习需要,那显然是不太现实的事情。而只有抓住其中的关键问题,满足学生主要的学习需求,并辅以一些针对性较强的目标安排,基本就能满足绝大多数学生的学习需求。为此,学校体育课程目标的确定应注意考虑到如下几方面。

(1)要对学生学习的内容给予关注。

(2)要对学生学习的时间节点给予关注。

(3)要对学生学习的个体差异给予关注。

(二)体育课程范式的内在要求

一般来说,体育课程是决定原先制定的体育课程目标是否能达成的关键,由此也就可以将体育课程认定为是一种"原生性来源"。现代课程论的观点认为,知识普遍具备两种功能,一种功能是体现出专门化研究领域的属性,另一种则是将学科领域作为一种促使个人生活与社会两方面需要都能够得到满足的功能,而这正好是学科展现出的最常见的功能。两者相比,前者重在探讨学科规律,关注的是学科知识的创新与建构;后者则重在探讨知识的运用,即更多体现的是学科的工具作用。②

许多实践表明,在制定体育课程目标时制定者更为强调的是学科的特殊功能,并且热衷对该学科的教学能够带给学生哪些方面的良好效益进行论证,以求所设定的课程目标对每位学生都能起到提升他们的作用。然而如果以学科的特殊功能来定位的话,这里所说的对学生起到提升的地方基本就限定在体育范围之内,而不能对学科的一般功能同等有效。这样一来,非常容易导致学生所学的课程在实际生活中的实用性较差的问题。

很明显的一点是,学校将体育课程纳入教学体系中的初衷并非培养专业体育运动员。体育课程与其他学科课程一样,都是一门普通的学科,每名学生都要接受这一课程教育,目的即为满足学生在生活中的需要以及满足社会对新时代人才的需要。

为此,在对课程目标进行制定时要特别注意避免对学科特殊功能的看重,而是应看重其一般功能。实际上还有另一种极端思维,就是太过偏

---

① 赖黎明.马斯洛动机理论与学习动机的研究[J].教学研究,2003.
② 曾永忠.高职体育课程体系改革与构建研究[M].武汉:华中师范大学出版社,2009.

第三章 体育教学思维与目标的改革创新

向于对学科的一般功能的重视,这样换来的结果是容易忽视学科本身的内在逻辑和规律。具体看来,体育这一学科课程的教学方法是组织学生开展身体教育、健康教育和运动教育,教育的内容是某种体育运动的技术,以此增强学生的身体素质,养成良好的健康行为习惯等。所以,基于体育教学的这些属性,就决定了在制定体育课程目标时要符合学科教育的基本规律,一旦偏离则注定不能实现。

（三）社会发展的实际需要

社会需要是指社会在现代化的发展现状和趋势下对学校体育提出的要求。学校体育设置的最大意义就在于要将学生培养成德、智、体全面发展的新时代社会主义建设者和接班人。为此,就需要确立起一个科学的学校体育目标,而这一目标的确立依据就是以培养有理想、有道德、有文化、有纪律、体魄健壮的社会主义一代新人为方向。

促进学生更好地实现社会化发展是学校体育教学的基本任务。社会发展的需要是从个人发展需求体现出来的。也就是说,要想满足社会的需求,就必须先满足学生的需求,然后便是促使学生的需求与社会的需求相一致,这才是社会需求最终能够得到满足的基础。如此一来,只有社会的发展始终保持顺畅,才能更好地为人的发展提供平台,否则个人发展将会遇到瓶颈以及诸多阻碍。实际上这种关系反过来也是成立的,即人的良好顺畅发展可以推动社会更好地发展,如果人的发展不顺畅,则社会的发展也注定处于荆棘之中。因此,回归到现实的层面中就可以认定,是否能对社会发展起到积极作用就成为个人是否得到良好发展的标志。同样也可以认为当大部分人都能得到良好发展时,也是社会良好发展的标志。

七、学校体育课程教学目标体系的构建

（一）体育课程教学目标要根据社会对学生的体育要求进行构建

在体育教育改革的指导思想下,现今开展的学校体育教学都要始终围绕满足学生的体育学习需求和健康需求来进行。这种思想的依据是动机理论,即只有当人拥有强烈的动机时,主观行为上才会付出更多的注意力、主动力和持久力,动机所带来的就是需求。如果不能满足学生的需求,动机给人带来的行为驱动力就会大大减少,体育学习最终也就失去了生命力。基于这点,在制定体育教学目标时就务必要将学生个体的需要和

社会对学校体育的教育需求相统一,而不能使两者对立起来,或是平行没有交点。特别是不能要求学校体育为国家和社会服务,如此就还会显露出"计划经济时代的产物"的特性。另外,过多强调学生个体的需要也不值得推崇,尽管这看似更符合突出学生在体育教学中的主体地位的新思路。之所以不推崇过度以学生为主,其原因在于毕竟学生所处的阶段决定了他们没有成熟的思维和足够的能力支持他们在体育教学中的完全主体地位,甚至他们自己尚不清楚自己的体育需求是什么,所以很难要求他们把握好自己准确的现实的体育需要与长远的体育需要。

展现学生的体育需要最好的方式就是看学生对学习内容的选择,几乎所有学生在做这种选择时都是凭借自身的绝对兴趣而来的。常见的学生选择是那些趣味性强的项目,如多种球类运动。而对于那些像田径、体操等需要付出一定意志力和体力的项目则通常相对较少被选择,然而恰恰是像田径和体操这类的项目对学生的体育发展更为有利一些,这样就显现出了一些矛盾的地方。也正因如此,就决定了不能完全依赖学生体育需求的倾向,而是要求我们要站在更高的位置上对体育课程教学目标进行统筹安排,以期既能满足学生的需求,又能满足社会对学校体育教育的需求,同时再配合上正确的、多样的教学方法来激发学生体育学习热情,这就是制定学校体育课程教学目标的核心。

(二)强调学生对快乐情感的体验

现代教育理念非常关注学生对学习这种行为的良好情感,认为学生的学习行为应该能让他们感到快乐和成功,然后才能因为快乐情感的获得促生出更大的学习动机和需求。为此,对学生在学习中的快乐情感的获得就应该予以重视。体育教学相比于其他学科的教学,在学生的欢乐情感体验的获得上有着与生俱来的优势,这也是促使体育课程目标和价值得以实现的有效保证。但与此同时也要强调,尽管应将更多的欢乐元素加入体育教学之中,但体育教学作为一项系统的学科教育,决不能为了欢乐而将其等同于任凭学生随意玩乐。

那么,如此来说,学生在教学中所获得的快乐情感应该来自学习活动本身,而对于体育教学来说,它能带给学生的这种情感只是众多学习活动的一部分。而如果说要对学生的情感予以丰富,那只有快乐的情感显然是非常单一的。即便是在体育教学中,单纯的快乐也是不存在的,它往往是与其他情感融合在一起的,快乐只是众多情感中的一种,如果学生能从

第三章 体育教学思维与目标的改革创新

中获得,将是非常理想的情感体验。[1] 为此,体育教学目标的设定务必要将这一情感内涵体现出来。

（三）强调体育能力的培养

在过往的体育教学中,不论是教学的目标还是内容都更加侧重于对学生进行某项运动技能的培养,而对于对学生一生更能产生深远影响的综合体育能力的培养则非常欠缺。例如,在体育教学的内容中见到的多是某项运动的技术战术等内容,而涉及如何科学进行体育运动、体育与健康等方面的教学内容则非常有限。就连决定学生体育学习方向的体育教学目标中也有对综合体育能力的目标设定。因而,在对体育课程进行的深化改革中,就需要特别强调对学生科学健身能力的培养。然而需要注意的是,在这方面目标的制定上不要走向两个极端,即对学生的全面体育能力的培养与运动技能的培养两者之间并不矛盾。为了避免这种情况,在体育教学实践中应避免如下两种行为。

（1）大大增加体育与健康类理论的教学内容,一改体育教学理念为健康教育理念,使体育教学的实践性弱化。

（2）过多给予学生体育教学的自主权力,如对于体育学习的目标、内容和学习方式都由学生自己来选择。如此会让体育教学的科学性和严谨性大打折扣。

为了将体育教学目标制定得科学合理,总结来说,其设立应重视三点改变,即由指导学生学会向指导学生会学转变；由注重技能指导向注重能力指导转变；由重视技能学习到重视情感态度转变。只有做到如此,所指定的体育教学目标才能说是科学合理的、意义深远的,如此既能让学生掌握足够的运动技能,还能让其懂得如何科学健身和享受运动带给人的良好体验。

事实上,运动技能与体育能力两者是不能分割的,两者联系紧密,互为依托。没有良好的运动技能,其体育能力的发挥就没有抓手,那么体育能力也就不复存在。若没有良好的体育能力,即便掌握了较好的运动技能,也不能科学利用,实现较为长远的锻炼目标。因此,在这种情况下,对学生进行终身体育教育,培养学生体育锻炼的意识、技能与习惯就成为体育课程目标中最为关键的要素。而这也是《全民健身计划纲要》中对学校体育课程提出的要求。[2] 不仅如此,在《体育与健康课程标准》中也

---

[1] 孙慧. 学校体育课程教学目标体系的构建[J]. 武汉体育学院学报,2005(10).
[2] 孙慧. 学校体育课程教学目标体系的构建[J]. 武汉体育学院学报,2005(10).

对相关理念给予了特别说明,即认为体育知识技能是课程学习的主要内容。[①]对体育能力的培养必定要与运动技能的传授紧密结合,如此也就要求在体育课程教学目标的制定中不能将对体育能力的培养过于简单化、空洞化和笼统化。

（四）强调学生的个体差异

新型教育理念非常关注学生在教学活动中主体地位的体现,认为每个学生都有自己自身的情况,只有在承认个体差异的基础上进行教学,才能切实让每名学生受益。为了做到这点,新教学理念从以下两方面将对学生个体差异的重要意义体现了出来。一方面是体育课程教学目标的设定要能满足学生的个体发展需要,另一方面是体育课程教学目标的设定要重视学生的个体差异,以对一些教学目标予以细化,如此使每名学生都更有可能从中受益。

学生由于诸多原因的影响,总是表现出人与人之间的个体差异,甚至某些差异还是巨大的,这是非常正常的情况,也永远会是客观存在的事物。为此,体育课程教学只有正视这一事物,对学生的个体差异给予关注,才能做到因材施教,才能使每一个学生通过学习来进一步提高自我。

在制定体育课程目标时,应将教育的过程与成果置于同等地位。而体育教学目标所追求的,则应是为社会培养优秀的全面型人才。

八、体育教学目标的优化与发展

（一）体育教学目标的优化策略

优化体育教学目标,需要从以下三个方面着手进行,采用的优化策略也各不相同。

1. 优化学校体育规章制度

从某种意义上来说,社会对学校体育课程的要求,既是学校体育课程改革的基础,同时也是学校体育改革的落脚点,是保证社会科学发展和推动学校体育课程实施效果的必要中间环节。

学校体育课程的实施,不仅需要教师与学生的参与,还需要一定的制度保障,即必要的体育规章制度。可以说,学校体育规章制度的完善程度,

---

① 孙慧. 学校体育课程教学目标体系的构建[J]. 武汉体育学院学报,2005(10).

第三章 体育教学思维与目标的改革创新

在一定程度上决定着学校体育课程实施的顺利与否,也会对其最终的教学效果产生重要影响。从某种程度上来说,体育规章制度是学校体育教学环境的重要组成部分,加强对学校体育课程环境的优化,实现学生的全面发展,是优化教育实践、提高体育教学价值实现的基本途径。

2. 强化人才观念的全面性和科学性

对于学校体育教育实施、课程目标来说,人才培养目标是作为起到关键作用的决定性因素存在的,其在培养创新型、综合型人才方面所起到的作用非常显著,为此,要做到两点要求:一方面,国家决策层面上,要做到提高素质教育的力度;另一方面,学校、家长、社会也要做好树立全面人才观念的工作。另外还需要强调的是,学校体育教学的规划、学校体育的培养目标,都要与体育教学标准相适应。

随着时代的不断发展,我国的学校体育教育制度、学校体育教学改革也逐渐推进,新的学校体育教学改革也逐渐推进,提出了以"健康第一"作为实施素质教育的指导思想的要求,以提高学生身心素质、增强学生的创新意识和实践能力为出发点,对学生综合能力的发展起到促进作用。但是,因为我国的升学考试机制、人才选拔机制、单位用人制度等的差异,大部分学校仍将学生掌握知识的多少作为考试成绩的依据,使得学校体育教学的目标和过程,很难对学生能力的提升起到全面有效的促进作用。

3. 提高学校体育课程管理的水平

要想使学校体育教学的实施得以顺利进行,并且还要保证教学实施的效果,就必须加强对体育教学的管理,这也是学校体育教学系统运转的重要保障。

一般的,学校体育教学管理系统包含各个相关机构,比如,体育教学决策机构、体育教学实施机构、学校体育教学监督机构、体育教学的反馈机构等。其中,学校体育教学的决策机构,是在体育教学计划、体育教学标准的相关要求的指导下,制定的学校体育教学的实施规划、学校体育教学的培养目标、学校体育教学的实施执行等,从而有效保证学校体育教学规划、学校体育教学的培养目标落实到个人,对学生的全面发展起到积极的促进作用。[1]

---

[1] 彭三鹰. 教育创新与体育教学目标的优化研究[J]. 体育科技文献通报,2012(10).

(二)体育教学目标的发展要求

对于体育教学目标来说,其要获得进一步的发展,要满足几个基本要求,具体如下。

1. 要使社会对高素质人才的需求得到满足

随着社会的迅速发展,对高素质人才的需求量大大增加,这在各行各业中都有所体现,已经成为社会性的重要问题。这里所说的高素质人才,就是拥有扎实的知识基础、优秀的创新能力与执行能力且必须具备优秀的道德品质的综合性人才。对于体育教学来说,这种高素质人才也是其需要的,因此,这就要求在制定和完善体育教学目标时,一定要将社会对人才的需求与教学目标进行有机结合,突出对学生能力以及素质的培养,通过科学、合理的体育教学目标的制定与完善,有针对性地促使学生德、智、体、美、劳全面发展,使其成为未来社会发展的中坚力量。

2. 培养学生终身体育意识,与素质教育相适应

尽管当前社会、经济的发展已经日新月异,青少年的娱乐方式也越来越多元化,但也正是因为如此,使得越来越多的青少年学生将娱乐放在了电子产品上,而走出房间,走向户外的运动时间却大大减少,这也是青少年学生整体体质水平下降的一个重要原因。另一方面,传统的教学方法与目标对学生的兴趣与需求关注较少,教师更多的是对学生进行枯燥单一的体能训练,由此,很多学生对体育教学活动产生不同程度的抵触心理,在这样的状况下,即便学生走向社会,其在体育运动方面的抵触心理仍然会存在,这对于学生终身体育以及综合素质、身体健康都是非常不利的。因此,在制定和完善体育教学目标时,要将学生的兴趣爱好与之进行融合,注重培养学生的兴趣与自主锻炼能力,为终身体育意识的形成打下良好的基础。

3. 要使青少年学生体育方面的需求得到满足

处于青少年时期的学生,是体育教学的主体,体育教学目标的制定与完善一定要与学生的身心发展特点相符,并且能将学生的学习兴趣激发出来,在此基础上所制定和完善的体育教学目标的科学性和可行性才更加显著。

随着素质教育的不断推进与实施,学生对体育的需求也得到进一步的拓展,不仅仅局限于升学分数和强身健体,体育教学活动也逐渐成为学生休闲、娱乐以及同学之间交流的重要途径,因此,在制定和完善体育教

第三章 体育教学思维与目标的改革创新

学目标时,要求体育教师要在适当增加体育教学活动娱乐性、互动性等方面进行充分考量,从而使学生对体育活动多元化的需求得到较好满足。

4. 要将体育教学的功能性最大程度地开发出来

体育教学本身所具有的功能性是多元化的,比如,强身健体、娱乐、缓释压力等方面。素质教育在我国实施的时间还比较短,但是,其所产生的作用和意义却是非常重大的。另一方面,学生家长大多对学生寄予厚望,课余时间帮孩子安排各类辅导班,"善意"地剥夺了学生本就不多的自由时间,因此,体育课就成了孩子们难得的放松及舒缓学习压力的机会。除此之外,体育教学的功能性还表现为教育性、社会化等,需要强调的是,这些功能是隐藏着的,具有隐匿性特点,因此,需要通过合理的途径将这些功能高效挖掘出来。而体育教学目标的制定与发展就是有效途径之一,通过有目的性的挖掘,可以将体育教学的多种功能充分开发并发挥出来。

5. 使体育成为学生释放压力的重要途径

对于学生来说,文化课的压力非常大,而体育课则成为学生舒缓压力的重要途径之一。这就需要保证体育教学目标的设计必须是科学的、合理的,否则,无法将其舒缓压力的功能完全发挥出来,还有可能起到相反的作用。因此,在体育教学目标制定和完善时,要注重达成体育教学目标的过程是否具有足够的趣味性,能否激发学生的学习兴趣使学生全身心投入体育教学活动中,从而在学习体育知识与技能的同时不知不觉起到释放压力的作用。[1]

(三)体育教学目标的发展与充实

体育教学目标目前的发展已经较为理想,但是,随着体育教学目标的进一步发展,其也有着更好的发展前景,尤其在健康方面,具体表现在以下几个方面。

1. 要将养生纳入体育教学目标中

当前社会发展迅速,人们的物质生活水平已经得到了极大的改善和提高,但是,这并不是所有的后果,还有一些负面影响,比如,生活、工作的压力大,人们的心理负担加重,亚健康人群比例越来越大;现代疾病比例扩大等。尽管体育具有增进健康的作用,但是,仍有非常大的局限性存在。

---

[1] 杨正亚. 简析高中体育教学目标的设计与发展[J]. 青少年体育, 2013 (05): 103-104.

对于现代疾病,体育的预防和治疗在针对性上是比较欠缺的,其主要功能仍然体现在速度、力量、耐力、柔韧等身体素质的强壮上,要想将其对现代疾病的预防和治疗功能挖掘出来,需要从养生方面入手。传统体育养生讲求心静、气和、阴阳平衡、体态自若,它追求健康长寿而不为强壮,感受对生命的敬畏,最终培养人的习常性保持机体动态平衡的意识,这一点与体育是有显著差别的。而体育养生是历经千百年的锤炼和无数先辈的心血打造出来的,它来源于人民,也必将在人民的实际生活中发挥巨大作用,在现实中被推动和发展。① 把传统体育养生文化全面融入体育教学目标中,不仅能使学校体育课的内容得到丰富和充实,还能使民族文化得到弘扬,对于普及全民健身,使学生更懂得科学保健都是非常有利的。

2. 要将饮食营养纳入体育教学目标中

"生命在于运动",这就将体育运动对人的生命和健康的重要性体现了出来。通过体育锻炼,能够有效促进健康,而合理的饮食营养又有效保证了体育锻炼的顺利进行和良好效果。可以说,合理的饮食营养是人体生长发育的物质基础,体育锻炼则是增强人体技能的有效手段。由此可见,合理的饮食营养和体育锻炼两者之间是相辅相成的关系。

学校开设体育课程,这对于学生体质健康的增进是有帮助的,但只有这样是远远不够的,还要重视合理的饮食营养,这也是体育教学目标发展的一个重要方向,这与现代社会发展潮流是相适应的,对于我国青少年学生体质的整体性增强也有着重要意义。

3. 要将养成良好的生活习惯纳入体育教学目标中

当前,在政治、经济、科学技术发展的推动下,人们的生活水平大大提升,随之而来的,还有各种现代疾病,较为突出的是肥胖症。体育活动是减肥健身的一个有效途径。

目前,各大城市中,健身房成为人们健身运动的重要场所,其发展也具有广泛性特点,其中,健身房中开设的项目越来越丰富,比如健美操、形体训练、各种器械训练等,花钱练健美买健康已经成为社会潮流,体育已成为人们生活的一部分。良好的习惯对于身体健康是有着持续性意义的。设想一下,如果从小养成良好的习惯,那么,这些现代疾病的发生几率就会大大降低,因此,从小就培养良好的体育运动习惯至关重要。而要做到

---

① 郝牡清,毛丽儿. 从社会学角度分析体育教学目标的发展趋势[J]. 运动,2011(05): 100-101+91.

第三章 体育教学思维与目标的改革创新

这一点,对于体育教学来说,就需要强调学生亲自参加体育锻炼。培养学生对体育的兴趣和爱好,并养成体育锻炼的习惯,是体育教学成果的一个重要标志,而且在体育教学过程中,培养学生良好的锻炼习惯,对提高教学效果,促进学生身心健康地发展有着重要的意义。① 因此,体育教学中,应重视培养学生良好的锻炼习惯。这就要求在今后体育教学目标的发展过程中,一定要将养成良好的生活习惯作为其发展的一个重要方向。

---

① 郝牡清,毛丽儿.从社会学角度分析体育教学目标的发展趋势[J].运动,2011(05):100-101+91.

第四章 体育教学方法的改革创新

体育教学方法是体育教学得以实施的重要手段,如果没有体育教学方法,体育教学就如同没有车轮的火车,寸步难行,更不用说进一步的发展了。另外,体育教学方法能保证体育教学的实施,但是,最终教学效果如何,还与所采取的体育教学方法的适宜程度有着密切关系,因此,在迅速发展的今天,体育教学方法也要有所发展和创新,这样才能与体育教学的发展相适应,与社会发展和需要相适应。本章主要对体育教学方法的基本理论、选择与应用以及创新进行分析和阐述。

第一节 体育教学方法概述

一、教学方法与体育教学方法的概念

(一)教学方法

首先要将教学方法这一概念明确下来,才能对其进行进一步的分析、了解、认识。

具体来说,教学方法实际上就是一种行为或操作体系,从广义上来说,教师的教和学生的学两个层面的具体方法都属于教学方法的范畴。

鉴于此,可以将教学方法的概念界定为:师生为实现课堂教学目标和完成教学任务而采用的所有方法。

(二)体育教学方法

体育教学方法,顾名思义,就是在体育教学中所用到的教学方法。但是,体育教学方法的具体概念还没有达成统一,而将各方观点的共同之处提取出来加以归纳,可以将体育教学方法定义为:体育教学方法是在一

第四章 体育教学方法的改革创新

定的体育教学思想指导下的教学方式、方法以及组织形式等的总和、总体。[①]

二、体育教学方法的分类

(一) 依据体育学科特性的分类

以体育学科的特性为依据,体育教学方法可分为两种类型:一种是"教法"(以教师为主),另一种是"学法"(以学生为主),如图4-1所示。

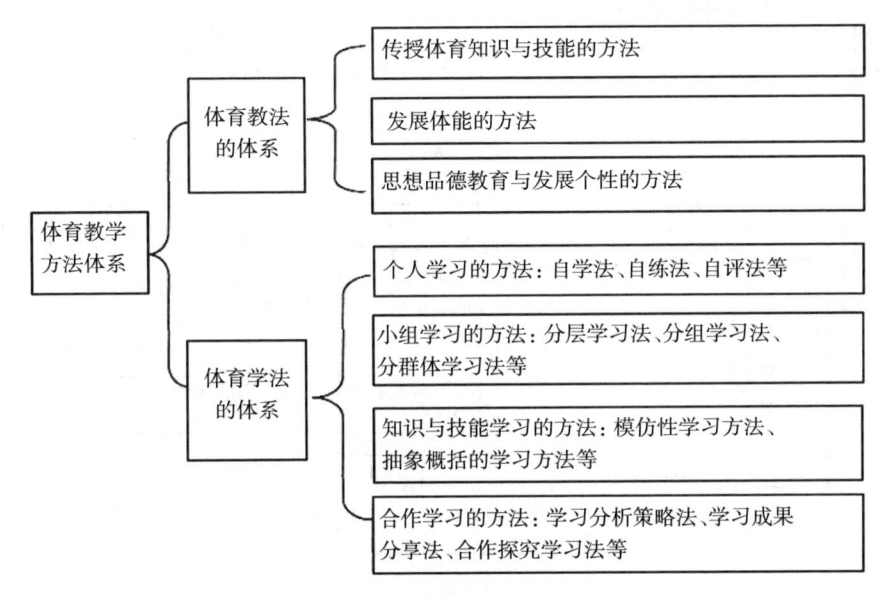

体育教学方法体系
- 体育教法的体系
  - 传授体育知识与技能的方法
  - 发展体能的方法
  - 思想品德教育与发展个性的方法
- 体育学法的体系
  - 个人学习的方法:自学法、自练法、自评法等
  - 小组学习的方法:分层学习法、分组学习法、分群体学习法等
  - 知识与技能学习的方法:模仿性学习方法、抽象概括的学习方法等
  - 合作学习的方法:学习分析策略法、学习成果分享法、合作探究学习法等

图 4-1

有学者将学法与练习法结合起来,将体育教学方法分为教法与学练法,如图4-2所示。运动技能的形成过程包括建立技术表象、实施与矫正技术、巩固技能三个阶段,下图也直观说明了各阶段适合采取的不同教法与学练法。

(二) 依据体育教学指导思想的分类

根据体育教学的指导思想,可以将体育教学方法划分为原理性体育教学方法(综合性教法)和操作性体育教学方法(具体教法),如图4-3所示。

[①] 龚正伟.体育教学论[M].北京:北京体育大学出版社,2008.

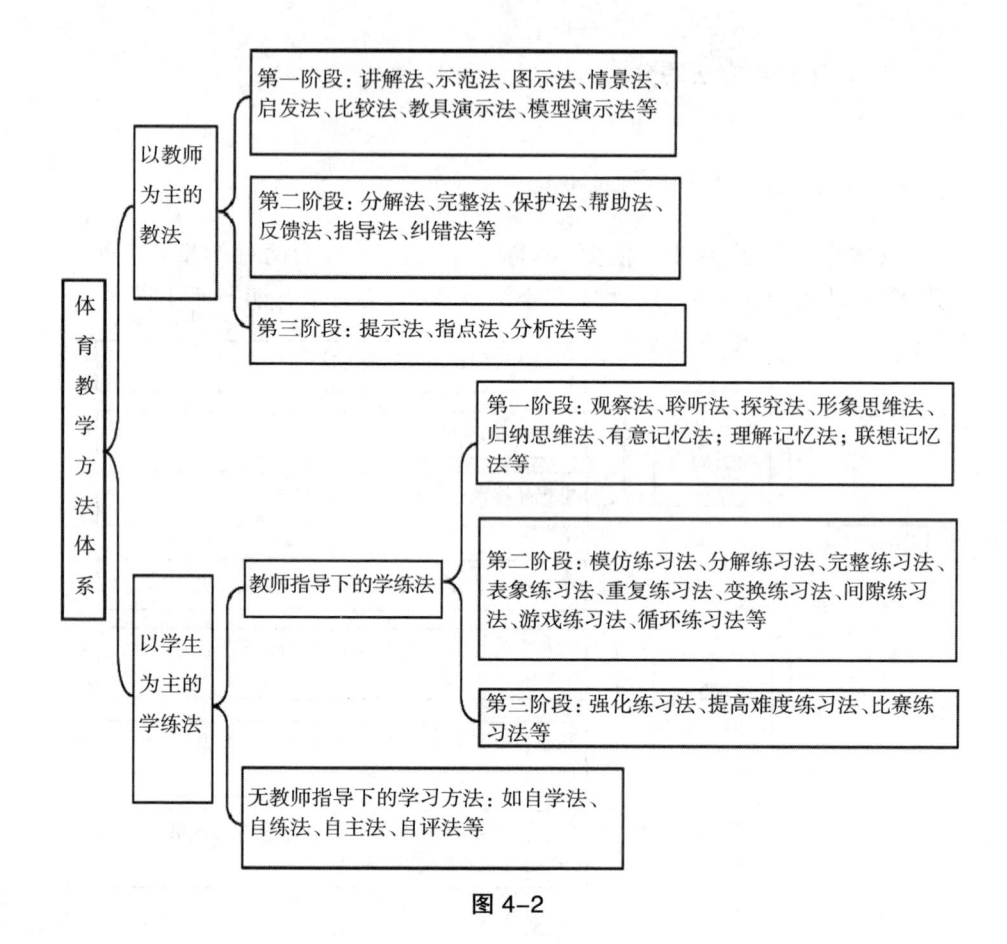

```
                        ┌─第一阶段：讲解法、示范法、图示法、情景法、
                        │         启发法、比较法、教具演示法、模型演示法等
              ┌以教师───┤
              │为主的   ├─第二阶段：分解法、完整法、保护法、帮助法、
              │教法     │         反馈法、指导法、纠错法等
              │         │
              │         └─第三阶段：提示法、指点法、分析法等
体育教学方法体系┤
              │                   ┌─第一阶段：观察法、聆听法、探究法、形象思维法、
              │                   │         归纳思维法、有意记忆法；理解记忆法；联想记忆
              │                   │         法等
              │以学生   ┌教师指导─┤
              │为主的───┤下的学练法├─第二阶段：模仿练习法、分解练习法、完整练习法、
              │学练法   │         │         表象练习法、重复练习法、变换练习法、间隙练习
              │         │         │         法、游戏练习法、循环练习法等
              │         │         │
              │         │         └─第三阶段：强化练习法、提高难度练习法、比赛练
              │         │                   习法等
              │         │
              │         └无教师指导下的学习方法：如自学法、
              │          自练法、自主法、自评法等
```

图 4-2

（三）依据体育与健康课程标准目标的分类

根据体育教学改革的特点及体育与健康课程标准目标，可以将体育教学方法体系划分为图 4-4 中所示的几种类型。

实施体育教学方法的过程中涉及体育教学手段这个重要概念，其是体育教学方法得以实施的工具保障，如教室、黑板、教学用具、媒体等。一般可将体育教学手段划分为图 4-5 所示的两大类型，每个大类中又包含许多小类。

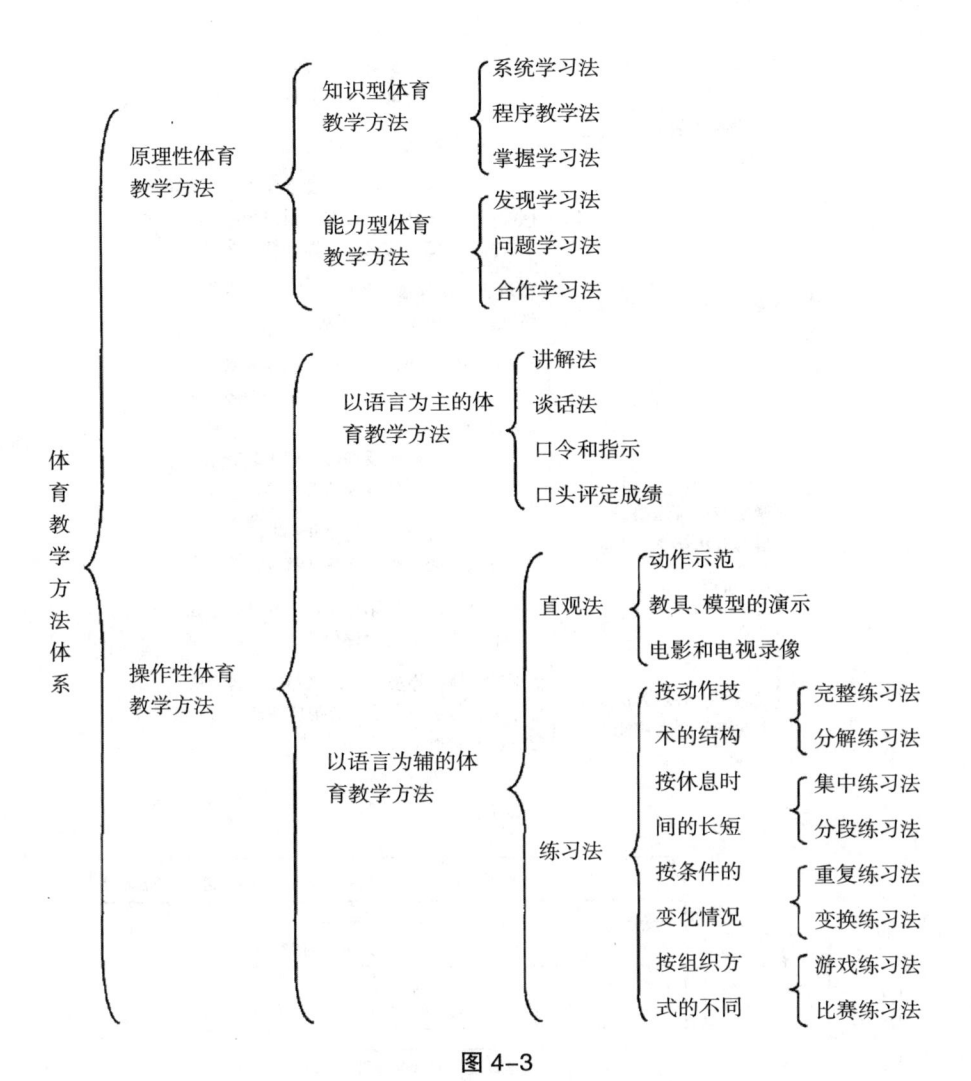

第四章　体育教学方法的改革创新

体育教学方法体系
├─ 原理性体育教学方法
│   ├─ 知识型体育教学方法
│   │   ├─ 系统学习法
│   │   ├─ 程序教学法
│   │   └─ 掌握学习法
│   └─ 能力型体育教学方法
│   ├─ 发现学习法
│   ├─ 问题学习法
│   └─ 合作学习法
└─ 操作性体育教学方法
    ├─ 以语言为主的体育教学方法
    │   ├─ 讲解法
    │   ├─ 谈话法
    │   ├─ 口令和指示
    │   └─ 口头评定成绩
    └─ 以语言为辅的体育教学方法
        ├─ 直观法
        │   ├─ 动作示范
        │   ├─ 教具、模型的演示
        │   └─ 电影和电视录像
        └─ 练习法
            ├─ 按动作技术的结构
            │   ├─ 完整练习法
            │   └─ 分解练习法
            ├─ 按休息时间的长短
            │   ├─ 集中练习法
            │   └─ 分段练习法
            ├─ 按条件的变化情况
            │   ├─ 重复练习法
            │   └─ 变换练习法
            └─ 按组织方式的不同
                ├─ 游戏练习法
                └─ 比赛练习法

图 4-3

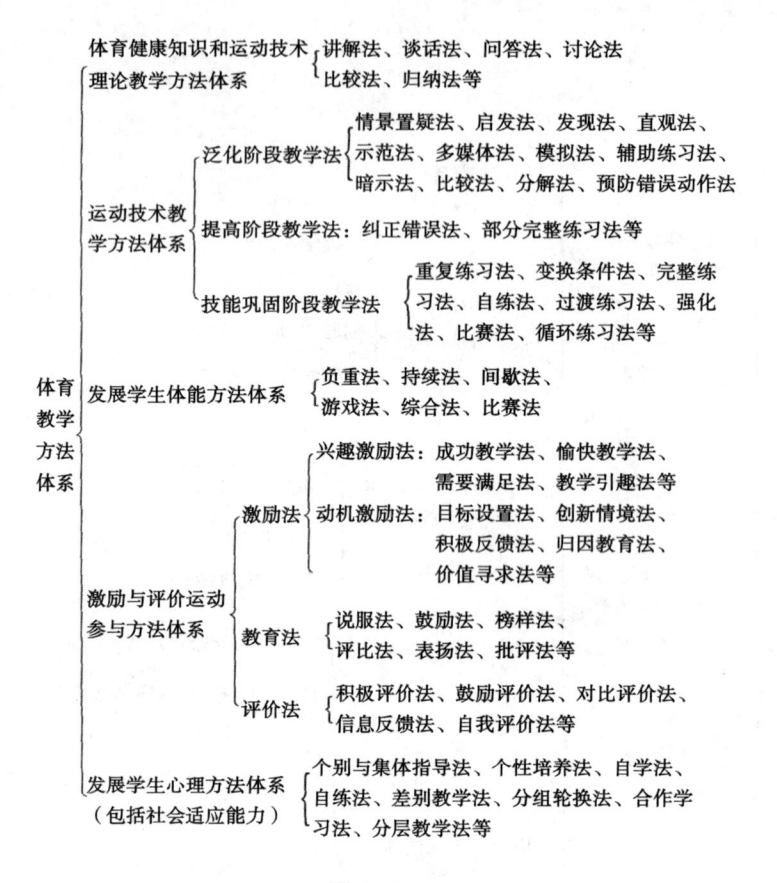

体育教学方法体系
- 体育健康知识和运动技术理论教学方法体系：讲解法、谈话法、问答法、讨论法、比较法、归纳法等
- 运动技术教学方法体系
  - 泛化阶段教学法：情景置疑法、启发法、发现法、直观法、示范法、多媒体法、模拟法、辅助练习法、暗示法、比较法、分解法、预防错误动作法
  - 提高阶段教学法：纠正错误法、部分完整练习法等
  - 技能巩固阶段教学法：重复练习法、变换条件法、完整练习法、自练法、过渡练习法、强化法、比赛法、循环练习法等
- 发展学生体能方法体系：负重法、持续法、间歇法、游戏法、综合法、比赛法
- 激励与评价运动参与方法体系
  - 激励法
    - 兴趣激励法：成功教学法、愉快教学法、需要满足法、教学引趣法等
    - 动机激励法：目标设置法、创新情境法、积极反馈法、归因教育法、价值寻求法等
  - 教育法：说服法、鼓励法、榜样法、评比法、表扬法、批评法等
  - 评价法：积极评价法、鼓励评价法、对比评价法、信息反馈法、自我评价法等
- 发展学生心理方法体系（包括社会适应能力）：个别与集体指导法、个性培养法、自学法、自练法、差别教学法、分组轮换法、合作学习法、分层教学法等

图 4-4

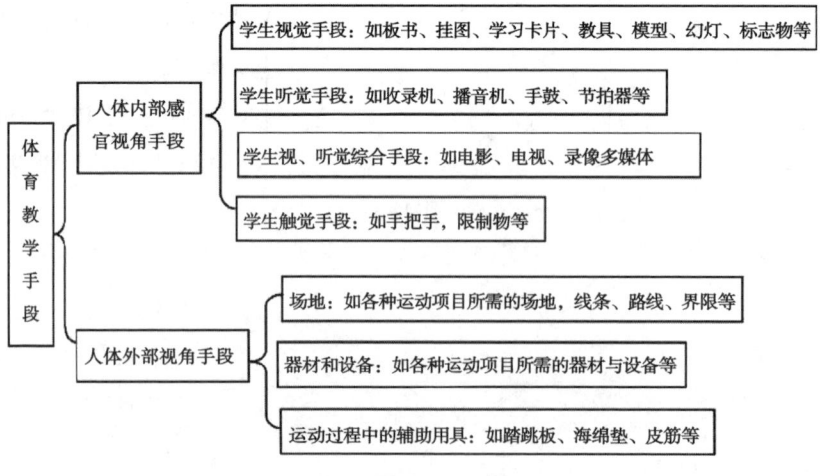

体育教学手段
- 人体内部感官视角手段
  - 学生视觉手段：如板书、挂图、学习卡片、教具、模型、幻灯、标志物等
  - 学生听觉手段：如收录机、播音机、手鼓、节拍器等
  - 学生视、听觉综合手段：如电影、电视、录像多媒体
  - 学生触觉手段：如手把手，限制物等
- 人体外部视角手段
  - 场地：如各种运动项目所需的场地，线条、路线、界限等
  - 器材和设备：如各种运动项目所需的器材与设备等
  - 运动过程中的辅助用具：如踏跳板、海绵垫、皮筋等

图 4-5

第二节 体育教学方法的选择与应用

一、体育教学方法的选择

在体育教学过程中选择适宜的体育教学方法,是需要按照相应的要求和依据进行的,这样才能保证所选择的体育教学方法的科学性与合理性。

（一）选择体育教学方法的基本要求

选择体育教学方法要注意以下几点要求。
（1）与教学规律原则相符。
（2）与教学内容特点相符。
（3）与学生学习特点相符。
（4）与教师本身条件相符。
（5）与学校教学实际相符。
（6）具有科学性、艺术性和综合性。

（二）选择体育教学方法的主要依据

在选择体育教学方法时,为了保证科学性与合理性,不仅要遵照基本要求,还要参考相应的一些依据,具体如下。

1. 体育教学目标

体育教学的目标具有多层次性,如图4-6所示,在体育教学中要努力实现不同层次的目标,如在篮球教学中,投篮技术教学要实现的目标如图4-7所示,为实现不同层次的目标,需要选择不同的教学方法。

2. 教材内容特点

体育教学内容和体育教学方法是体育教学体系中必不可少且密切联系的两个要素,对于不同性质的体育教学内容应采取相应的教学方法。

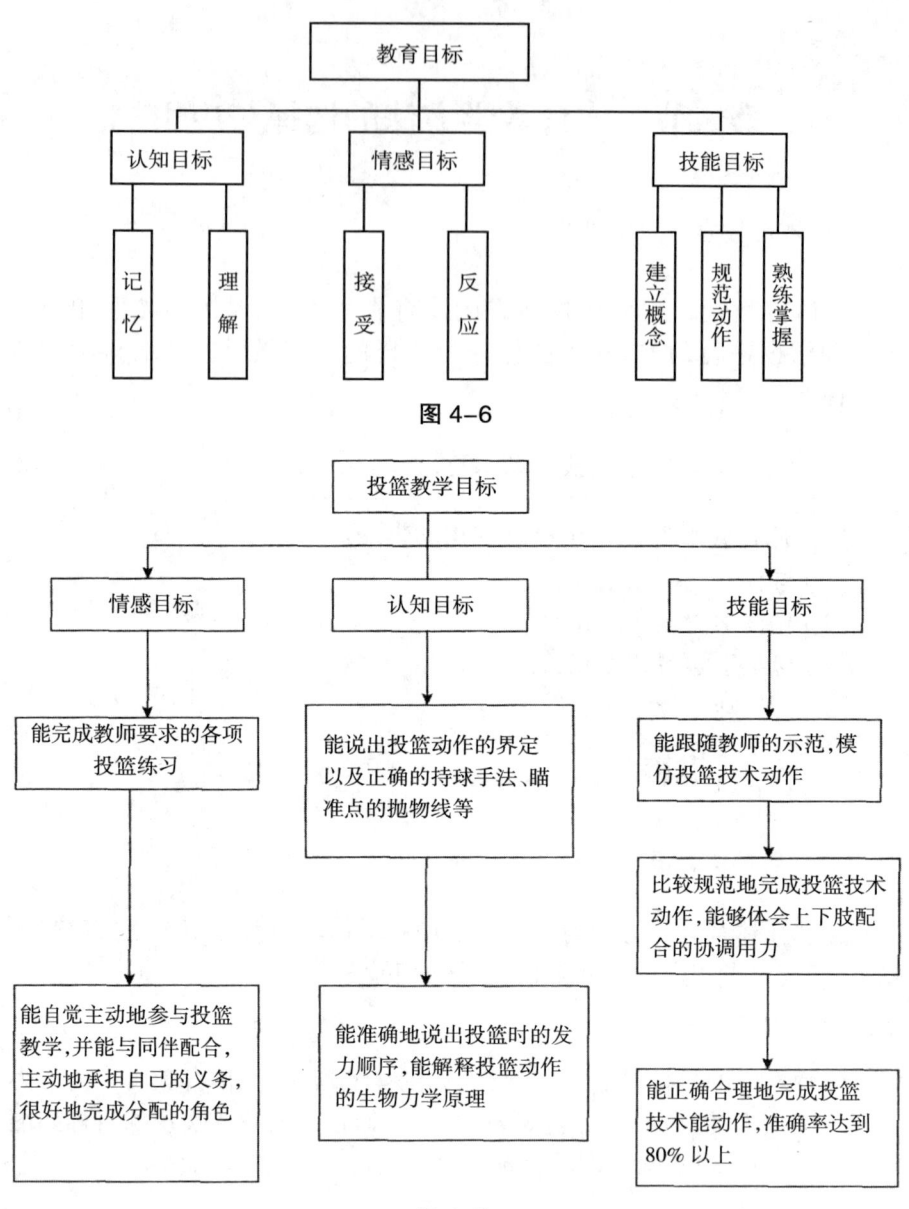

```
                        教育目标
                           |
        ┌──────────────────┼──────────────────┐
     认知目标             情感目标            技能目标
        |                   |                   |
     ┌──┴──┐             ┌──┴──┐          ┌─────┼─────┐
    记忆  理解           接受  反应       建立  规范  熟练
                                         概念  动作  掌握
```

图 4-6

```
                     投篮教学目标
                           |
        ┌──────────────────┼──────────────────┐
     情感目标             认知目标            技能目标
        |                   |                   |
   能完成教师要求的      能说出投篮动作的界定   能跟随教师的示范，模
   各项投篮练习          以及正确的持球手法、   仿投篮技术动作
                        瞄准点的抛物线等
                                               |
                                         比较规范地完成投篮技术
                                         动作，能够体会上下肢配
                                         合的协调用力
        |                   |                   |
   能自觉主动地参与投篮   能准确地说出投篮时的   能正确合理地完成投篮
   教学，并能与同伴配合，  发力顺序，能解释投篮动作  技术能动作，准确率达到
   主动地承担自己的义务， 的生物力学原理        80%以上
   很好地完成分配的角色
```

图 4-7

3. 教学对象特点

体育教学要围绕学生这一中心展开，所以要考虑不同成长阶段、不同性别、不同兴趣爱好、不同需求的学生的实际情况，采取合适的方法进行教学，更好地培养学生。

第四章　体育教学方法的改革创新

4. 教师自身条件

体育教师发挥着重要的主导作用,其要结合自身条件选择自己擅长的教学方法,这样才能将教学方法的作用发挥到极致。如果教师所选的方法是自己不熟悉的方法,那么在实施过程中可能会遇到很多问题,影响课堂教学的顺利进行,而且也会使学生怀疑教师的专业性。体育教师应不断提升自己,既熟悉传统教学方法,又能熟练掌握现代教学方法,而且还要能根据实际情况创造新的教学方法,以便针对不同教学内容及教学对象灵活选择教学方法。

5. 教学环境与条件

体育教学受教学环境的影响颇为明显,这里的教学环境主要指外部环境,这与体育教学主要在户外进行有关,户外环境复杂多变,对体育教学的开展有很大的影响。要提高体育教学质量,必须加强对户外教学环境的改善,以免恶劣天气或不良地形对体育教学的顺利开展造成制约。体育教师也应根据外部教学环境与条件的变化来灵活安排教学,选择适宜的教学方法,将不良环境因素的影响降到最低,尽可能保证户外教学取得好的效果。

二、体育教学方法的应用

体育教学方法是随着体育教学的演变与发展而不断发展的,因此,体育教学方法有传统意义与现代意义之分,不同的体育教学方法的应用所起到的作用不同。

(一)传统体育教学方法的应用

1. 语言法

(1)讲解法

讲解法,就是指教师给学生进行的相应的动作要领、方法和规则要求等方面的说明,从而对学生进行积极指导,使其能更好地学习和掌握运动技能。

在体育教学中应用讲解法,为了保证效果,需要做到以下几点要求。

第一,要将讲解目的明确下来。

第二,要保证所讲解的内容必须是正确的。

第三,讲解的过程要保证生动形象、简明扼要。

第四,要准确把握讲解的时机。

(2)口令与指示

体育教学的具体开展过程中,往往需要借助多种口令和指示来进行,如"立正""跑""转体"等。这些语言简短有力,能有效指导学生进行相应的技术动作的学练。

在体育教学中应用口令和指示法,需要做到以下几点要求。

第一,在运用这一方法时,一定要准确把握指示的时机和节奏,从而保证学生动作的正确性与协调性。

第二,在运用口令和进行指示时,发音要洪亮有力。

2. 直观法

(1)动作示范

通过动作示范法的应用,能够使学生了解技术动作的形象、结构和要领。

在体育教学中应用动作示范方法,需要做到以下几点要求。

第一,要将示范的目的明确下来。

第二,示范的动作要保证正确,避免对学生形成误导。

第三,示范的角度和难度也非常重要。

(2)直观教具与模型演示

直观教具与模型演示,这一方法通常是针对那些高难度的动作而采用的方法,用到的工具主要有图表、照片和模型等,是一种体育教学中常见的辅助教学法。在体育教学中,通常会将直观教具与模型演示和讲解法有效结合起来使用,这样所达到的效果更好。

3. 完整法

完整教学法,就是从动作的整体上出发进行教学和练习的一种教学方法。

在体育教学中应用完整法,需要做到以下几点要求。

第一,要对整个动作的要素进行分析,从整体上进行把握,确保动作的完整和流畅性。

第二,对于技术难度较大的技术动作,应适当降低其难度。

第三,适当改变外部环境条件,借助外力条件完成完整动作。

4. 分解法

分解法是指将完整的动作划分为几个部分,逐步使学生掌握完整的动作技术。

第四章　体育教学方法的改革创新

在体育教学过程中应用分解法,需要做到以下几点要求。

第一,对动作技术的特点进行仔细分析。

第二,注重时间、空间等方面的有序性和统一性。

第三,关注各个环节之间的联系。

第三,注重各个环节之间的动作的衔接。

第四,将分解法和完整法结合起来使用。

5. 程序教学法

程序教学法又称"小步子教学法",将其运用到体育教学中时,教师先要求学生按照预先设计好的小步子来学习,教师及时评价,并反馈学习结果,然后根据学生的学习结果决定下一步该怎么做,如果学生这一步的学习达到了标准,则可进入下一步学习;否则要重新学习这一步,这有助于激励学生进步和提高学习效率。

程序教学法在体育教学实践中的应用程序如图 4-8 所示。

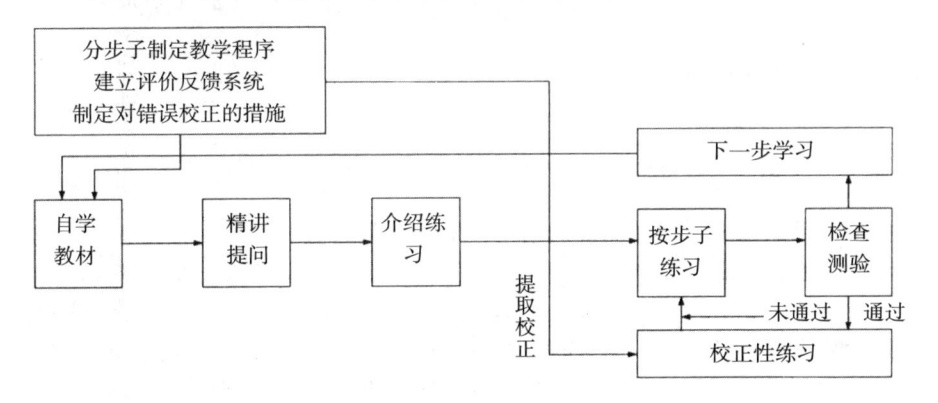

图 4-8

7. 游戏法

游戏法,就是通过游戏的方式来完成相应的教学任务的方法。在体育教学中应用游戏法,需要做到以下几点要求。

第一,确定游戏规则和游戏要求。

第二,学生必须遵守游戏规则。

第三,教师进行公正、客观的评判。

8. 竞赛法

竞赛法是通过组织学生进行比赛的一种教学方法,其主要目的在于检验教学效果和提高学生的技术水平。

在体育教学中应用竞赛法,需要做到以下几点要求。
第一,合理组织比赛,比赛双方实力均衡。
第二,学生在比赛中熟练运用所学技术。
第三,重视比赛的安全性。

(二)现代体育教学方法的应用

1.发现式教学法

发现式教学法作为一种具有现代意义的教学方法,就是将教师的主导作用充分发挥出来,不断强化学生的创造性思维。有学者将其定义为:从青少年学生的好奇、好动等心理特点出发,以发展学生的创造性思维为目标,以解决问题为中心,以机构化的教材为内容,使学生通过再发现进行学习的方法。[①]

在体育教学中运用指导发现教学法的基本程序如图4-9所示。

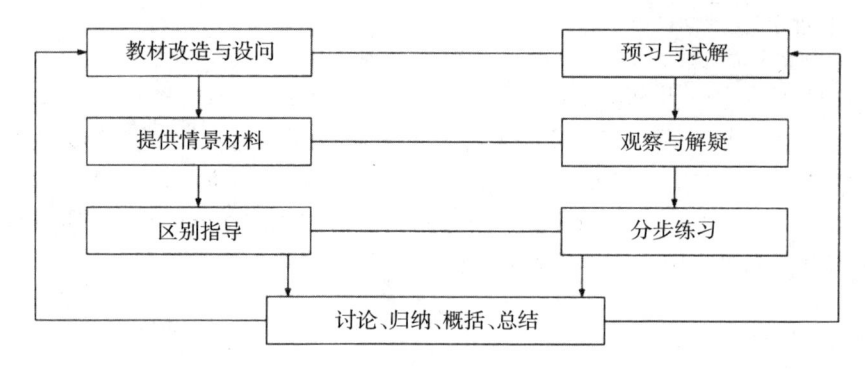

```
教材改造与设问  →  预习与试解
     ↓                ↓
提供情景材料  →  观察与解疑
     ↓                ↓
  区别指导    →   分步练习
        ↓        ↓
     讨论、归纳、概括、总结
```

图4-9

2.探究教学法

探究教学法,就是在体育教学过程中,教师将其指导作用充分发挥出来,积极引导学生去自己发现问题、分析问题并解决问题,使学生在不断探索、研究的过程中有所收获的教学方法。

在体育教学中应用探究教学法,需要做到以下几点要求。
第一,教师在课堂上给学生提供交流的机会。
第二,教师有针对性地进行问题的选择与设计,探究要讲究实效,避

---

① 潘绍伟,于可红.学校体育教学(第2版)[M].北京:高等教育出版社,2008.

免形式化、绝对化、片面化。①

3. 自主学习法

自主学习法,就是指学生能够在充分考虑到自身条件和实际需求的基础上,在教师的引导下,去自助选择相应的教学内容,并通过独立操作来进行学习的方法。

在体育教学中应用自主学习法,需要做到以下几点要求。

第一,教师要进行积极的指导。

第二,教师对学生的自学进行监督。

4. 合作学习法

合作学习法是通过对学生进行相应的分组,学生为了完成共同的学习任务,而有明确的责任分工的互助性学习形式和方法。

在体育教学中应用合作学习法,需要做到以下几点要求。

第一,以教学内容为依据来将教学目标确定下来。

第二,确定各小组研究的课题,通过积极的引导,使学生自己进行小组分工。

第三,对学生的学习过程进行监督,保证小组学习的顺利进行。

第三节 体育教学方法创新的必要性

体育教学方法创新的必要性,主要从弥补当前体育教学方法存在明显缺陷方面得到体现。总体来看,目前体育教学活动开展中所采用的方法的问题和不足主要有两个方面。

一、体育教学方法单一

一般的,教师在实际的教学活动开展中所采用的教学流程通常为:讲解—演示—模仿练习—纠错—抽查。换言之,就是教师先对课程教学的内容进行集中讲解,然后对运动项目进行演示,明确运动项目的技术要领,接着由学生进行动作的模仿式练习,教师则对学生练习中出现的错误进行纠正,对多数学生容易出现的错误进行集中式的讲解,最后挑选若干学生进行动作演示。显然,这种方式中存在的一个最为显著的问题就是

---

① 刚红光."探究式教学法"体育教学中的应用[J].现代企业教育,2011(22).

对学生学习的主观能动性的忽视,从而进一步导致学生过多地依赖教师的讲解、演示和纠错,最终,体育运动的常态化学习无法实现。在这样的情况下,如果能进行体育教学方法的创新,就能使体育教学方法更加丰富充实,之前存在的单一问题就会迎刃而解。

二、教学方法创新动力欠缺

体育教学过程中,学校和教师对体育教学开展的重视度普遍较低,造成教师在体育教学方法创新方面存在动力不足的问题。同时,由于学校在体育教学方面的技术投入和资金投入都相对偏低,教师在教学方法方面的深造和集中性培训学习也较为欠缺,这就在很大程度上阻碍了教学方法的创新。例如,尽管教师掌握了学生对微课教学法的应用能够激发学生体育学习的积极性,但由于学校缺少基本的微课视频录制条件,从而导致教师教学方法创新与尝试难以真正落地实施。[①] 在这样的情况下,体育教学方法的创新就成为一种必然。

第四节 体育教学方法创新的困惑与未来展望

一、体育教学方法实施过程中存在的困惑

在体育教学中实施体育教学方法,主要操作者是体育教师和学生这两个教学主体。和其他学科的教师相比,一些体育教师的学历水平相对较低,储备的文化知识也比较少,知识面较为狭窄,而且缺乏一定的艺术修养,自我反思的意识薄弱,平常上完课也不注重总结和自我评价,不注重研究创造新的教学方法和如何对现有的教学方法进行改革,这就导致教学千篇一律,新的教学方法的实施流于表面,与学生缺乏有深度的互动。这些因教学观念落后和教师教学素养不高而导致的问题很难在短时间内得到有效的解决。

至今仍然有一部分学生认为体育课不重要,只是娱乐性的课程而已,上体育课就是为了放松身体,释放压力,为上文化课奠定好的身心基础,所以开设体育课或上体育课不是必要的,不会影响自己的学业和将来的

---

① 全炳男.职业教育中的体育教学方法创新探讨[J].农家参谋,2019(24):278.

第四章 体育教学方法的改革创新

发展。有些学生甚至认为体育课是累赘,上体育课只会浪费自己学习文化知识的时间,因此轻视体育课,在体育课上表现得很被动,学习态度很不端正。学生之所以有这些错误的想法,与传统落后的教学思想的影响有直接的关系。具体来说,体育教学方法在改革与实施过程中存在以下几个困惑。

（一）非智力因素的转变需要较长时间

体育教学方法的形成与发展离不开一定教学理念与教学思维的引导,而且各式各样的教学方法在实施过程中必然能够体现出相应的教育观念、思维方式,这是促进教学方法实施与发展的重要因素,这些因素是典型的非智力因素,要优化这些因素,需要较长的一个过程,但现实是,体育教师的教学观念因为受到各种现实条件的制约而无法在短时间内发生改变,这就导致体育教学方法的实施达不到预期的效果,而且即使呼吁改革教学方法,也存在改革不深入、没有实质意义等问题。

（二）移植教学方法应用不到位

一些教育教学方法在各学科的教学中都是可以通用的,不同学科的教学方法相互之间也是可以借鉴的,但一定要结合各学科的特性来灵活运用,否则就无法真正发挥教学方法的作用,达不到预期的教学效果。教育学、心理学及运动学中有很多教学方法对于体育学科也是适用的,将这些方法与体育学科充分结合,便形成了体育教学方法,这些体育教学方法就属于移植教学方法的范畴。教师在运用这些教学方法时,一定要弄清楚其各自的功能作用,尽可能将教学方法的价值最大程度地发挥出来。一些体育教师无法正确使用移植的教学方法,而且一些教师对教学方法的理解存在偏差,如认为学生自主学习就是让学生自由学习、鼓励教学就是盲目表扬学生,等等。理解上的偏差必然会导致这些教学方法的实施受到阻碍,实施效果达不到预期。

（三）体育教学方法的影响因素复杂且不易改变

体育教学方法在体育教学实践中的实施受到诸多因素的共同影响,不同因素对不同教学方法的实施的影响程度不同,要实施好教学方法,就要改变消极的影响因素,发挥积极影响因素的作用,但有些因素不容易改变,或者说改变某些因素需要较长的时间,而且单单依靠教师与学生的力量远远不够,如考试制度就不是教师与学生所能改变的,教学理念与教学思想更是需要经过长期的探索和实践的检验才能变得更先进、完善。

(四)先进教学理念没有深入渗透在体育教学方法的实施中

体育教学方法的实施必须坚持科学教学理念的指导,而且随着教学理念的变化,在实施教学方法的过程中侧重点也要发生相应的转变,充分体现新的教学理念,如"重情感"教学理念、"重能力培养"教学理念、"重过程"教学理念、"重学生的学"教学理念、"重创造"教学理念等,理念的转变及其在教学方法中的渗透需要体育教学工作者及学生主体的共同努力。

二、体育教学方法发展创新的未来展望

体育教学体系中的教学方法因素是一个极其重要、不可缺少的因素,其在整个教学体系中占据重要地位,发挥着举足轻重的作用,如影响教学任务的完成和教学目标的实现,影响最终的教学效果,影响教学体系中其他各要素的改革发展,影响教学体系的完整性与整体优化。要改革体育教学,推动体育教学的发展,必须先加强对体育教学方法的改革与创新,多元且新颖的体育教学方法能够增加体育课程的趣味性,使体育课程教学更具活力,充满生机活力的体育课程更能吸引学生主动学习。虽然现阶段体育教学方法在教学实践中的实施还存在一些明显的问题,但从体育教学方法的发展史来看,它是不断进步、不断完善的,这个大的趋势是乐观的,值得肯定的。未来体育教学方法依然会不断向前发展,不断进步完善,其发展趋势主要表现在以下几方面。

(一)体育教学方法发展的现代化趋势

随着科技的发展进步,其应用越来越广泛,在教育领域的渗透越来越深入,现代化教育技术越来越丰富,将其引进体育学科教学中,大大推动了体育教学的发展与进步,鉴于体育学科的特殊性,多媒体教学方法在体育教学中的运用十分普遍,而且有很多先进的多媒体信息技术及相关的现代化教学手段运用于体育课堂上,这充分体现了现代体育教学方法的先进性、时代性。现代化教学方法与教学手段的实施大大提高了体育教学的效率。

第四章　体育教学方法的改革创新

（二）体育教学方法发展的心理学化趋势

在体育教学过程中，学生的知识越来越丰富，技能水平越来越高，学习能力不断提升，这其中都伴随着心理上的变化，学生在体育学习方面不断进步的过程也是其心理素质不断提高的过程。在体育教学中实施体育教学方法，要注意观察学生的个性心理及心理活动的变化，并为学生心理层面的积极变化创造良好的教学条件，从而将学生的学习兴趣与积极性激发出来，使学生真正从内心深入接受体育课程，喜欢体育运动，以积极的心理和端正的态度参与到体育课堂教学中。

此外，激励教学法、放松教学法等体育教学方法以及其他心理学教学方法在体育课堂上的实施也体现了现代体育教育工作者对学生心理上的重视，这是体育教学方法心理学化发展趋势的重要体现。

（三）体育教学方法发展的个性化趋势

学生在体育教学中的主体地位是毋庸置疑的，居于主体地位的学生直接影响体育教学效果，这种影响有时甚至超过教师以及其他教学因素对教学效果的影响，因此不仅要从思想上充分认识到学生的主体地位和学生主体的重要性，还要在教学实践中真正突出学生的主体地位，尊重学生，采取与学生个性需求相适应的教学方法来实施教学内容，满足不同学生的个性化需求，完善学生的个性心理，促进学生的全面发展。

第五节　体育教学方法创新的应对策略

一、体育教学方法创新的对策

（一）要提高对创新教学方法观念的重视

任何活动的开展都必须先明确一个中心，围绕这个中心来开展具体的活动，从而把握活动的大方向，实现活动的最终目的。体育教学活动的开展同样需要先明确教学中心，而在体育教学中居于主体地位、发挥主体性的学生正是这里所说的教学中心，教师必须从这个中心着手来开展一切教学活动，安排各个教学环节，体育教学方法的设计、选择与实施同样要以体育学科的特点及学生的特征、需求为依据而进行，要对最佳教学方法加以选择,就要确定两个基本出发点,分别是学科本体和学习者学习规律,基于此进而构思理想的教学过程,如图4-10所示。①

图 4-10

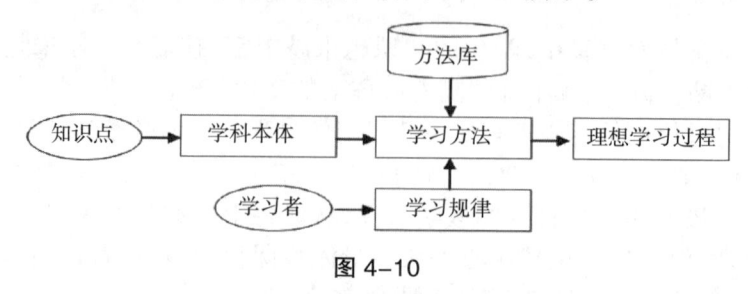

具体来说,在体育教学活动的实施过程中,体育教师要先明确要教的内容和通过实施这些内容要达到的目的,然后根据内容的特点、学生的特点以及要达到的目标来对教学过程进行安排,合理设计每个教学环节,在各环节将相对应的恰当的教学方法予以实施,保证各个环节教学工作都能有序开展,且都能取得好的效果。在整个教学过程中教师会创设一些教学情境,不同的教学法适用于不同的情境,教师要明确哪些是主要教学法,哪些是辅助性的教学法,将主要教法和辅助教法结合起来,灵活运用,以帮助学生在不同的情境中从容应对和解决问题。

此外,体育教师设计与应用教学方法时,还要考虑将现代社会中一些新的科技因素融入其中,并基于当前的教学资源、教学环境以及教学条件落实现代化教学方法,只有不断创新,不断为教学方法添加新鲜因素,才能提升学生的学习积极性,培养学生的创新能力,这都是现代化体育教学改革的要求。

(二)依据教学要素对体育教学方法进行整体的合理编排

体育教学体系中的教学方法既有宏观的概念,也有微观的概念,从宏观意义上来看,各种教学方式手段、教学组织形式以及教学艺术都属于教学方法的范畴,在体育教学中教师应该采取什么样的形式来组织教学,应该选用哪些具体的方式手段来教学,应该突出怎样的教学艺术,等等,这都是需要教师考虑的主要问题,解决这些问题需要教师深度分析教学内容、学生的特点,同时还要从自身条件出发,这些因素都直接影响教学方法的选用和实施效果。

体育教学方法与效果的关系如图4-11所示。

---

① 钟绍春,王伟.关于信息技术促进教学方法创新的思考[J].中国电化教育,2013(02).

第四章　体育教学方法的改革创新

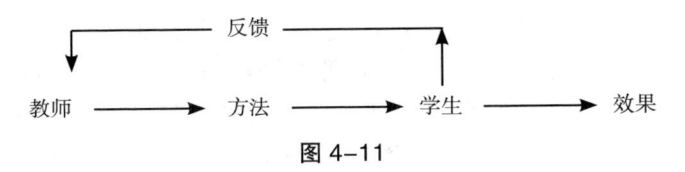

图 4-11

体育教学的效果如何,要看学生的学习成果如何,学生的学习成果直接反映了教学效果,可见要发挥体育教学方法的作用,达到好的教学效果,就要尽可能使所选的教学方法在学生群体中起到积极的影响。教师实施教学方法,教学方法又作用于学生,从而将教师与学生密切联系起来,教学方法起到了重要的桥梁作用。由教学方法联系起来的教师与学生都是体育教学活动的主要参与者和实践者,体育教学效果一定程度上是由这两个主体所决定的,如果教师缺乏专业素养,学生缺乏学习热情和创造性,那么教学效果就会大打折扣,而只有双方都以良好的状态进入教学情境中,并相互协调配合,才有可能使教学效果达到预期。

（三）依据实际情况来对体育教学方法进行扩展、改进

如何将丰富多彩的体育教学方法的功能充分发挥出来,从而提高教学质量,这是体育教师在体育教学中考虑的一个重要问题。体育教学方法的实施效果受到很多主客观因素的影响,其中客观方面的影响因素中实际教学条件是一个不可忽视的因素,场地器材的数量、规格以及其他教学资源等教学条件都对体育教学方法的实施效果起到举足轻重的影响。

不同地区的学校体育教学现状存在一定的差异,也就是说体育教学现状存在地区差异,这与各地的经济条件、教学资源、体育传统等因素都有直接的关系,如经济条件差的地区教学条件就比较落后,表现为缺乏体育场地器材等,经济条件好的地区教学条件优越,能够为体育教学的顺利开展提供良好的保障。为了使体育教学方法在各地区的教学中得到充分的运用,取得较好的实施效果,各地都应集中资源来优化教学条件,这是完善体育教学方法和提高教学方法实施效果的重要路径。经过优化后的教学条件和经过完善后的教学方法更能满足体育教学的需要,促进教学效果的提升,有效增强学生体质,培养学生的创新品质。

将体育教学方法的功能延伸,将其应用范围扩大,这是对体育教学方法进行扩展的两个主要内涵。要实现有效的扩展,就要在教学组织形式上下功夫,优化改革体育教学组织形式,如突破传统的按人数平均划分学习小组的分组方法,将学生的兴趣爱好、学习水平、运动基础等作为分组的主要依据,扩展教学组织形式,使不同兴趣爱好、不同学习能力的学生

都能在新颖的课堂教学中获得更好的发展与长足的进步。

体育教师改进教学方法,应保留原有教学方法中有价值的因素,改革陈旧落后的因素,并在原来的基础上增加新的因素,创造新的教学方法,不断充实与完善体育教学方法体系,以便在体育教学实践中能够选出适宜的教学方法来推进教学工作的开展。除了改进教学方法外,还要加强对教学工具的改良,引进先进的教学手段,提高课堂教学效率。

（四）对新的教学技术的应用加以重视

科学技术是第一生产力,科技的进步促进了社会各领域各行业的发展,教育的发展同样离不开先进科技的推动。当前,先进科学技术在教育领域的应用非常普遍,科技推动教育发展的实效有目共睹,因此要继续发挥科技的优势,继续利用科技手段来提高与完善教育技术,使体育教学彰显出时代性、先进性、创新性。体育教学中运用较多的教学技术当属多媒体技术,教师要多引进学生喜闻乐见的多媒体手段,提高学生的学习兴趣,激发学生的学习积极性,从而营造良好的课堂教学氛围,提升课堂教学效率。

（五）通过优选、组合体育教学方法保证教学效果

体育课是按照完整的教学程序进行授课的,因此,教学过程具有完整性和独立性的显著特点。体育教学过程包含的因素有很多,体育教学方法只是其中的一个因素而已,但是,这并不是说其作用就很微小,对于教学目标的完成、教学任务的实现,体育教学方法是最直接的途径和方式,体育教学效果取决于各个要素的通力协作,突出的是过程与结果的关联。从教学效果考虑,合理选择、优化组合体育教学方法,具体可参考图4-12所示的模式。

二、创新体育教学法的选择与应用

在创新教育理念的影响下,所出现的创新的体育教学法主要有以下几种,每种都有其各自的特点和作用,在体育教学过程中要以此为依据,进行科学的选择和应用,从而使教学效果最佳。

（一）群体激励教学法

群体激励教学法,就是通过集体思维共同相互激励的形式,引发众多

第四章 体育教学方法的改革创新

反应,产生多种解决问题的设想的一种教学方法。

在体育教学过程中运用该方法的具体流程为:教师先将要探讨的问题提出来,然后让学生开动脑筋,通过实践去探究,寻找正确的答案。群体激励教学法能够使传统应试教育的一些弊端得到改善和弥补,能有效促进学生创造力和创新意识的建立与发展。

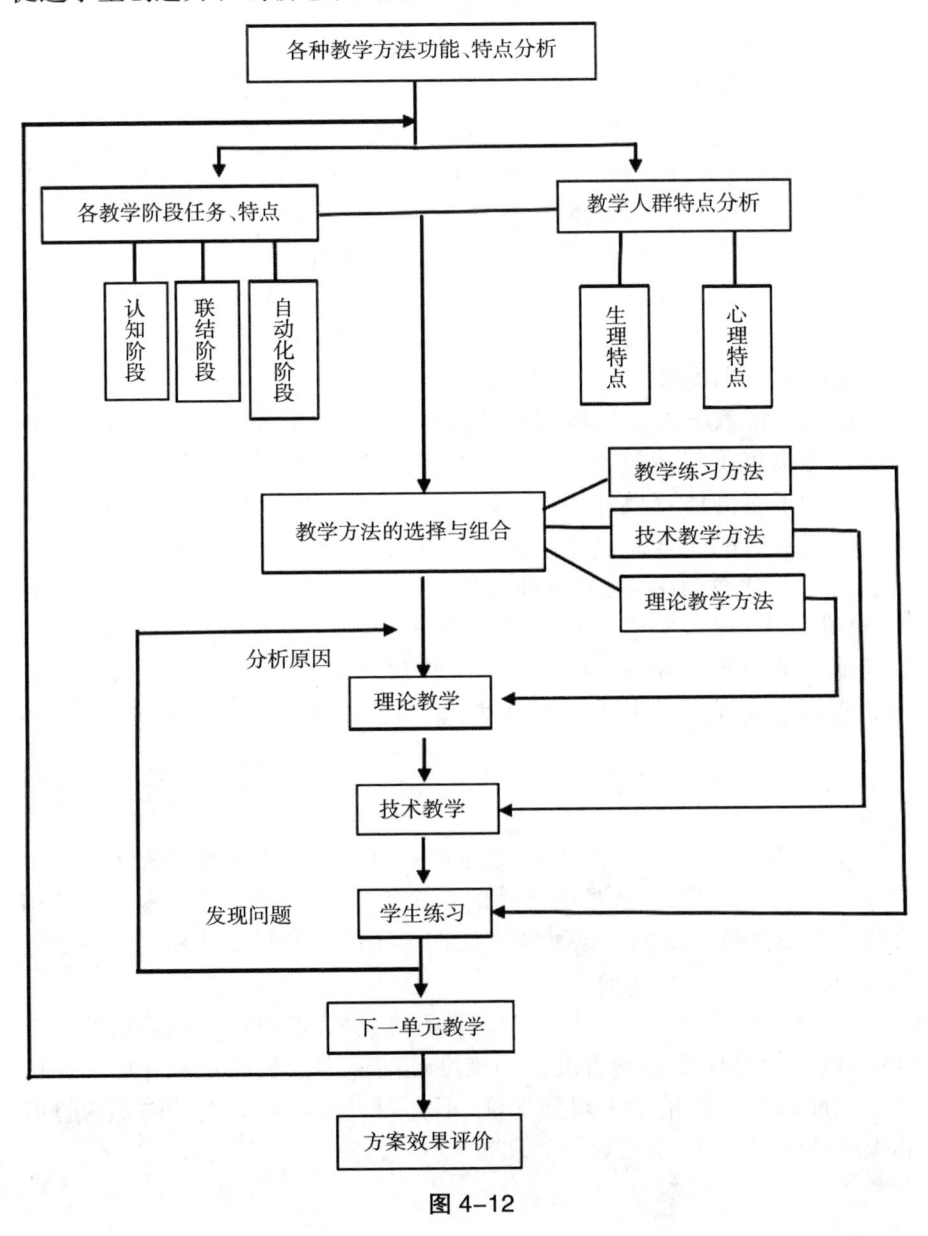

图 4-12

(二)移植教学法

体育教学中使用的方法有些是专门针对体育学科设计的专项教学方法;有的是从其他教学领域或其他学科中借鉴而来,然后根据体育学科的特点和体育教学的需要而进行针对性的处理后运用到体育教学实践中的方法。移植教学方法在体育教学中的运用体现了一般教育理论的普适性。甚至有些体育教学方法是在借鉴边缘学科的知识与经验的基础上加工创造的。不仅在体育教学可以从其他学科或教育领域中借鉴一些先进的方法,在其他学科的教学中也可以借鉴一些体育教学方法,有些方法在很多学科的教学中都是普遍适用的,只是要注意根据各个学科的特点及现实教学条件去进行合理的加工、改造,而不能盲目借鉴,否则教学方法再科学、再先进,也难以发挥出本身的功能,无法达到提高体育教学效果的目的,甚至会弄巧成拙,对体育教学活动的顺利开展造成一定的阻碍,使师生面临原本不必要的教学困惑和麻烦。

运用移植教学方法对体育教师的知识水平、思维方式、教学技能、创新能力等提出了较高的要求。只有知识面广、思维灵活、教学技能娴熟、教学经验丰富的体育教师才能更好地从教育学、心理学及运动训练学领域中汲取新鲜的元素而设计体育教学方法,并将移植而来的教学方法灵活运用于课堂教学中,发挥各种教学方法的作用;而如果教师知识储备少,思维僵化,教学技能不熟练,缺乏教学经验,那么其可能只会浅显地借鉴其他学科的教学方法,或者不加改造、移花接木,或者在加工改造中胡编乱造,这就违背了移植教学的初衷,影响了体育教学的质量。

(三)难度增减教学法

难度增减教学法,顾名思义,就是通过难度的增加和减少来进行教学的方法。需要注意的是,难度增减的一个重要前提是运动技术动作的结构和性质是保持不变的。这种教学法在现实体育教学中使用的频率是比较高的。

一般的,体育教学开展是遵循先易后难、循序渐进的原则进行的。难度增减法,能够保证教学进度按照难度逐渐递增的顺序顺利开展,同时,学生也能因此而在信心上得到保证,不会因太难产生对教学内容的恐惧和抵触情绪,学习效果也会较为理想。

第四章 体育教学方法的改革创新

（四）逆向思维教学法

从逆向思维出发，将问题从反方向引出来的教学方法就是所谓的逆向思维教学法。我们往往习惯用正向思维思考问题，但并不是所有的问题都适合用惯性思维去解决，有时用反向思维解决问题反而效果更好，会使人茅塞顿开。在体育教学中，学生要尝试突破惯性思维，按方向程序去学习一些技术动作，有些技术动作就适合用反向思维学习，比正向思维学习的效果还要明显。用反向思维学习较为复杂的技术动作时，将难度较大的动作环节作为首先要掌握的因素而去不断地练习，熟练后再练习难度较小的动作环节，这样往往能取得意想不到的学习效果，能够大大提高动作技术的熟练性，提高运动成绩。

在体育教学中运用逆向思维，不仅体现在学生用逆向思维学习知识与技能，还体现在教师从反向思维出发思考教学中存在的问题，如不要一味抱怨学生学不会，而要反省自己是否在教学中存在问题与不足，学生是否因为"教"本身存在问题而无法有效学习，只有不断反思，不断进步，才能更好地教学生。

（五）情景教学法

情景教学法，就是在学习动作前，先用语言或场景把学生带入一定情景，让学生设身处地强化练习的一种方法。在体育教学中，采用情景教学法所用到的具体实施手段主要有以生活展现情景，以实物演示情景，以录像、画片再现情景，以音乐、语言渲染情景，以展示、表演、示范体会情景等。

通常来说，情景创设需要体育教师"煞费苦心"，启发、激励学生身临其境的练习更是需要教学艺术。在体育教学过程中应用这种方法，不仅能将学生练习的积极性充分激发出来，还能提高教师创设情景、组织教学方法的能力。尤其是对低年级的小学生来说，情景教学法能激起孩子的无限遐想，使其感受到自己就是主人公，练习起来自然卖力。

（六）分层教学法

在体育教学中对学生进行分层，根据不同层次学生的特点组建合作小组，然后设计不同层次的教学目标，对教学内容、教学方法进行分层实施，以推动体育教学的有序进行。体育教学中分层教学法实施的基本思路如图 4-13 所示。

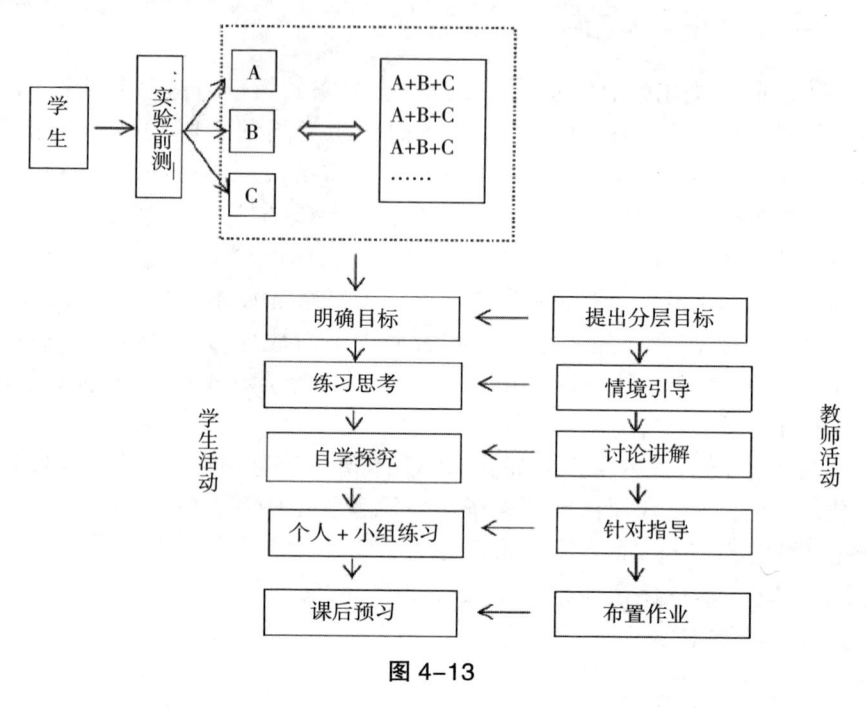

图 4-13

(七) 即兴展现教学方法

即兴展现教学方法强调师生互动、自我展现,要求将学生的主体地位充分重视起来,对全面发展的学生进行培养。在体育教学中运用该方法,要注意创设和谐的课堂氛围,在良好的课堂情境中对学生的创新能力进行培养。这一教学法在体育教学实践中具体可参考图 4-14 来予以操作和实施。

(八) 掌握学习教学法

掌握学习教学法以班级授课为主,步骤如图 4-15 所示,教师依据教学大纲分层次实施教学内容,定期进行阶段性评价。在这一教学方法的实施中,要对学生的个性特征及个性化需求予以了解,以有效提高教学质量。

掌握学习教学法在体育教学过程中的具体操作程序如图 4-16 所示。

在掌握学习视角下组织体育教学,要注意以下几点。

第一,呈现掌握目标,交代学习任务。

第二,教师指导学生实现目标。

第三,进行形成性检测和评价。

第四章 体育教学方法的改革创新

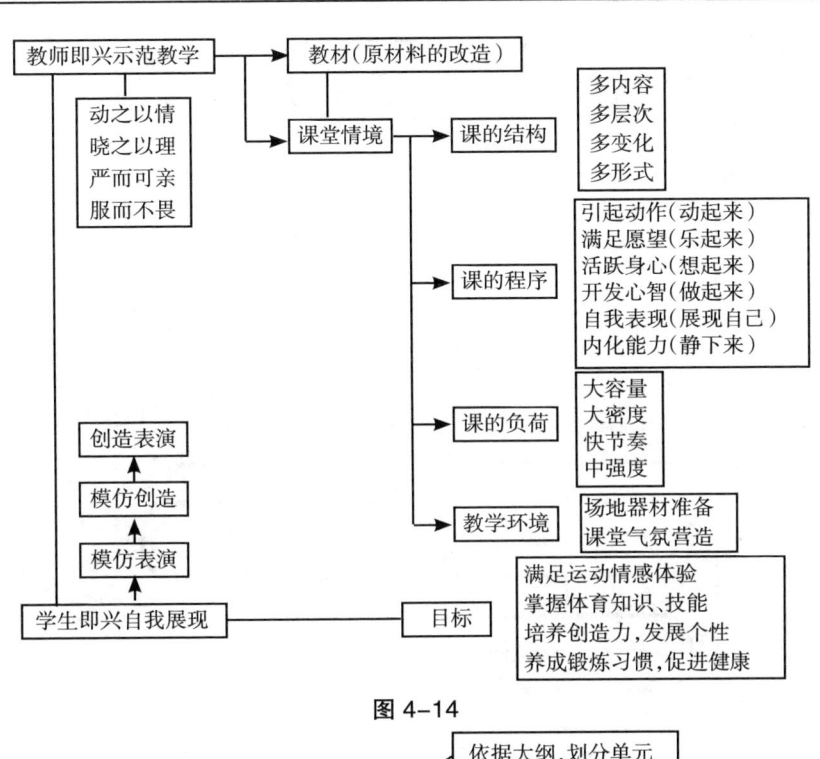

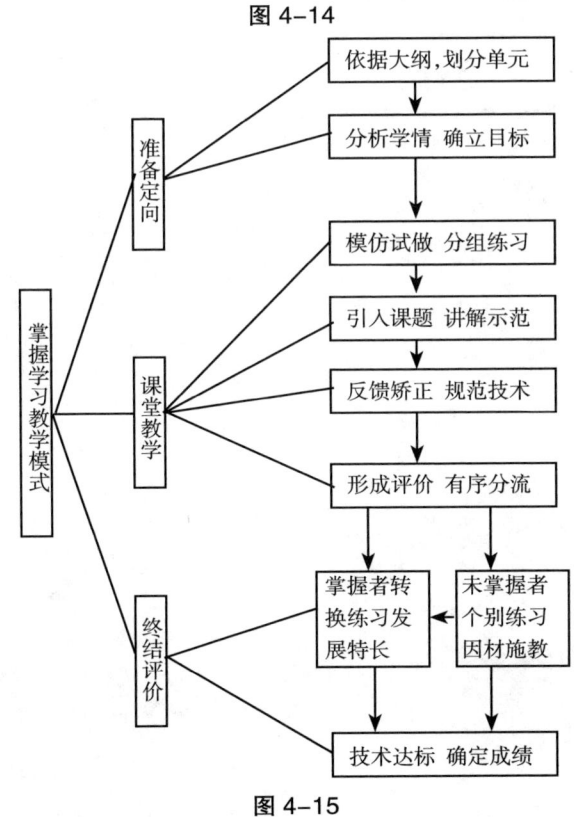

图 4-14

图 4-15

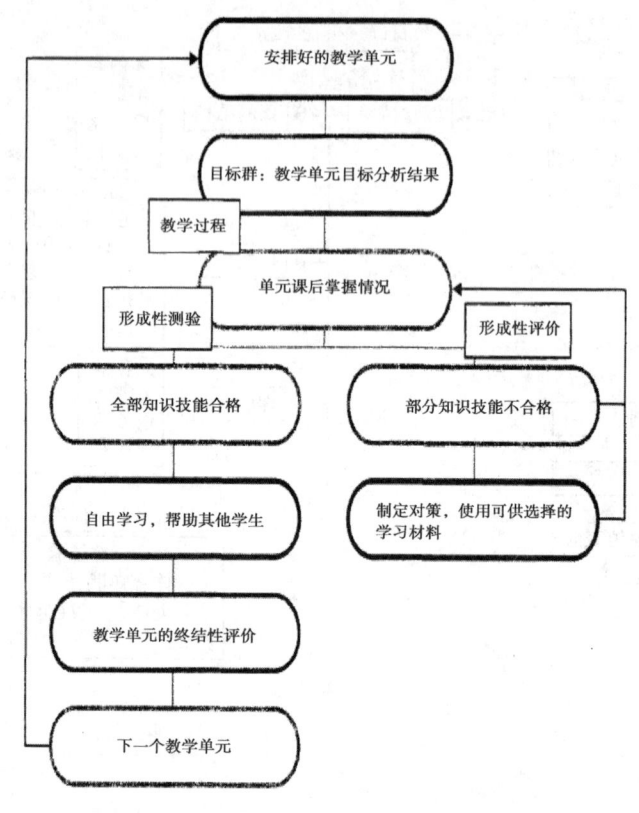

```
                    ┌─────────────────┐
            ┌──────▶│  安排好的教学单元  │
            │       └────────┬────────┘
            │                ▼
            │       ┌──────────────────────┐
            │       │ 目标群：教学单元目标分析结果 │
            │       └────────┬─────────────┘
            │    ┌────────┐  │
            │    │ 教学过程 │  │
            │    └────────┘  ▼
            │       ┌──────────────────┐
            │       │  单元课后掌握情况  │◀────┐
            │  ┌─────────┐       ┌──────────┐
            │  │ 形成性测验│       │ 形成性评价 │
            │  └─────────┘       └──────────┘
            │       ▼                ▼
            │ ┌──────────────┐  ┌──────────────┐
            │ │ 全部知识技能合格 │  │部分知识技能不合格│
            │ └──────┬───────┘  └──────┬───────┘
            │        ▼                 ▼
            │ ┌──────────────────┐  ┌────────────────────┐
            │ │ 自由学习，帮助其他学生│  │制定对策，使用可供选择的│
            │ └──────┬───────────┘  │      学习材料        │
            │        ▼              └────────────────────┘
            │ ┌──────────────────┐
            │ │ 教学单元的终结性评价 │
            │ └──────┬───────────┘
            │        ▼
            │ ┌──────────────┐
            └─│ 下一个教学单元 │
              └──────────────┘
```

图 4-16

第五章　体育教学内容的改革创新

如果说,教学方法是体育教学的"骨架",那么,教学内容就是体育教学的"血肉",只有丰富的教学内容作为填充,体育教学才能是丰满的,其给学生的选择性才会更加充足。体育教学内容作为体育教学的重要组成部分,其发展改革的状况也会对体育教学的整体发展产生重要影响,因此,改革和发展体育教学内容是非常重要且必要的。本章首先对体育教学内容的基本理论、组织与实施资源的挖掘与选择进行了简要阐述,在此基础上根据体育教学内容的发展现状,提出了相应的改革创新策略。

第一节　体育教学内容概述

一、体育教学内容的含义

体育教学内容,也有"体育教材"之称,其主要目的是实现体育教学目的和体育教学任务,这一目的达成,需要将体育教学的相关内容经过加工、整合后,再借助于不同的教学形式在教学过程中展示出来。

相较于一般的教育内容,体育教学内容是有一定的特殊性的,具体来说,其是对大肌肉群的活动状态进行教育,包括身体练习、运动技术学习和教学比赛等形式,通过体育教学条件进行传授。

体育教学内容是在体育教学实践中展开的教师的"教"与学生的"学"的实践依据材料。体育教学内容是一个重要的中介,其将教师与学生有机连接到一起,对体育教学方法和教学手段起到制约作用,同时,也会对体育教学目标和课程目标的实现产生直接影响。

体育教学内容是教育内容的一个重要组成部分,但是,其与其他教育内容之间是有所差别的,这主要在形式上得到体现。体育教学内容首先必须得是体育运动相关的,这是基础性的要求,具体的,又可以对这些体育运动相关内容的特点、类型等来加以分析和区分,这就将体育教学内容进一步细分,为后面体育教学内容的开发、选择以及利用等奠定基础,这也一定程度上反映出了体育教学内容的复杂性和多边性。

二、体育教学内容的分类

体育教学内容可以根据不同的依据和标准来进行不同的分类,具体如下。

(一)按身体运动技能分类

体育教学以及体育运动的参与者都是人,因此,从根本的角度来说,这种分类方式是基础性的,也是最为常见的。

以身体运动的各项技能为标准,来对体育教学内容进行分类,这样分类有一个显著优势,就是运动项目不会对类型划分产生影响,且在教材的组合运用上较为便利,因此,这种分类方法常用于学校低年级体育教学内容的划分上。同时,这一分类方法对于学生在教学中各种动作技能的发挥和运动能力的提升也是有利的。

不过,这种分类方法并不是完美的,也存在着一定的缺点,主要体现在因其与具体的运动项目之前并没紧密贴合,出现了相互脱离的现象,这就不利于某一运动项目的专业培养,针对性和独特性较为欠缺,也无法使年级较高的学生对竞技体育的追求得到较好的满足,运动的动机有所缺乏(图5-1)。

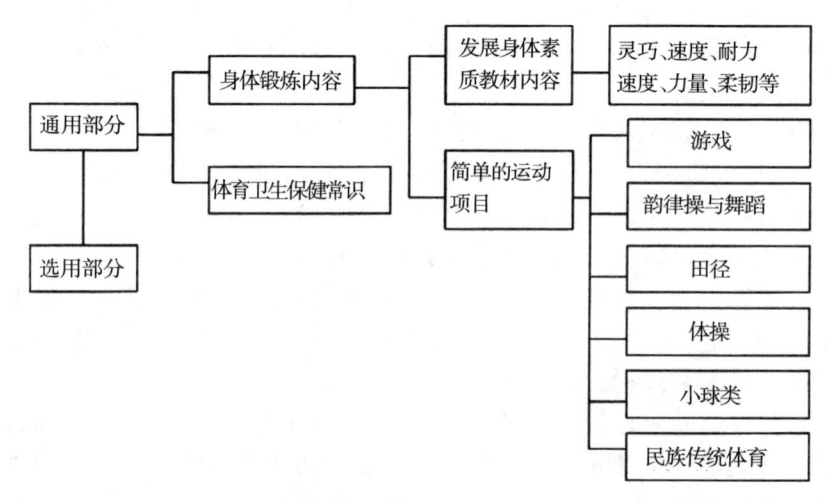

图 5-1

第五章 体育教学内容的改革创新

(二)按体育运动项目分类

体育教学内容,就是由各种各样的体育运动项目构成的,因此,这种分类方法也是非常常见的,通常会按照运动比赛的名称和内容进行分类(表5-1)。这种分类方法存在的优势在于,能够将体育教学的目的明确下来,即发展和提升学生的身体素质。但同时,这种分类方法仍有缺点,即容易否定一些中间性的项目和一些没有正式比赛或比赛不规范的体育项目。体育教学内容中包含的体育运动项目,绝大部分具有竞技性特点,会通过比赛的形式来进行训练,并以此来考察训练效果,对规则、技能等有较高的要求,这就需要对这方面的教学内容进行大幅度的改动,而这样做又会导致改动后的体育教学内容的差异较大,甚至变得似是而非,对于教学的正常开展是不利的,学生学习的科学性也较为欠缺。因此,在采用这一分类方法时,要对此加以考虑。

表 5-1　根据运动项目进行分类的体育教学内容

根据运动项目进行分类	
田径	跳高、短跑、跨栏
体操	鞍马、跳马、双杠、单杠
发展身体素质练习	力量素质、速度素质、耐力素质、灵敏素质、柔韧素质
球类	篮球、足球、排球
韵律体操和舞蹈	体育舞蹈
民族传统体育	秋千、毽球

(三)按体育教学目的分类

这种分类方法是比较常见的,能够达到多种身体练习的目的,使教学内容的目的更加明确,在选择教学方法时,也有明确的针对性,可以突破以竞赛为目的的教学内容编排体系,保证学生可以学习到竞技运动的知识和技能。需要注意的是,这种分类方法能够使内容重叠、逻辑上的问题等都得到有效避免,还可以提高对教学的指导性(图5-2)。

(四)按个人体育能力分类

这种分类方法是以现代课程改革的基本理念为依据,以学校体育学科课程目标定位为基础而提出来的。按照这一分类方法,体育教学内容被分为基础类技术内容、提高类技术内容以及拓展类技术内容三种类型（图5-3）。

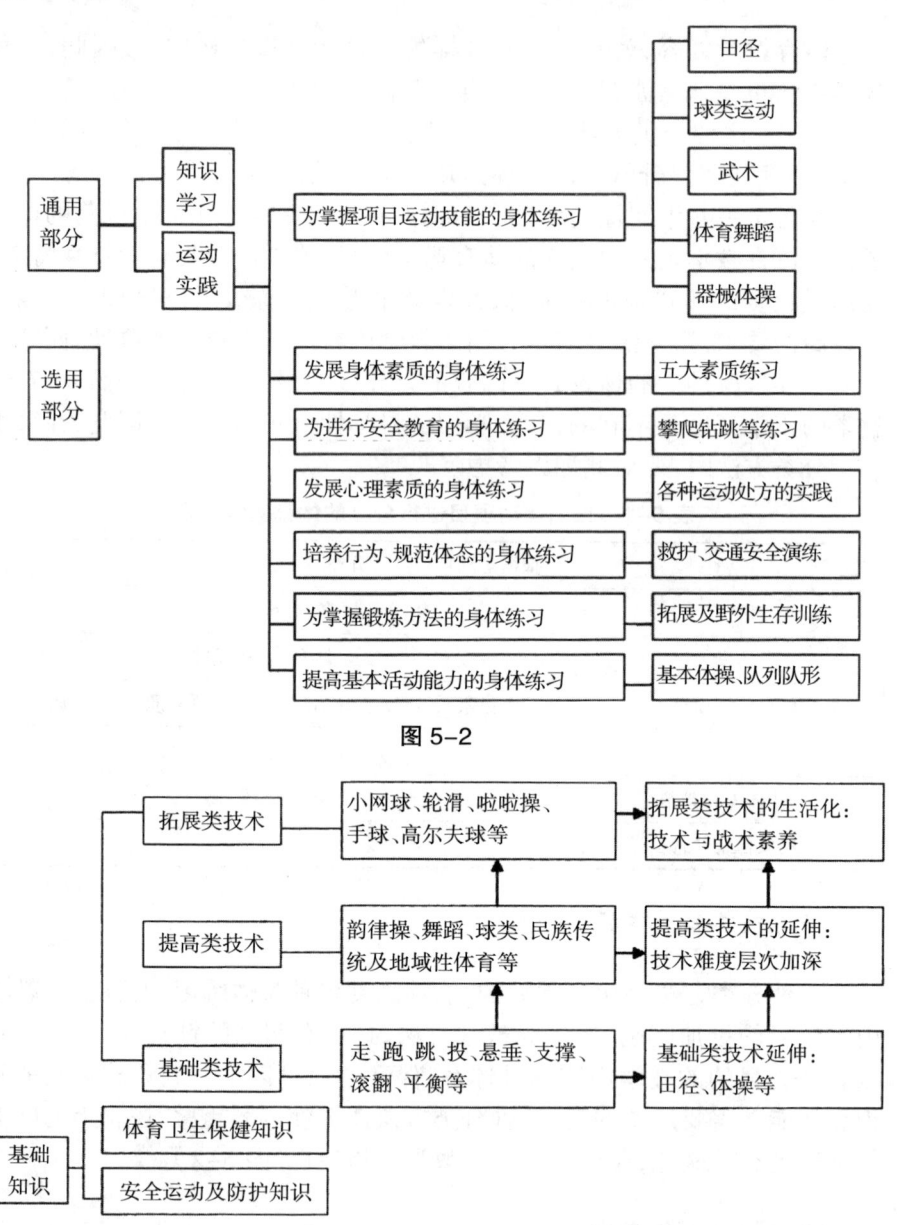

通用部分：
- 知识学习
- 运动实践 → 为掌握项目运动技能的身体练习 → 田径、球类运动、武术、体育舞蹈、器械体操

选用部分：
- 发展身体素质的身体练习 → 五大素质练习
- 为进行安全教育的身体练习 → 攀爬钻跳等练习
- 发展心理素质的身体练习 → 各种运动处方的实践
- 培养行为、规范体态的身体练习 → 救护、交通安全演练
- 为掌握锻炼方法的身体练习 → 拓展及野外生存训练
- 提高基本活动能力的身体练习 → 基本体操、队列队形

图 5-2

- 拓展类技术 → 小网球、轮滑、啦啦操、手球、高尔夫球等 → 拓展类技术的生活化：技术与战术素养
- 提高类技术 → 韵律操、舞蹈、球类、民族传统及地域性体育等 → 提高类技术的延伸：技术难度层次加深
- 基础类技术 → 走、跑、跳、投、悬垂、支撑、滚翻、平衡等 → 基础类技术延伸：田径、体操等
- 基础知识 → 体育卫生保健知识、安全运动及防护知识

图 5-3

第五章　体育教学内容的改革创新

三、体育教学内容的特点

体育教学内容和其他体育教学的构成要素一样,都具有自身的显著特点,具体如下。

（一）健身性

能够被纳入体育教学内容中的,都是具有能够有效锻炼学生身体素质的运动项目,因此,这就赋予了体育教学内容的健身性特点。体育运动项目对学生的健身作用,通常是以大肌肉群的运动的形式进行的,因此,学生在锻炼过程中,就需要身体能够对不同项目的运动负荷加以承受,再加上合理的运动量,从而达到有效提升学生身体素质水平的目的。

（二）实践性

实践性是体育教学内容最鲜明的特点之一。体育教学内容的绝大部分是身体练习,体育教学与体育活动之间有着非常密切的关系,受教育者必须开展以大肌肉群运动为特点的运动内容,只有这样才能学好体育教学的内容,仅仅依靠说、看、听、想的教育方式是无法实现体育教学目的的。

当然,体育教学的内容中不只包含身体练习,还包括其他一些内容,比如,体育知识和道德的教育培养,这两个方面也是必须通过运动学习和实践来体验的。

（三）社交性

由于体育教学中所涉及的体育运动大多是集体性运动项目,这就需要学生集体参加,合作共同完成。另外,体育教学内容相较于其他教学内容来说,在实践性、社会性方面的特点更加显著,是需要必须有一定的人际交流才能保证教学活动的顺利实现的,因此,在这种情境下进行学习和参与到竞赛活动中,能使学生之间、学生与教师之间的交流和沟通得到促进,对他们的社交能力的提升也有好处。

体育教学活动作为一个重要中介,将教师与学生两者连接起来,这就促使两者的沟通互动加强,同学之间的交流配合也得以增进,以小组进行的体育活动内容使组内成员分工明确,体育学习中的各种角色变化远远多于其他学科的学习。

（四）娱乐性

体育教学内容中包含的方面很多，主要的是身体活动，而身体活动大部分是人的休闲性运动，其内容本身就包含着一定的娱乐和休闲，这也就赋予了体育教学内容一定的娱乐性特点。

在体育教学的不断发展完善过程中，会逐渐引入一些新的教学内容，而这些新的运动项目能激发起学生的好奇心和兴趣，并且使学生能够在学习和运动竞赛过程中体会到新鲜感和学会项目的成就感，在这种良好心态的推动下，学生能够在体育教学内容的学习中逐渐培养出竞争和协同的精神，对运动环境、场地、比赛规则、比赛形式等进行再加工，对运动乐趣的体验也会更加显著，这与其娱乐性动机和体验追求有着密切联系。另外，体育教学内容的娱乐性特点也会影响到最终的教学效果。

（五）空间性

体育教学内容的空间性特点也是较为显著的，究其原因，主要是由于体育运动项目的开展对空间有一定的要求，主要体现在场地上。比如，有的项目以场地命名，如田径、沙滩排球等。这些体育教学内容如果没有场地的支撑，就无法开展实践活动，对于体育教学的意义就微乎其微了。因此，体育教学内容受到场地的限制，对场地器材的依赖性较大，场地、器材、规则就成为体育教学内容的重要组成部分。

四、体育教学内容的层次

关于体育教学内容的层次划分，有多种方法，常见的有两种，一种是从宏观和微观上进行区分。其中，宏观层面进一步细分，又分为了上位层次（国家课程和教学内容）、中位层次（地方课程和教学内容）和下位层次（学校课程和教学内容）。微观层面则可以细分为三个层次，即第一层次：体育课程标准所示的学习内容；第二层次：能力目标分析的体育教学内容，是对第一层次的进一步细分；第三层次：教学中需要具体运用到的硬件与软件等物质设施；第四层次：具体的练习方法手段。

这里我们主要分析另一种层次划分方面，其能够将体育教学内容直接分为四个层次，这种层次的划分方法具有更加显著的直观性和可操作性（图5-4）。

第五章　体育教学内容的改革创新

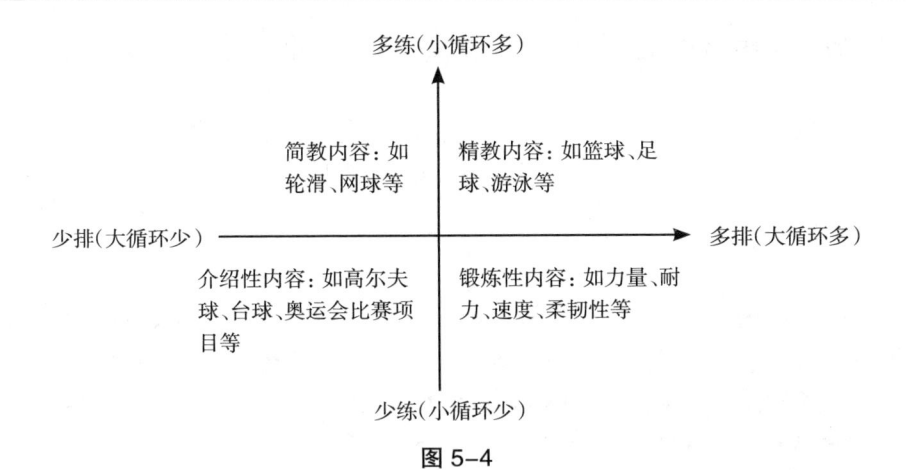

```
                    多练（小循环多）
                         ↑
     简教内容：如          │   精教内容：如篮球、足
     轮滑、网球等          │   球、游泳等
                         │
少排（大循环少）──────────┼──────────→ 多排（大循环多）
                         │
     介绍性内容：如高尔夫  │   锻炼性内容：如力量、耐
     球、台球、奥运会比赛项│   力、速度、柔韧性等
     目等                 │
                         ↓
                    少练（小循环少）
```

图 5-4

从图 5-4 中可以看出，以"练"和"排"的频率为标准，可以将体育教学内容分为四个不同的层次，具体如下。

（一）简教内容

针对不同年级的学生来说，采用的体育教学内容是不同的，具体要以教学大纲和教学要求为准。简教内容，就是对教学内容进行大体的了解即可，不会对各种细枝末节都追求细节上的准确性，也不会对深层次的内容进行挖掘，可以将其归纳到基础知识的范畴中。

一般的，简教内容的传授方式通常为小单元教学，或作为补充内容穿插于其他的教学内容讲解中。这一层次的教学内容通常具有显著的健身性和娱乐性。

（二）精教内容

精教内容也是体育教学中不可或缺的重要内容之一。精教内容就是精讲所应侧重的知识点，通常，这部分内容是以教的重点、学的难点、答的疑点等形式存在的。精教内容采用的传授方式主要为大单元教学。

要注意的是，这一层次的教学内容，在体育教学内容的整体中，所占的比例是比较小的，一堂课可能只有一两个重点，过多的精教内容，会加大学生学习的难度，不利于教学效果的取得。因此，一定要与其他层次的教学内容相配合使用。

（三）介绍性内容

介绍性内容，顾名思义，就是只停留在简单的介绍层面的教学内容。

在体育教学中,介绍性内容通常会在某个年级中出现,传授方式以大单元教学为主。

介绍性内容也是属于基础性知识的范畴的,因此,在教授这一层次的内容时,要讲求"准确"性,还要注意不要专门重复。

（四）锻炼性内容

锻炼性内容通常会和介绍性内容一样,在不同的年级中出现,常用的传授方式为小单元教学,其中包含了知识性教学内容、体验性教学内容。

在了解了以上四个层次体育教学内容之后,为了保证教学内容的运用效果,需要对这些教学内容进行科学合理的安排。目前,关于此,有关学者提出了相应的安排建议（表5-2）,可以结合实际教学需要,加以参考。

表5-2　不同层次体育教学内容的安排（每学年有效学时按60计算）

教学内容	简教类	精教类	锻炼类	介绍类
在各年级排列	少排	多排	多排	少排
单元规模	大单元	超大单元	超小单元	小单元
单位教学内容学时数	7~10学时	15~30学时	10分钟/学时	1~2学时
全年安排教学内容数	2~3项	1~2项	全面锻炼和方法	3~4类介绍内容
全年所用学时数	20学时	30学时	5学时	5学时

五、体育教学内容的结构

（一）三大体育教学内容体系

1. 德国、瑞典体操体系

（1）德国体操体系

关于德国体操体系,通过对其内容进行分析,可以将其大致分为不同的体系,主要有以下两种。

① 杨氏国民体操体系

杨氏国民体操体系的创始人是费里德里希·路德维格·杨,通过对该体系的内容进行分析,可以将其分为三个方面,即队列训练、器械体操和竞技运动（图5-5）。

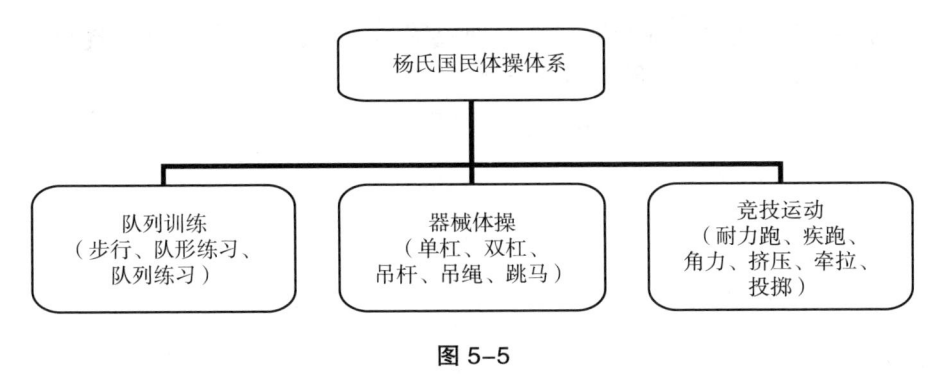

第五章　体育教学内容的改革创新

```
                    杨氏国民体操体系
          ┌─────────────┼─────────────┐
      队列训练         器械体操         竞技运动
   （步行、队形练习、  （单杠、双杠、  （耐力跑、疾跑、
     队列练习）      吊杆、吊绳、跳马）  角力、挤压、牵拉、
                                      投掷）
```

图 5-5

这三类内容各自还具有显著的功能，可以归纳为以下三个方面。

第一，队列训练方面的内容，能对学生的协同作战能力起到培养作用。

第二，器械体操方面的内容，能对学生克服障碍的能力进行培养。

第三，竞技运动方面的内容，能对学生坚强的意志品质加以培养。

② 施皮斯体操体系

施皮斯体操体系的创始人是阿道夫·施皮斯，通过对这一体系的内容进行分析，可以将其分为三个方面，即秩序运动、徒手体操和器械体操（图5-6）。

杨氏国民体操体系的优势在这一体系中也有所体现，因此，相对于杨氏国民体操体系来说，施皮斯体操体系与学校教育目标的相符程度更高一些。

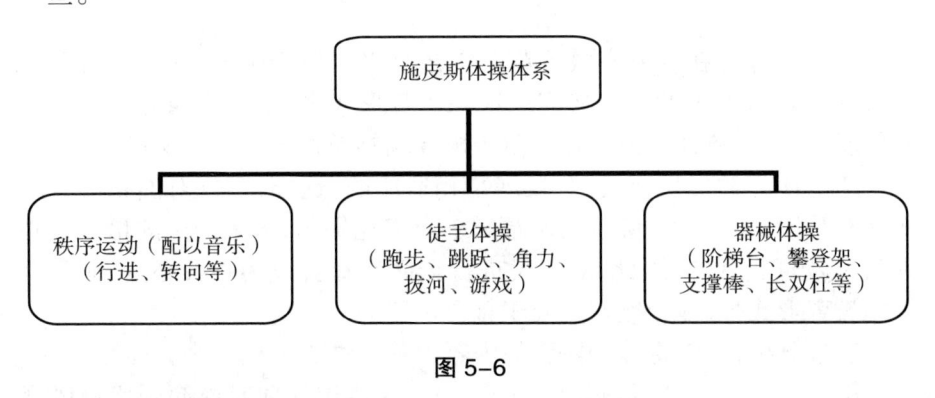

```
                    施皮斯体操体系
          ┌─────────────┼─────────────┐
   秩序运动（配以音乐）  徒手体操        器械体操
     （行进、转向等）  （跑步、跳跃、角力、 （阶梯台、攀登架、
                      拔河、游戏）    支撑棒、长双杠等）
```

图 5-6

（2）瑞典体操体系

瑞典体操体系在19世纪由佩尔·亨里克·林创始，其发展基础是德国体操体系，主要包括的内容有四个方面，即教育体操、健美体操、医疗体操和兵式体操（表5-3）。

在创立该体系时，就将对人体生命活力的重视作为重要的指导思想，

95

同时,还将生理学原理和解剖学原理应用其中。这也促使了瑞典体操体系在创立后不久,就在欧美流行开来。

表5-3 瑞典体操体系

分 类	内 容
教育体操	体操凳 体操梯 肋木 吊绳 斜绳 水平绳
健美体操	韵律体操 艺术体操 舞蹈
医疗体操	协同动作 主动动作 被动动作
兵式体操	器械练习 击剑 持枪等

2. 英国绅士体育、户外运动体系

英国的这一体育教学体系中,主要包含绅士体育和户外运动两个方面的内容。

(1)绅士体育

绅士体育是在西方宗教改革及文艺复兴之后产生的,并且在英国逐渐成为体育形式中的一个典型。这一体育形式中,不仅有西方先进的教育思想的成分,还体现出了资产阶级求实精神及西方人文主义精神。

绅士体育的提出,与社会发展是相适应的,这样,不仅对国家历史的实现有帮助,还能满足绅士的幸福需求。洛克提出,未来绅士的培养是必须通过教育实现的,因此,对人民进行全面教育就成为一种必然,而在众多的教育形式中,体育教育是处于首要位置的。

通过分析,可以将绅士体育的内容大致归纳为下列几个方面。

第一,击剑、游泳、舞蹈、骑马等内容,这些运动项目能起到优雅风度与坚强勇敢品质的功能。

第二,网球、板球、射箭、保龄球等内容,这些运动项目具有一定的娱乐性特点,能起到培养智力的作用。

第三,赛跑、赛马、拳击等内容,这些运动项目具有显著的竞技性特点。

第五章　体育教学内容的改革创新

（2）户外运动

户外运动中包含的项目种类也非常多,这些项目种类又包含了很多具体的运动项目。

第一,在户外进行的球类运动,主要有足球、网球、高尔夫球、橄榄球、曲棍球等。

第二,在户外进行的田径运动,跑、跳、投等项目属于这一范畴。

第三,在户外进行的娱乐与游戏运动,这些运动项目具有显著的休闲性特点,如划船、登山、钓鱼、滑冰、游泳、滑雪等。

由此可见,户外运动有着非常丰富的内容,能够为参与者提供更多的选择,因此,能满足各种年龄段、各种爱好的不同人群对户外运动的需求,这就进一步促进了户外运动的传播和推广。

户外运动和英国绅士体育一起被引入学校体育教学中,是在18世纪末完成的。同时,为了使这两项新的内容能够与学校体育有更好的适应与结合,也更好地为学生所接受,人们还对这两项内容进行了一定程度的加工与改造。加工改造后的户外体育与绅士体育成为学校体育教学中的重要教学内容。

3. 我国民族传统体育体系

我国的民族传统体育体系中包含的内容也是非常丰富的,主要分为两种类型,即民族传统武术与养生体育,民间游戏与娱乐体育。这是我国所特有的体育形式,得益于我国的地域广博和文化形态的多样化。

（1）民族传统武术与养生体育

"角抵"的产生对后来中华武术的发源与发展都起到了重要影响,另外,武术在发展的同时,也逐渐衍生出了一些相关项目,比如,拳术、手搏、角力、摔跤等,发展至今,武术已经形成了一个综合的系统,可以依据不同的层次、种类等,对其包含的内容进行各种划分。一般的,武术系统的子系统有徒手武术和器械武术这两个方面。

（2）民间游戏与娱乐体育

民间游戏与娱乐体育的产生,与民俗群众活动有密切关系,某种意义上来说,民俗群众活动是民间游戏的重要起源。我国民族众多,各个民族都形成了具有本民族特色的娱乐体育和民间游戏,这些体育形式在农闲之余和节日期间都会举行,会起到活跃气氛、放松身心的作用。

发展至近代,民间游戏取得了一定的发展成效,但是,其在学校中的发展却差强人意,很少有这方面的内容被纳入学校体育教学中。这对于民间游戏的发展是非常不利的。并且,民间游戏的相关内容,即便已经被引入学校体育教学中的,也会随着学校体育教育的不断改革及学生价值追求的变化,因与体育教学发展的需要不符而从体育教学的内容中被剔除出来。

民族传统体育包含的武术体系的具体内容(表5-4):

表5-4 民族传统武术体系

分类		内容
徒手类	掌类	罗汉推手 太极推手 八卦掌 连环绵掌等
	拳类	太极拳 形意拳 长拳 南拳 洪拳 螳螂拳 通背拳 六合拳等
	腿类	戳脚 弹腿等
	养生类	易筋经 五禽戏 八段锦 导引术等
器械类		短器械 长器械 软器械 双器械 暗器等

(二)体育教学内容立体结构

上面所剖析的三大体系,共同组合起来所形成的立体结构,就是当前我国体育教学内容。

在体育教学内容的三维立体空间内,这三大体系作为重要的支撑点,各自发挥着自身的作用,缺少其中一个,体育教学内容这一稳固结构就会崩塌(图5-7)。

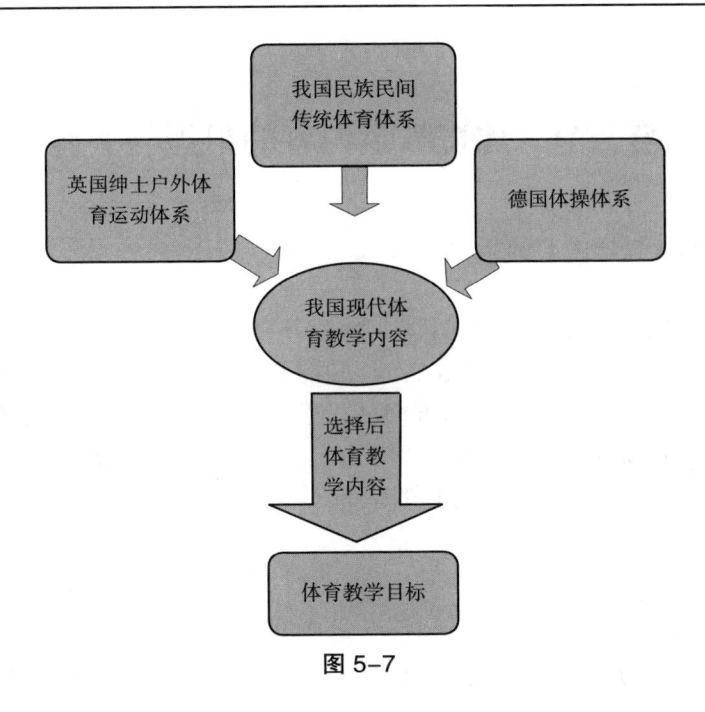

第五章 体育教学内容的改革创新

图 5-7

1. 里层

三大体育教学内容体系之间有着非常密切的联系,互相补充、融合,缺一不可,相互之间能够在和谐的状态下得以发展。其功能与价值取向能够将上述这种密切关系充分体现出来(图5-8)。

2. 外层

目前,在我国体育教学内容体系中,三大体育内容均有一席之地,各自发挥着各自的作用。

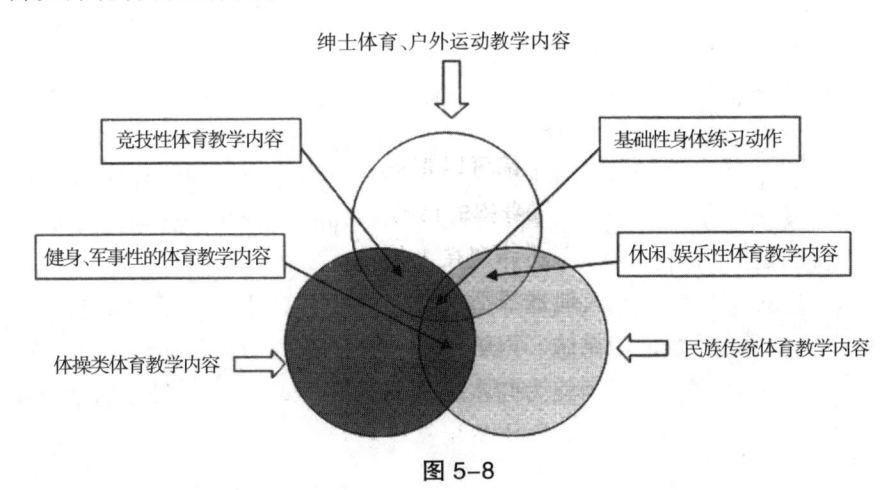

图 5-8

第二节 体育教学内容的组织与实施

一、体育教学内容的组织

体育教学内容的组织是具体实施的基础,可以说,科学、合理的体育教学内容组织工作,经过有效实施,是能够取得理想的教学效果的;相反,如果体育教学内容在组织方面就已经出现了问题,存在着不科学、不合理的方面,那么,实施就毫无意义,甚至还会制约体育教学的整体发展,因此可以说,体育教学内容的组织对于体育教学的发展来说是非常重要的。

（一）体育教学内容组织的原则

体育教学内容组织工作的科学性与合理性,会受到多重因素的保证才能实现,其中首先一点就是要在开展体育教学内容的组织工作时,必须要遵循下面几个原则。

1. 目的性原则

目的性原则,就是指体育教学内容的组织工作的开展是在一定目的性的指引下进行的。在不同的体育教学目的的指引下,体育教学内容的组织工作就会有所差别,这些差别主要体现在内容顺序、内容比重及内容难易程度等方面。

对体育教学内容进行组织,需要考虑的内容有以下几个方面。组织课程内容应对以下几种目标进行充分考量。

第一,教育目的。所有的教育行为都是围绕着一定的教育目的而进行的,其具有重要的导向作用,在体育教学内容的组织方面也不例外。

第二,学校培养目标。不同的学校之间,也存在差异性,比如,类型、层次等,这也就决定了它们的培养目标也是不同的,在组织体育教学内容时要对这一要素加以考虑。

第三,教学目标。最为具体的教学目标,也会对体育教学内容的组织工作产生影响,需要加以考量。

第五章 体育教学内容的改革创新

2. 弹性原则

弹性原则,就是体育教学内容在组织过程中,既要按照统一要求进行,同时又不要太死板,要灵活多变。可以说,弹性原则是统一性与灵活多变性的有机结合。

(1)统一性

统一性,指的是指导思想上的统一。这是基本的前提条件,如果没有这一特性,那么就是不存在弹性原则了,就变成随意原则了。

(2)灵活多变性

在坚持指导思想统一的基础上,体育教学内容的组织也要注意灵活多变,切忌死板教条。具体来说,就是首先要参照国家教学指导纲要,然后与当地的客观情况及学校的现实条件等相结合,来开展体育教学内容的组织工作,因地制宜,并且逐渐形成显著的地方特色和学校特色。

3. 关联性原则

关联性原则,指的是在对不同级别学校的体育教学内容进行组织时,一定要注意这些方面之间的关联性,做好有效的沟通与衔接。

(1)沟通

沟通指的是不同类型学校的课程要一贯。具体来说,就是要在体现出各类学校特点的同时,也使这些内容在同一层次上得以保证。

(2)衔接

衔接,就是将各级学校的体育教学内容连接起来。

(二)体育教学内容体系的组织构架

体育教学内容是非常丰富且繁杂的,为了更好地理解和掌握这些内容,需要对其进行深入分析,并且将其中的各种逻辑线弄清楚,从不同层次上将这些逻辑线串联或者并联起来,由此,便得出了学校体育教学内容体系的基本组织框架,见图5-9。

图 5-9

阶段	体育课程目标体系	学校体育教学内容体系
大学阶段	掌握并巩固2项以上体育基本技术,提高体育学习能力、发展身体素质、养成锻炼习惯、提高体育生活化认识、增强社会适应等	拓展类技术:啦啦操、拓展练习、定向运动、轮滑、独轮车、地板球等时尚性新兴体育运动项目 提高类技术:篮球、排球、足球、乒乓球、羽毛球、网球、毽球、垒球、棒球、橄榄球;跳绳、武术等民族、民俗体育项目 基础知识:安全运动处方、体育竞赛与欣赏相关知识;基础技术:健美运动、体育舞蹈、各种身体素质练习、田径、体操等
高中阶段	掌握并巩固体育1~2项基本技术,提高运动技能、发展身体素质、提高体育能力、培养意志品质、增强社会适应等	拓展类技术:啦啦操、拓展练习、定向运动、轮滑、独轮车、地板球等时尚性新兴体育运动项目 提高类技术:篮球、排球、足球、乒乓球、羽毛球、网球、毽球、垒球、棒球、橄榄球;跳绳、武术等民族、民俗体育项目 基础知识:安全教育、健康运动处方;基础技术:健美运动、体育舞蹈、各种身体素质练习、田径、体操基本套路相关动作
初中阶段	学习与掌握体育基础知识基本技术,传承体育文化、发展身体素质、提高体育能力、培养体育兴趣和意志品质等	拓展类技术:啦啦操、拓展练习、定向运动、轮滑、独轮车、地板球等时尚性新兴体育运动项目 提高类技术:篮球、排球、足球、乒乓球、羽毛球、网球、毽球、垒球、棒球、橄榄球;跳绳、武术等民族、民俗体育项目 基础知识:安全教育、健康运动基本原理;基础技术:队列队形练习、徒手体操、体育舞蹈、田径、体操小套路相关动作
小学阶段	发展身体基本活动能力、形成良好身体姿态、培养体育兴趣、掌握体育基础知识和基本技术、培养意志品质和协作精神等	拓展类技术:啦啦操、拓展练习、定向运动、轮滑、独轮车、地板球等时尚性新兴体育运动项目 提高类技术:小篮球、软式排球、小足球、乒乓球、羽毛球、毽球、垒球、棒球、橄榄球;跳绳、武术等民族、民俗体育 基础知识:安全教育;基础技术:队列队形练习、徒手体操、跑、跳、投等田径基础动作;支撑、悬垂等体操基本动作

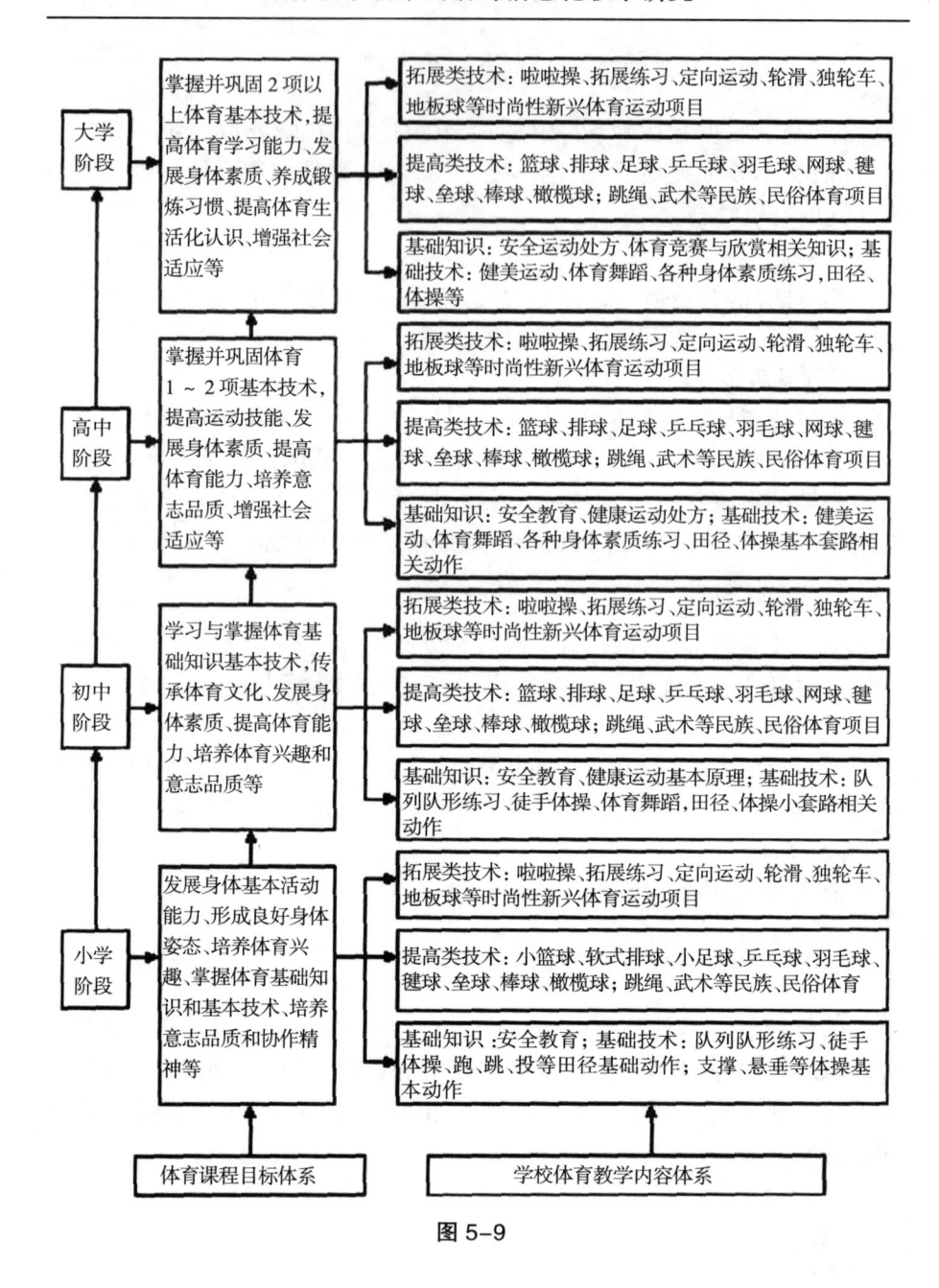

(三)体育教学内容组织的注意事项

在开展体育教学内容组织工作时,为保证组织工作的顺利开展和良好效果,需要对以下几个方面的事项加以注意。

第五章　体育教学内容的改革创新

第一,组织体育教学内容时,首先要保证其稳定性,这是首要的前提条件,在此基础上,要对组织工作的形式和手段等做到灵活多变,不能受到某种固定的模式套路的限制,变得死板教条。

第二,要重点将体育教学内容中的开放性特点体现出来,充分挖掘体育教学内容资源,进一步丰富和充实内容体系。

第三,学生作为体育教学的主体,也是组织体育教学内容时要考虑的重要因素,所组织的体育教学内容必须能满足学生的发展需要,能将学生的兴趣激发出来,对其个性发展和人格完善也有积极的促进作用。

第四,对体育教学内容的组织,要与动作技能的发展形式和形成规律相符。

二、体育教学内容的实施

在实施体育教学内容时,可以从以下几方面着手。

第一,从整体上着手来做好体育教学计划的设计工作,贯彻体育教学的总目标和总要求,制定教学计划时,所参照的发展顺序为体育知识模块和运动技能模块的学习,同时,还要将相关的活动内容安置于教学计划中。

第二,体育教学内容在实施过程中,往往会遇到一些难点,比如,在组织体育教学内容时,必须要按照体育教学目标中的体育态度目标和心理发展目标的要求来进行,这是比较难的,要加以重视。

第三,体育教学活动的内容要在体育教学中有充分体现,并且对存在的相关问题进行妥善解决。

第四,体育教学内容要进一步延伸,比如,课外体育活动就是延伸的一种体现。

第三节　体育教学内容资源的开发与选择

一、体育教学内容资源的开发与利用

体育教学内容资源非常丰富,主要包括原有的竞技运动项目、新兴运动项目、民族和民间传统体育等。但是,为了能为学生和体育教学提供更多的选择,还需要进行进一步的开发,并对所开发的资源进行充分、合理的利用。

（一）竞技运动项目的开发与利用

（1）竞技运动项目改造的主要内容
第一，简化和异化比赛规则。简化，就是对规则进行精简，不必要的规则可以删除掉，便于学生更好地投入其中；异化，则是指对规则的修改与创新。
第二，充分挖掘和开发运动项目内容功能的多元化。不同运动项目的功能也是不同的，对于某一项运动来说，其功能除了已经显现出来的外，还能通过进一步的挖掘来进一步丰富。

（2）竞技运动项目的改造方法
对竞技体育运动项目进行改造，用到的方法主要有以下几个。
第一，通过简化技术结构，来有效降低运动的难度，在有效保证增强学生体质、保证健康水平的基础上，尽可能减小学生的身体和心理负担。
第二，适当调整竞技体育运动项目的场地和器材的规格，同时，适当并合理修改比赛规则，使之与学生的实际需求更加贴合，促进学生积极参与到竞技体育运动中。
第三，在能满足学生运动锻炼的基础上，有效降低运动负荷，保证运动的安全性。
第四，有效发展和完善教材内容。要对传统教材中的竞技运动进行深入剖析，有效调整其特点，挖掘多元化功能，促进教材的进一步优化，使其更加贴近学生学习需求。

（二）新兴运动类项目的开发和利用

由于传统的体育教学内容普遍存在着"难、繁、偏、旧"的缺点，与现代体育教学的要求以及学生的需求不符，起到的教学效果也大打折扣，因此，就需要在有效传承优良传统的基础上，大胆改革，开拓创新，与时俱进，引入一些新兴的运动项目。
所谓的新兴运动项目，主要是指健美运动、攀岩、现代舞、网球、牵珑球、软式排球、软式足球、沙滩排球、壁球、保龄球、旱冰、滑板、定向运动、远足、野营、郊游等，这些在国际上较为流行，但是在我国的开展却比较鲜见。将这些新兴运动项目纳入学校体育教学之中，能有效充实和丰富体育教学内容，增大学生的选择范围，对有效激发学生的兴趣和参与积极性是有帮助的。

第五章　体育教学内容的改革创新

（三）民族、民间体育类项目资源的开发与利用

我国作为一个多民族国家，民族体育文化历史悠久，这是中华民族传统文化的一个重要表现形式，因此，将其纳入体育教学内容中，不仅能充实体育教学内容，对中华民族传统文化的传承和民族传统体育的发展也是有显著意义的。

按照新课程的标准，民族传统体育主要是指各个民族中民族文化色彩浓厚的体育活动，比如，射箭、荡千秋、摔跤、射弩、跳山羊及滚铁环、踢毽子、抽陀螺等；民间体育则指的是在某一或某些地区开展的体育活动，如踏青郊游、舞狮、赛龙舟和登高等。这些都可以成为体育教学内容的重要补充，但是要经过科学的挑选和整理才能实现。在设计和实施民族、民间体育类教学内容时，一定要参照学生的特点进行，否则就失去了引入体育教学内容的意义。

对民族、民间体育类项目资源进行开发和利用，是一项具有开创性的工作，需要对以下几个方面加以注意。

（1）首先，要做好相关体育项目的收集、挖掘、整理等准备工作。

（2）针对运动项目用到的器械，要结合学校的实际情况和学生的特点进行适当改造，同时，对活动形式也要进行适当改进，保证其实施的安全性与可行性。

（3）对体育教师进行民族传统体育方面的培训工作，使其在文化、理论和实践技能方面都有较高水平。

（4）认真总结工作中出现的问题，通过积极交流，找到妥善解决问题的方法和措施。

开发民族、民间传统体育资源，在有效丰富体育教学内容的同时，也能增进学生对我国民族、民间传统文化的了解，增强学生的民族自豪感。

二、体育教学内容的选择

体育教学内容资源在经过不断地挖掘和开发之后，越发地丰富多样，这就给体育教学内容的选择工作带来了较大的困难。具体来说，选择体育教学内容，要按照一定的标准、原则和特定步骤进行，具体如下。

（一）体育教学内容选择标准

在选择体育教学内容时，要以体育教学目标为依据来进行。这是因为体育教学目标的多元性和体育运动的可替代性,会在一定程度上增加体育教学内容选择和组织的难度。总的来说,对于选择的体育教学内容,必须要保证其科学性和有效性,还要与学生和社会的实际情况相符、与学校整个教育目的保持一致(图 5-10)。

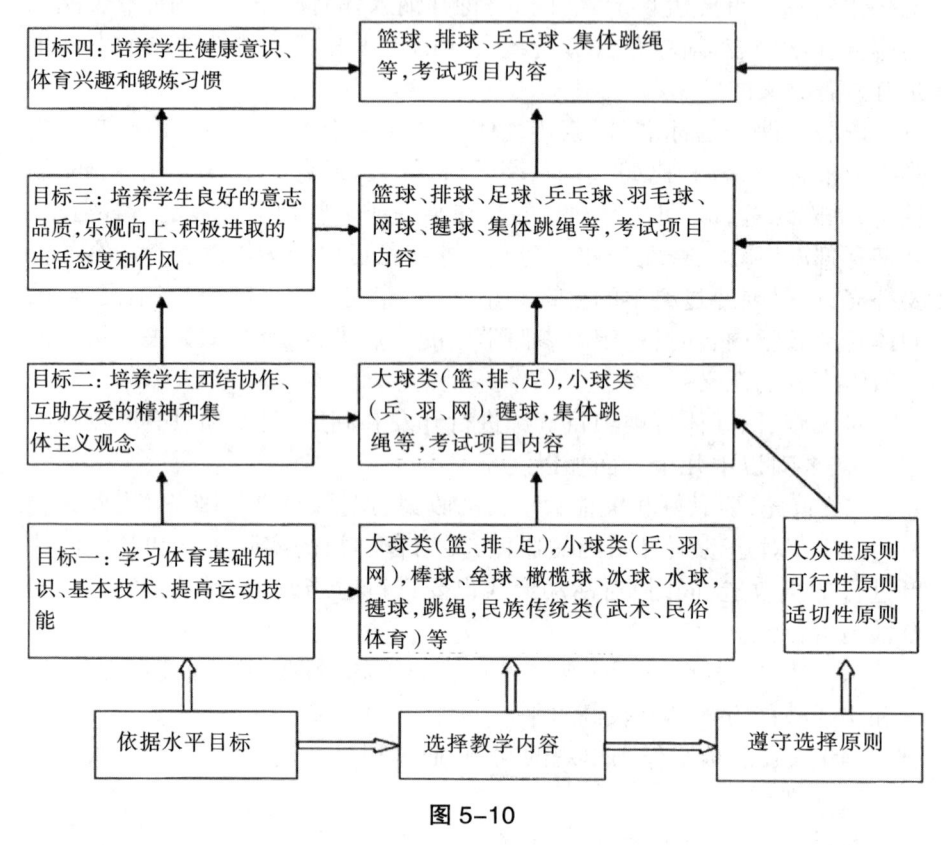

```
目标四:培养学生健康意识、      篮球、排球、乒乓球、集体跳绳
体育兴趣和锻炼习惯              等,考试项目内容
        ↑                              ↑
目标三:培养学生良好的意志      篮球、排球、足球、乒乓球、羽毛球、
品质,乐观向上、积极进取的      网球、毽球、集体跳绳等,考试项目
生活态度和作风                  内容
        ↑                              ↑
目标二:培养学生团结协作、      大球类(篮、排、足),小球类
互助友爱的精神和集              (乒、羽、网),毽球,集体跳
体主义观念                      绳等,考试项目内容
        ↑                              ↑
目标一:学习体育基础知          大球类(篮、排、足),小球类(乒、羽、
识、基本技术、提高运动技        网),棒球、垒球、橄榄球、冰球、水球、    大众性原则
能                              毽球、跳绳,民族传统类(武术、民俗      可行性原则
                                体育)等                                  适切性原则
        ⇑                              ⇑                                      ⇑
   依据水平目标      ⇒      选择教学内容      ⇒      遵守选择原则
```

图 5-10

(二)体育教学内容选用的具体方法

1. 学习领会

第一,对体育课程标准和教科书的要求与规定以及四类体育教学内容的划分理论进行学习,并对其中的精神加以领会。

第二,将所有已经从体育素材中选出的可供选择进入体育教学的内容意义罗列出来。

第五章　体育教学内容的改革创新

2.调查

(1)调查对象

主要是指教师和学生。

(2)调查内容

第一,是教师和学生的实际情况。

第二,按照程度的不同,将那些与教师和学生实际情况相符的体育教学内容一一排列出来,排列数量多多益善。

3.再加工

再加工,即将适合精教、简教、锻炼、介绍的不同教学内容分别筛选出来。

4.教学内容修整

在实际的教学过程当中根据实际情况,来适当调整精教、简教、锻炼、介绍的不同教学内容,使其最终能与本校、教师、学生、教学实际情况相符,且项目数量要有所保证。

(三)体育教学内容选择过程

1.选择出合适的体育教学内容的素材

体育运动项目的种类多多,数量更是数不胜数,所有的体育运动在身体锻炼形式、特点以及功能方面都各不相同。因此,在选择体育教学内容时,一定要在充分了解这些方面的基础上进行。然后,将各个体育运动项目与身体练习进行整理与合并,作为形成体育教学内容的基本素材。

2.对体育素材进行细致分析,并加以评估

在选择体育教学内容时,首先要做的就是认真分析体育素材,然后对此进行科学评估。以评估的结果为依据,来重点关注那些能够有效增进学生健康,培养学生良好思想品质的内容。同时,还要将那些不符合教育要求,不利于学生身心健康发展的体育素材剔除掉。

3.选择合适的体育运动项目

由于体育运动项目在特点和功能上存在差异性,体育运动项目的选择就要参照这一依据进行。大多数体育运动项目都是可以成为学校体育教学内容的基本素材的,但是由于学校体育教学时间有限,不可能在学校体育教学内容中选入过多的体育运动项目与身体练习。一般来说,那些比较典型、实用的体育运动项目和身体练习通常会成为体育教学内容的理想选择。

4. 进一步分析已经选择的体育教学内容

对已经选择的体育教学内容进行进一步的分析,主要是为了对其可行性加以评估。

关于体育教学内容的可行性,主要体现在以下几个方面。

(1) 学生可行性

对体育教学内容进行选择,首先要考虑可行性(图 5-11),要充分考虑并保证体育教学内容与体育课程目标的适应性。此外,所选的内容也要与学生的学习能力相适应。

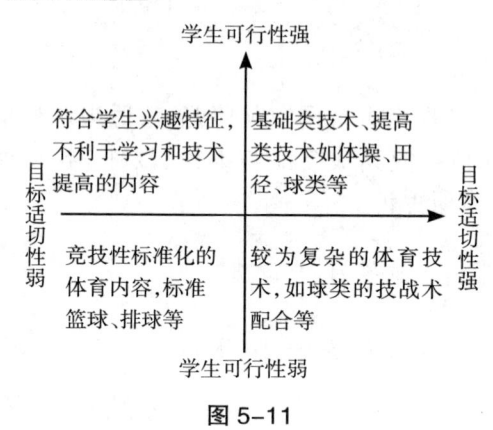

图 5-11

(2) 学校可行性

对所选择的体育教学内容的可行性要考量的另一个方面就是学校,在具体进行选择时,学校的教学环境、教学条件,体育教师的专业素养与执教能力等都是会产生影响的重要因素(图 5-12)。

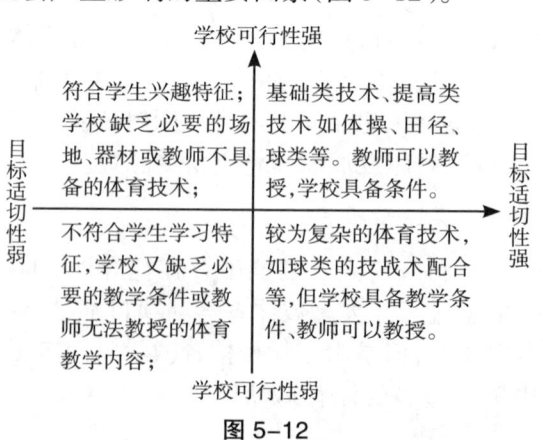

图 5-12

第五章　体育教学内容的改革创新

（3）大众可行性

体育教学的一个重要目的是对学生终身体育的培养，因此，这也成为选择体育教学内容的一个重要依据，并且还要充分意识到体育教学的一个重要目标就是培养学生的终身体育锻炼能力，因此要选择大众流行的体育项目，而且要与学生的生活实际贴近（图5-13）。

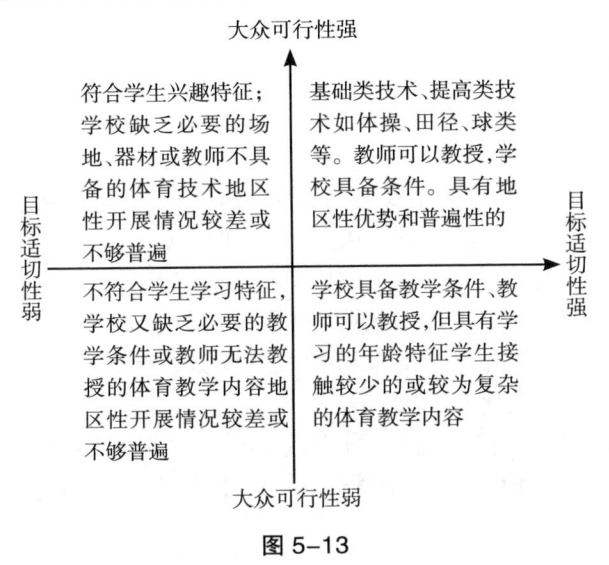

```
                    大众可行性强
                         ↑
    符合学生兴趣特征；    │  基础类技术、提高类技
    学校缺乏必要的场      │  术如体操、田径、球类
    地、器材或教师不具    │  等。教师可以教授，学
目   备的体育技术地区     │  校具备条件。具有地       目
标   性开展情况较差或     │  区性优势和普遍性的       标
适   不够普遍            │                          适
切                       │                          切
性  ─────────────────────┼─────────────────────   性
弱   不符合学生学习特征， │  学校具备教学条件、教    强
     学校又缺乏必要的教   │  师可以教授，但具有学
     学条件或教师无法教   │  习的年龄特征学生接
     授的体育教学内容地   │  触较少的或较为复杂
     区性开展情况较差或   │  的体育教学内容
     不够普遍            │
                         ↓
                    大众可行性弱
```

图 5-13

（四）选用体育教学内容要考虑的因素

在选择体育教学内容时，要考虑的参考标准主要涉及目标性、科学性、可行性、趣味性、社会性等方面，以此为依据制定出一个易于操作的教学内容选优的工作程序，这个程序的内容和顺序与上述依据的内容和顺序是对应的。表5-5是选用体育教学内容需要考虑的主要因素和操作步骤。

表 5-5　选用体育教学内容的案例

项目例	目标性	科学性	可行性	趣味性	社会性	选择结果
拳击	×					不选
前空翻	√	×				不选
保龄球	√	√	×			不选
铅球	√	√	√	×		不选
滑冰	√	√	√	√	×	不选

续表

项目例	目标性	科学性	可行性	趣味性	社会性	选择结果
少林拳	√	√	√	√	√	选择
篮球	√	√	√	√	√	选择

通过对上述表格内容的分析、归纳,可以总结出以下几个方面的结论。

(1)目标性是处于体育教学内容选用的首位标准。

(2)科学性是处于体育教学内容选用的第二位置的标准。体育健身效果和安全是至关重要的。

(3)可行性是处于体育教学内容选用的第三位置的标准。这是因为如果缺乏可行性,那么体育教学内容的实际意义便不存在了。

(4)趣味性与实用性是处于体育教学内容选用的第四位置的标准。如果缺乏实用价值,学生体质增强、健康增进等目标就很难实现;而如果缺乏趣味性,学生参与教学的积极性就会受到影响,所以要将"实用性和趣味性相结合"放在比较重要的位置。

(6)篮球和武术在目标性、科学性、可行性、趣味性、社会性等方面都具有非常显著的价值,因此,能够作为体育教学内容选用的最佳选择。

三、体育教材化

体育教材化,就是在体育教学目的的指引下,与学生发展的需要相结合,并且在充分考虑体育教学条件的情况下,来对体育的素材进行加工,使其成为体育教学内容的过程。[①]

(一)体育教材化的意义

第一,体育教材化,对于体育教学内容的选择有着积极作用,其在选择上与体育教学目标和学生发展需要都是相符的,因此,这就使选择的盲目性和无序性得到避免。

第二,体育教材化通过加工,能够使体育的素材与体育教学的需要更加相符,从而使体育素材与体育教学内容之间的差异性得到有效消除。

第三,通过体育教材化将适宜的体育教学内容选择出来之后,还要进行各种操作来使其整体性和系统性得到进一步提升,以此来保证体育教学内容应有效果的发挥。

---

① 毛振明.体育教学论[M].北京:高等教育出版社,2005.

第五章 体育教学内容的改革创新

第四,体育教材化对于体育教学内容与教学情景和学生之间的关系更加贴合,同时,使体育教学内容更能成为体育教学的生动的载体。

(二)体育教材化的层次划分

一般的,体育教材化的层次有两个方面,具体如下。

1. 编制体育课程标准和编写教科书

一般的,这一层次的工作主要是由国家和地方教育行政部门组织专家负责的。具体来说,这个层次包含的工作内容主要是将所需要的素材从各种身体活动的练习中筛选出来,还要做好教材的分类、加工、排列等工作。

2. 把教材变成学生的一部分"学习内容"

这一层次的工作主要由学校的体育教研组或体育教师来负责,包含的内容有:将体育课程标准和教科书的要求和规定作为主要参照依据,同时结合学生的具体情况和教学条件,从而把具有普遍意义的教材变成只针对某一部分群体的教材,赋予其个性化特点。

这两个层次之间的关系如图5-14所示。

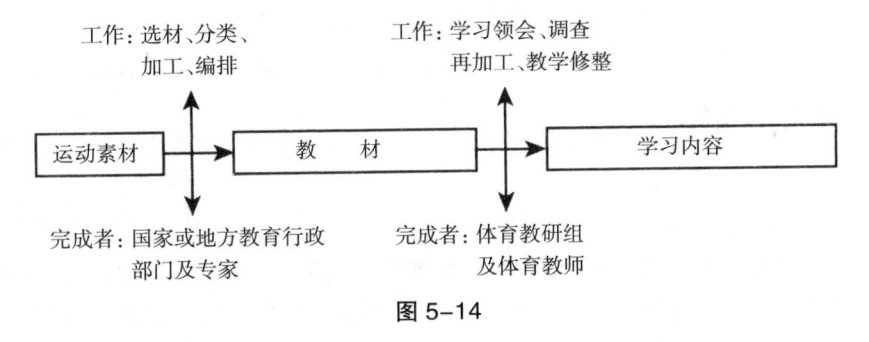

图 5-14

(三)体育教材化的工作内容

一般的,体育教材化的工作内容主要有四个方面,其中前两个方面已经在前面的内容中进行了阐述,这里重点对后面两个方面的内容加以分析。

1. 体育教学内容的改造与加工

能够在体育实践中加以应用的教学内容,并不是在选择出适宜的内容后就可以了,还需要进行一定的加工和改造。具体来说,这一加工和改造的过程中会用到很多种教材化方法,下面就对应用频率较高的几种加以阐述。

（1）简化的教材化方法

简化的教材化方法，在体育教学中的应用频率是最高的，具体来说，就是将那些正规且烦琐的竞技运动项目的各个方面都进行简单化，以达到在不影响基本要求的情况下，便于这些运动项目在体育教学中的顺利开展。在体育教学中应用这一方法，能使其中所涉及的各个方面之间的适应程度更高，教学的具体操作也会更加容易、简便。

（2）动作教育的教材化方法

这一方法对于低年级的体育基本活动能力的教学是较为适用的。因为其能够在人体运动原理的基础上，对一些竞技体育运动进行归类，同时将针对青少年的教材设计提出来。教育性舞蹈、教育性体操是最为常见的两种类型。

（3）游戏化的教材化方法

游戏化的教材化方法，顾名思义，就是在一部分体育教学内容中，摘取出一定的情节，然后增加一些游戏成分，从而使学生的兴趣和接受程度都提升，尤其对于低年级学生来说，所取得的教学效果会更加显著。

2. 体育教学内容媒介化工作

这是体育教材化的最后部分工作内容，具体是指将选出、编集、加工和改造后的体育教学内容，通过各种方式和途径，使其变成载在某种媒体上的教材形式。

体育教学内容媒介化动作的形式是多种多样的，下面就介绍应用频率较高的两种。

（1）多媒体课件

多媒体课件，就是教师根据体育教学的需要，以算计演示的形式来对体育教学内容进行编辑和展示的形式。当前，体育教师常用的工具之一就是多媒体课件，这主要是由于其在速度调整、观看细节、多次重复演放以及视觉听觉的艺术效果等方面具有高出传统教学方法的显著优势。

（2）体育学习卡片

体育教材化的另一种媒体化形式，就是体育学习卡片。这种形式在体育教学中是作为一种辅助性的形式存在和使用的。

体育学习卡片的运动形式会随着其作用和运用目的的不同而发生相应的转变。体育学习卡片的作用，归纳起来主要有：向学生提供学习信息；促进学生对问题的思考能力提升；为学生的互相交流提供帮助；帮助学生做好自我评价，促进师生交流；促进学生自学；等等。

第四节 体育教学内容发展现状与改革创新

一、体育教学内容的总体发展现状

体育教学内容伴随着体育教学的产生与发展,至今已经取得了一定的发展成效,同时也体现出了一些不足,从总体上来说,其发展状况可以大致归纳为以下几点。

(1)从数量上来说,体育教学内容的项目呈现出逐渐精简的发展态势,难度不断提升,体育运动中所涉及的技术含量越来越高,这就对体育教师提出了更高的要求,高专业水平和高素质成为普遍要求。

(2)从包含的因素上来说,体育教学内容中所涉及的娱乐因素的分量越来越少,同时,练习程度呈增加趋势。

(3)从内容成分上来说,竞技体育的发展势头非常强劲,并且在整个世界上的发展都非常理想,同时,其也积极走向学校,取代了传统的体育教学内容,而成为体育教学内容的主体部分。

二、体育教学内容发展过程中存在的问题

(一)体育教学内容繁杂

通过调查发现,我国目前在体育教学内容方面存在着繁多并且较为杂乱的基本情况,尽管这些教学内容的主要目的在于促进学生全面发展,但是在具体的操作性和可行性上都较为欠缺,最终导致教学效果并没有预期的那么理想。

(二)体育教学知识不够全面

体育教学中,应该包含全面的知识内容,理论知识与实践知识都要包含其中,对于此,体育教学指导大纲在这方面有明确的规定。通常,体育理论知识主要有:奥运知识、体育道德风尚、体育人文精神、体育化欣赏、体育健康等。但是,当前,很多学校在理论知识方面还没有形成体系,并且有些知识,比如,体育健康知识,还没有被纳入体育教学内容中,这就导致体育教学内容在知识面上缺乏全面性。学生对体育教学知识的认识做

不到全面性，从而导致学生通过现代媒介了解的体育知识与课堂教学内容形成反差，使其在学习体育知识的兴趣与信心方面有所缺失。因此，在选择学校体育教学内容时，那些能够使学生清楚地了解体育基本理论、体育概念与本质的内容要作为重点选择对象。

现有的体育理论知识体系的完善程度还比较低，无法与社会发展的要求相适应。学生虽然在体育教学过程中一心学习体育技能，但在为何学习、对自己有什么意义上却知之甚少，这就导致其自觉参与到体育教学的其他活动中的积极性与主动性降低。

（三）体育教材内容偏向形式

体育教材内容涉及的范围比较广，其中，主要内容之一是传习运动技艺，如果对这方面过分强调而忽视了理论知识的学习，那么就会对教师选择教材产生误导，导致所选择的教材内容也是片面的，对运动的外在表现形式过分注重，这些内容在应用之后所取得的教学效果是大打折扣的，对于学生终身体育锻炼能力的培养是会产生不利影响的。

（四）体育教学内容体系过于陈旧和单一

一直以来，我国的学校体育教学注重的是整个内容体系的完整性，也正是由于对其完整性的过于重视，而使得体育教学内容的其他特性被忽视，比如，时代性与前瞻性，这就导致之前那些陈旧的体育教学内容体系，已经不能与现代社会的发展、学校体育教学需求以及学生特点相适应了，是需要进行改革和创新的。

当前，越来越多的具有健身和娱乐成分的体育教学内容被重视和凸显出来，并且占据了主要的地位，这一点与社会实际是相符的。但是，一些传统的教学思想对此产生了一定的限制作用，这就制约了教学内容的改变性和开放性特点的显现，再加上体育教师在教学实践中重新选择教学内容是基本不可能实现的，进而使得学生喜欢的、渴望参加的内容似乎不能成为学校课堂的教学内容。

三、体育教学内容的发展趋势

（一）将终身体育目标要求纳入考虑范围

学校体育，对于学生终身体育观念的建立和形成能起到重要的促进

第五章　体育教学内容的改革创新

作用。学生在学校体育教学过程中,所需要用到的知识、技能以及态度都会在很大程度上决定着终身体育目标能否达成。这也就决定了体育教学内容中一定要具备较为显著的健身性、运动文化传递性与娱乐性特点,所以,终身体育目标就成为重要的考虑因素之一。

（二）学生价值主体受重视程度提升

学生在体育教学中处于主体地位,因此,体育教学内容的选择与应用,也必然要针对学生的特点和需求进行,这一因素是非常重要的。同时,体育教学内容的选择是需要经过一定的程序才能实现的,有一定的过程性。传统的体育教学大纲中,往往更注重教师的教,而忽视学生的学的重要性。随着体育教学改革的进行,越来越多的人开始重视学生对体育教学内容的价值取向,因此,在选择和应用体育教学内容方面提升对学生主体价值的重视程度是一种必然。

（三）教学主体发展的全面性备受重视

当前,体育教学的目标不仅是促进学生身心健康,还要保证其各方面素质发展的全面性。

新的教学改革大纲出台之后,素质教育成为学校教育的主旋律,因此,促进学生素质的全面发展和提升是学校近阶段的主要责任。鉴于此,就要求在选择与确定体育教学内容时,一定要注意与素质教育的要求必须是相符的。

（四）民族特色项目逐渐被纳入教学内容中

当前,学校体育教学内容中,绝大部分是具有现代意义的运动项目,这些运动项目通常具有显著的趣味性和新奇性特点。但是,我国具有民族特色的民族传统体育运动是我国体育运动的重要内容之一,其中不乏民族性、文化性等显著特点,对于激发学生的爱国精神是非常有帮助的,这就要求要将更多适宜的民族特色项目纳入体育教学内容中,进一步充实和丰富体育教学内容。

四、体育教学内容的改革创新措施

针对目前体育教学内容的发展状况以及存在的问题,充分结合其未来的发展趋势,特从以下几个方面着手进行改革创新,以促进体育教学内容的更加完善。

（一）将健康教育适当加入教学内容

学校体育教学的开展，一个根本性目的就是增强学生体质，提升学生身心健康水平，因此，健康教育是体育教学的重要内容，这是不可或缺的。当前，学校的体育教学内容中所涉及的主要知识，以体育的相关理论知识和体育运动项目的技能知识等为主，健康教育的相关内容涉及非常少，应适当增加这部分内容，以提升学校、教师以及学生对健康的重视和正确的健康观。

（二）通过调整满足学生需求

由于学生是一个不断变化着的主体，其对体育教学的需求也是不断变化着的，因此，为满足学生不断变化着的需求，体育教学内容也要不断进行相应调整，以使其能一直较好地满足学生需求。比如，可以增加健美、舞蹈、轮滑等一些有趣的体育运动项目，将那些竞技性过强而趣味性较差的项目逐渐替换掉，使体育教学与学生的生活实际更贴近。

（三）重视体育教学过程的监控与评价

学生对于体育教学内容，有一些是喜欢的，有一些则是不喜欢的，这与教学内容本身有关，同时，教学方法枯燥呆板、教学环境沉闷消极等也是导致这一问题的主要原因。所以，学校必须严格监控体育教学过程中的诸因素，客观评价各教学要素，使上述问题尽可能得到规避。

（四）增加体育教学内容的弹性

对以往规定过于死板的体育教学内容加以逐步改变，不断扩大体育教学内容的弹性，以促使选择和设计出的体育教学内容能够保证地方和学校体育教师具有更多的灵活性。

（五）科学合理地开发体育教材

学校在充分了解本地区的实际情况的基础上，与之相结合，在体育学科的具体特点以及体育项目等基础上进行校本教材与教学内容的开发，在体育课堂教学、体育大课间、课外锻炼等方面也大有用武之地，国家、地方与学校都应该大力提倡有效合理利用各种教学资源。

第六章　体育教学模式的改革创新

体育教学模式,也是体育教学的重要组成部分,其在体育教学中是不可替代的,作用显著。可以说,体育教学模式的发展状况也会影响到体育教学的整体发展。在创新教育的背景下,体育教学模式也要有所发展和创新,才能与现代体育教学的发展相适应。本章首先对体育教学模式的基本理论、常见的几种体育教学模式进行阐述,在此基础上,归纳总结出了体育教学模式的未来发展走向,并以此为依据,提出了体育教学模式优化创新的策略。由此,能对创新教育背景下体育教学模式的发展状况有全面的了解和认识。

第一节　体育教学模式概述

一、体育教学模式的概念

(一)不同学者对体育教学模式的定义

关于体育教学模式的概念,我国诸多专家与学者都提出了各自的观点。较为具有代表性的有以下几种。

方建新、俞小珍认为:"体育教学模式是在一定的体育教学思想指导下,具有一定典型意义而相对稳定的课堂教学结构。它是一种可遵循的标准样式和标准结构。"

杨楠在体育教学模式方面的观点为:"体现某种教学思想或规律的体育活动的策略和方式,它包括相对稳定的教学群体和教材、相对独特的教学过程和相应的教学方法体系。"

毛振明对体育教学模式的理解为:"按照一定的体育教学理论或教学思想设计,具有相应结构和功能的体育教学理论或教学活动模型。"

(二)体育教学模式概念的界定

由于体育教学模式的概念还没有统一起来,因此,这里就将上述观点进行分析、归纳和总结,最终将体育教学模式的概念界定为"具有特定的体育教学思想,用以完成体育教学单元目标而设计的相对稳定的教学程序。"

完整体育教学模式的结构图如图 6-1 所示。

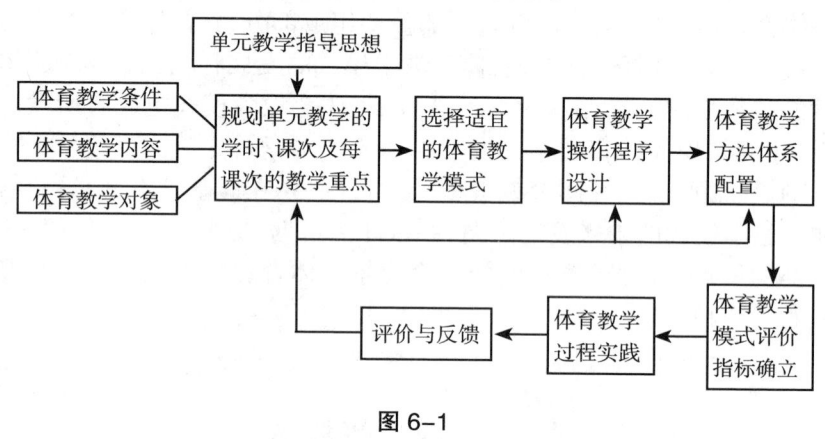

图 6-1

二、体育教学模式的构成要素

体育教学模式的构成要素有很多,这些要素之间相互联系、相互影响,其中某个构成要素会对其他构成要素以及体育教学模式的整体都产生相应的影响。体育教学模式的构成要素中,较为主要的有以下几个方面。

(一)体育教学思想

体育教学模式的众多构成要素中,体育教学思想是处于重要的思想基础地位的。具体来说,即体育教学模式的成功构建是在一定的理论知识科学指导下进行的。同时,在不同理论的指导下所构建的体育教学模式也存在着较大的差异。

(二)体育教学目标

体育教学目标在体育教学模式中也是非常重要的,其意义主要体现在体育教学质量的提高方面,通常情况下,一个合理、准确的教学目标能

第六章 体育教学模式的改革创新

引领体育教学正确的发展方向。科学构建体育教学模式,在体育课堂上合理选用教学模式以及着手对教学模式的改革创新,目的都是顺利推进教学计划,实现预期的教学目标,达到良好的教学效果。倘若教学目标不明确或者教学目标不现实,那么体育教学模式的构建与实施将毫无意义,而且也没有必要进行教学模式的革新。如果缺少体育教学目标,那么体育教学模式也就没有存在的价值和必要性了。体育教学模式的效果如何,主要看学生通过体育学习有什么变化,体育教师会预先设想这种变化,也就是心中会有一个基本的目标,然后在课堂教学中通过实施体育教学模式来达到心中的目标,使学生通过每节体育课的学习都能有所收获,掌握知识,提高技能,增强体质。[1] 体育课堂教学的组织实施不是盲目的,每节课都有一个基本的主题,教师要围绕这个主题组织课堂教学,该主题的具体表现形式是课堂教学目标。在体育教学模式中居于核心地位的教学目标因素必然会对其他非核心因素产生巨大的影响。

(三)操作程序

无论什么学科的教学活动,都需要按照各自的操作程序进行,具体来说,就是按照科学合理的步骤进行,这样能使教学活动的顺利开展和教学效果得到有效保证。在体育教学过程中,教师会合理安排与衔接好每个教学环节,各环节的教学工作不仅在时间上是连贯的,而且内在逻辑也是清晰的,这就体现了体育教学模式操作程序的合理性。在体育教学中采用不同的教学模式,需按不同的步骤和程序来开展具体的教学工作,要注意不同教学模式性的区别。这里要强调一点,虽然每个教学模式的实施程序基本稳定,但也不能完全不顾教学实际而生搬硬套,要结合实际灵活调整个别环节,否则将无法发挥教学模式的作用。

(四)实现条件

采用任何一种体育教学模式,都必须通过具体的教学方法和手段来予以落实,在教学模式的操作过程中,各环节都会用到一种或多种教学方法与手段,这样才能保证教学模式的真正落实,而这些具体的教学策略、方法与手段就是体育教学模式的实现条件,它们也是推进操作程序的具体路径。体育教学模式的操作程序为体育教师选用教学方法提供了方向,避免了体育教师面对丰富多彩的体育教学方法而不知如何筛选或盲目筛

---

[1] 龚坚.现代体育教学论[M].重庆:西南师范大学出版社,2009.

选的现象。

体育教学模式的实现条件包含以下内容。

第一,物力条件,具体指体育教学的基础设施。

第二,人力条件,具体指体育教学的两大主体,一是教师,二是学生。

第三,动力条件,具体指体育教学内容、体育教学空间、体育教学时间。

(五)评价方式

体育教学模式的构建、实施、革新都是为实现预期的体育教学目标而服务的,体育教学目标分多个层次,选择何种教学模式来进行体育课堂教学,要视体育教学目标的层次、类型及具体目标而定,选择不同的教学模式,就要按不同的教学程序来开展各环节的教学工作,且要创造不同的教学条件。为判断体育教学模式的有效性,需加强对各模式的科学评价,以了解通过采用教学模式而达到的教学效果与预期教学目标之间有哪些差距。在体育教学模式评价工作的开展中,确认评价标准和选择评价方法是非常重要的两项工作,评价标准与方法的设定与选择要视具体的体育教学模式而定,不能将一套评价标准或一种评价方法用于对各种体育教学模式的评价中,否则体育教学模式的评价结果将会失去可信性,无法说服他人。

三、体育教学模式的基本特征

(一)整体性特征

在体育教学过程中,体育教学模式中所涵盖的内容与体育教学论体系的基本内容是基本相同的,主要包括以下两大方面的内容。

第一,明确规定体育教学主客体及其他教学因素在体育教学体系中所处的地位及发挥的作用。

第二,说明哪些因素对体育教学活动的实施及最终效果有影响,阐释这些影响因素的基本理论及其对教学效果的具体影响,其中比较重要的影响因素有教学物质环境、教学时空环境、师生关系等内隐性的教学因素。

鉴于体育教学模式的内容与体育教学论体系的内容存在密切的关系,学术界也常常用"体育微型教学论"来解释体育教学模式。

体育教学模式具有整体性特征,该特征要求体育教师在充分考虑以下几个要点的基础上灵活选择最适宜的体育教学模式,以确保体育教学

第六章　体育教学模式的改革创新

的系统性。

第一,体育教学模式的实施效果受体育教师自身教学素养、学生学习特征及课堂教学内容等多方面因素的影响,全面把握这些影响因素,整体优化这些因素,以发挥积极因素的促进作用,消除消极因素的不利影响。

第二,体育课堂教学效果的影响因素有主次之分,上面所说的教师自身素养、学生学习特征以及教学内容等因素属于主要因素,除此之外还有一些影响相对较小的次要因素,如气候、教学空间、授课形式等,这些虽然是次要因素,但也不能忽视它们在体育教学模式实施中产生的影响,体育教师必须综合把握这些因素,并了解主次因素的内在联系及各要素之间的逻辑关系,从而在优化主要因素的基础上优化各项次要因素,确保主次因素的衔接性、配合性,从而整体上为体育教学模式的实践操作提供保障。

需要说明的是,不能将体育教学模式的整体性特征理解为各种因素、多个环节的简单相加就是体育教学模式,这些因素之间、各环节之间的内在关系值得深思与探究,要促进各要素的优化组合,有序推进各个环节,使前面工作环节的落实能够为后面环节的实践操作提供便利,实现各环节的有效衔接。

(二)针对性特征

体育教学模式的建立并不是随意而为的,而是针对一定的事物进行的,所针对的内容主要有以下几点。

第一,某个具体的体育教学问题。

第二,丰富多彩的体育教学内容。

第三,个性明显的体育教学对象。

第四,复杂多样的体育教学环境等。

体育教学模式的针对性特征说明没有一种体育教学模式是万能的,是可以适用于所有体育教学中的,即使将某种教学模式用于所有体育课上,而且也按照操作程序一一实践了,但教学效果也可能与预期的目标有差距。不同的体育教学模式都有自己的独特性,有自己的优势和不足的地方,有适合自己发挥价值的空间,有自己适用的对象和时空范围,只有根据教学实际灵活选择最合适的教学模式,该模式才能真正在自己的专业领域最大程度地发挥自己的优势,实现自己的真正价值。

传统体育教学模式中,学生被动学习,甚至是被强制学习,学生的主体性和主体地位不受重视,主观性得不到发挥,课堂体验很差,更不可能快乐地投入到体育学习中,最终教学效果与预期的教学目标相差甚远。学生在体育课上有不愉快的课堂体验,必然影响体育教学的顺利进行,影响教学目标在预期时间内的实现,为解决这一问题,快乐体育教学模式应运而生,但不是所有的体育课都适合采用快乐体育教学模式来调动课堂气氛,强化学生的快乐体验,这一模式的适用范围是有限的,如果教学内容较为简单,则适合采用该教学模式,而如果要教的内容难度大,较为复杂,则采用该方法反而会弄巧成拙,使学生无法把握重点,影响教学效果。即使是最普通的体育教学模式,也并非可以用在任何教学内容的实施中,并非可以促进任何教学目标的顺利实现。

(三)优效性特征

构建体育教学模式必须遵循一定的理论基础,并要求贯彻一些原则,遵守基本的要求,可见完善模式构建理论对推进模式构建的实践操作具有重要的指导意义。除了要完善相关理论知识外,还要将每一种模式都运用到实践中来检验模式的科学性、有效性,及时发现模式的问题,然后再在科学理论的指导下优化与完善教学模式,只有不断实践,不断完善,才能更好地发挥各种模式的作用,通过实施最优化的教学模式来提高体育教学效率,减少教学资源的浪费。

(四)可操作性特征

可操作性是体育教学模式的基本特征之一,其具体包含以下两个方面的含义。

第一,体育教师可根据教学内容、教学环境、教学对象的特点及其他教学实际情况、教学因素而选择合适的体育教学模式运用到课堂教学中,可见体育教学模式是具体可操作的,而非抽象不可操作。构建体育教学模式是以基本的教学理论为指导的,其将教学理论转化为可操作的程序,然后在具体教学活动中转变为一个个可具体操作性的实践环节,从而推动教学活动的顺利进行,体育教学模式的实践性很强,可以说是体育教学实践的一个缩影。体育教学模式的操作环节是环环相扣的,相邻环节之间的逻辑性非常强,整个模式结构严谨,思维缜密,有效实施各个环节,将操作程序落实到位,可大大增强体育教学的逻辑性,有条不紊地促进体育教学的发展。

第二,体育教学具有特殊性,如影响因素多样化、复杂化,教学活动实践性强,为了避免不受精确控制的众多复杂教学因素对教学活动造成消

第六章　体育教学模式的改革创新

极影响,有必要构建具有稳定性的教学模式,通过实施教学模式中稳定性强的各个教学环节来落实教学工作,达到预期的教学目标。

（五）简洁概括性特征

体育教学模式的操作程序是由一个个紧密衔接的教学环节组成的,它与体育教学活动并不是重复的,或者说不能将体育教学模式看成是体育教学实践活动的"复写"。体育教学模式和体育教学活动相比更加简洁明了,概括性很强,而且它仅仅保留了体育教学活动的主要因素,省去了次要因素,操作起来更为简便。

体育教学模式可以反映体育教学活动,而且从理论与实践两个层面上的反映都是具有简明系统性特征的,可以将其看作是体育教学理论的浓缩和体育教学实践的精简形式。开展体育教学活动,要先明确有哪些具体的操作环节,可以将这些环节联系起来构建教学模式,从而简单明了地开展体育教学活动。

下面具体从三个方面来阐释体育教学模式的简洁概括性特征,从而进一步理解体育教学模式与体育教学活动的关系。

首先是表现形式的概括性,如线条表现形式、图表表现形式、符号表现形式等。就是用较少的笔墨、少许的线条、符号或图表就能够将整个教学模式大致反映出来。

其次是表现内容的概括性,如将体育教学活动的主要理论或实践环节提炼出来,浓缩成一个新的系统程序,然后用新的程序去落实教学内容。

最后是表现种类的概括性,不同层次的教学目标可通过不同的教学模式来实现,某一层次教学目标对应的教学模式可能不只一种,以此为依据可将能够促进同一层次教学目标实现的教学模式划分为一种类型,从而运用此类教学模式来更好地实现特定层次的体育教学目标。这也便于体育教师快速筛选出适宜的体育教学模式,通过有序实施模式的程序来达到预期的课堂教学目标,这也有助于提高体育教师的工作效率,提高体育课堂教学效率,避免浪费课堂时间和体育教学资源,使学生能够在时间有限的体育课上学习和掌握更多的体育知识与技能。

四、体育教学模式的分类

（一）按体育教学本质特征的分类

体育教学活动的本质特征是"运动技术的学练",依据这一特征,并结合"二分法"原理,可以将体育教学模式划分为如图 6-2 所示的两大类型。

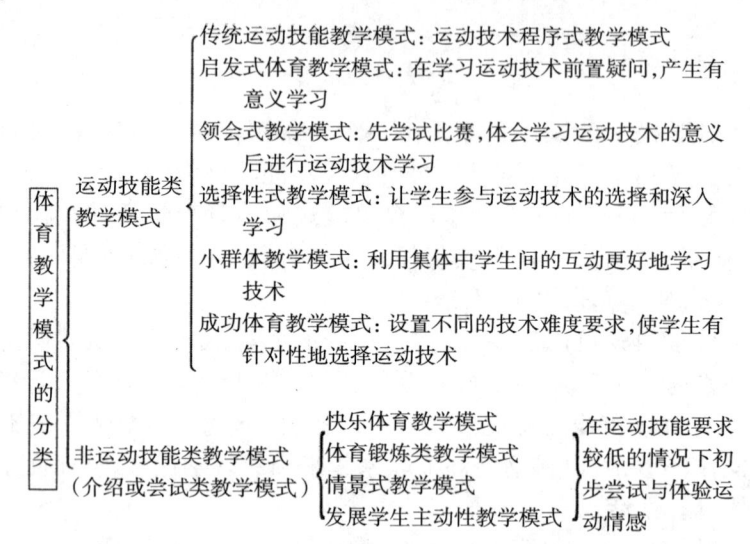

```
                    ┌ 传统运动技能教学模式：运动技术程序式教学模式
                    │ 启发式体育教学模式：在学习运动技术前置疑问,产生有
                    │                意义学习
          运动技能类 │ 领会式教学模式：先尝试比赛,体会学习运动技术的意义
          教学模式  ┤                后进行运动技术学习
体育                 │ 选择性式教学模式：让学生参与运动技术的选择和深入
教学                 │                学习
模式                 │ 小群体教学模式：利用集体中学生间的互动更好地学习
的分                 │                技术
类                   └ 成功体育教学模式：设置不同的技术难度要求,使学生有
                                    针对性地选择运动技术

          非运动技能类教学模式  ┌ 快乐体育教学模式        ┐ 在运动技能要求
          (介绍或尝试类教学模式) │ 体育锻炼类教学模式      │ 较低的情况下初
                              ┤ 情景式教学模式          ├ 步尝试与体验运
                              └ 发展学生主动性教学模式   ┘ 动情感
```

图 6-2

(二)按体育教学要素的分类

按照体育教学的不同要素,可以将体育教学模式划分为多种不同的类型,这方面具有代表性的学者及分类情况见表 6-1。

表 6-1 体育教学模式分类

学 者	分类依据	类 型
胡庆山	蕴含的教育理论	发现学习教学模式
		掌握学习教学模式
		俱乐部型教学模式
	教学目标	以掌握"三基"为主的教学模式
		以激发学生运动兴趣为主的教学模式
		以培养学生运动能力为主的教学模式
		以丰富学生情感体验为主的教学模式
	教学方法	运用现代教学技术的学习模式
		传授—接受教学模式
		自主学习模式

第六章 体育教学模式的改革创新

续表

学 者	分类依据	类 型
		策略学习模式
		情景教学模式
		交互式教学模式
	教学组织形式	集体学习模式
		合作学习模式
		个别化学习模式
		课内课外一体化教学模式
		俱乐部型教学模式
邹师	教育理论	现代教育理论模式
		心理学理论模式
		系统科学理论模式
		社会学理论模式
		素质教育理论模式
	教学目标	掌握技能教学模式
		提高素质教学模式
		激发学生学习兴趣的教学模式
		培养学生的学习能力教学模式
		自我健身体验乐趣教学模式
	教学方法	运用现代教学技术的学习模式
		自主学习模式
		策略学习模式
		交互式学习模式
		讨论式教学模式
		情景式教学模式
	教学组织形式	技术辅导教学模式
		集体学习模式
		个别化学习模式
		合作式学习模式
		课内外一体化教学模式

续表

学者	分类依据	类型
		俱乐部式教学模式
	课的类型	理论课学习模式
		素质课学习模式
		新授课学习模式
		复习课学习模式
		考试课学习模式

（三）按体育教学多元目标的分类

根据体育教学不同功能这一重要依据，可以将体育教学目标分为身体健康目标、心理健康目标、社会适应能力目标、运动参与目标以及运动技能目标这五个方面。基于这五大目标，可以将体育教学模式划分为三种类型，具体见图6-3。

划分类型	具体模式	模式目标侧重点

体育教学模式划分：

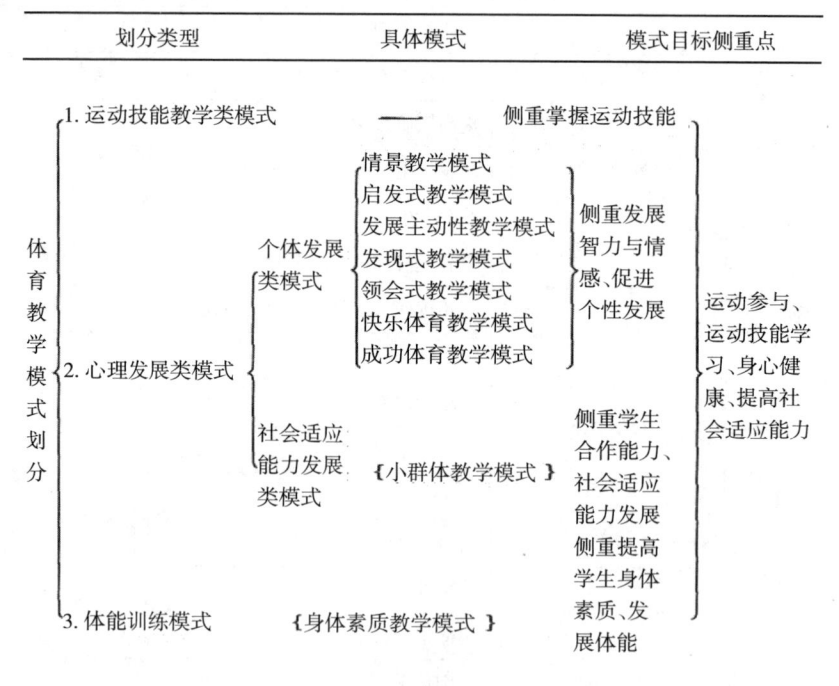

1. 运动技能教学类模式 —— 侧重掌握运动技能

2. 心理发展类模式
   - 个体发展类模式：情景教学模式、启发式教学模式、发展主动性教学模式、发现式教学模式、领会式教学模式、快乐体育教学模式、成功体育教学模式 —— 侧重发展智力与情感、促进个性发展
   - 社会适应能力发展类模式：{小群体教学模式} —— 侧重学生合作能力、社会适应能力发展

3. 体能训练模式：{身体素质教学模式} —— 侧重提高学生身体素质、发展体能

运动参与、运动技能学习、身心健康、提高社会适应能力

图 6-3

五、体育教学模式的功能

（一）简化功能

体育教学活动的特殊性和复杂性的特征是非常显著的，因此，这就要求人们的思辨和文字的处理方式要合理，同时还需要其他一些简单明了的方式，这样才能使理想的处理效果得到保证。

体育教学模式首先在结构上是完整的，机制上是系统的，可操作性也是非常强的。相较于抽象的理论来说，体育教学模式在具体化、简化方面的特征也是较为显著的，与教学实际的贴合程度更高，同时，体育教学模式还能为体育教师提供基本操作框架，使教师在具体的教学程序方面有更加明确和清晰的认识，因此较容易被教师理解、选用、操作与认可，受到教师的支持和欢迎。

（二）预测功能

体育教学模式在体育教学中的实施，所应该具备的重要基础和前提条件为体育教学活动中的内在规律与逻辑关系，这对于准确地对体育教学进程和结果作出判断是会产生积极影响的。

通常，体育教学模式的预测功能体现在以下两方面。

第一，未达到预期的教学目标，则实际与预测存在差距，需要调整教学活动。

第二，达到预期的教学目标，则实际与预测相吻合，证明理论与实践相统一。

（三）解释功能

体育教学模式的解释与启发功能也是较为显著的，具体来说，就是将较为复杂的现象，通过解释，使其变得通俗易懂、简单明了。

（四）调节与反馈功能

在体育教学中安排和运用体育教学模式，所参照的重要依据是具体的教学指导思想、教学条件和教学环境。在实际的运用过程中，如果某一种体育教学模式没有达到预先制定的教学目标，那么就需要对教学模式操作过程中的各个环节与因素都进行深入分析，将其中的利弊关系分析并提取出来,深入地分析其原因并提出相关对策,从而保证体育教学活动的科学性与合理性。

第二节 常见的几种体育教学模式

在体育教学中,体育教学模式作为其中的一个重要环节,其所起到的作用也是不可忽视的,具体要求体育教师以学校的具体情况和教学实际来合理选择与安排教学模式,以达到有效提升教学质量,促进教学发展的目的。

一、传统体育教学模式

(一)传统体育教学模式的概念

传统体育教学模式,就是以狭义上的体育主要为运动技能的基础上所运用的教学模式,具体来说,就是教师在运动技能教育观的指导下,从运动技能形成规律出发而设计体育教学程序的一种教学模式。

(二)传统体育教学模式的实操环节

将运动技能传授模式运用到体育教学中,所参照的简易教学程序如图6-4所示。

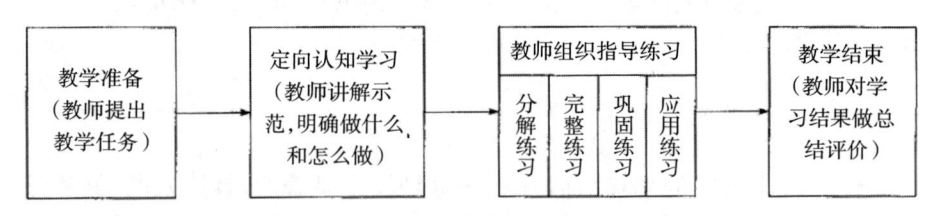

图6-4

体育教学模式在随着体育教学发展、创新的过程中,也带动了运动技能传授模式的改革、发展,较为典型的有"师生合作式""教师辅助式"等,它们在体育教学中应用的教学程序分别如图6-5和图6-6所示。

第六章 体育教学模式的改革创新

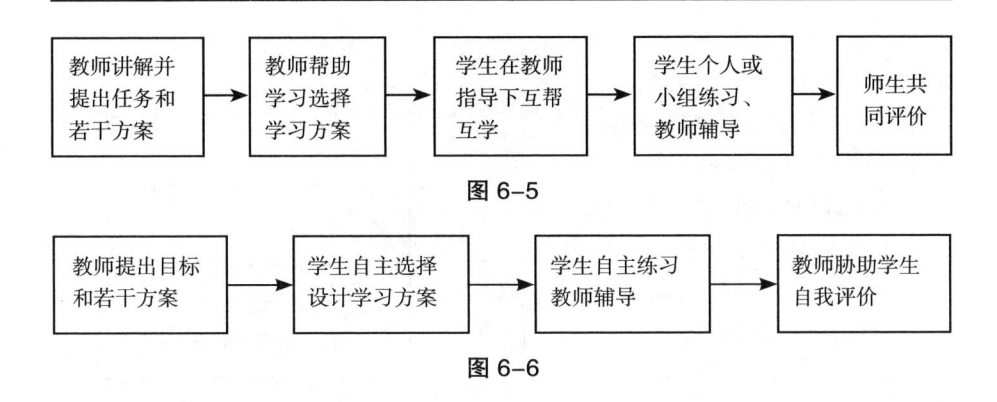

教师讲解并提出任务和若干方案 → 教师帮助学习选择学习方案 → 学生在教师指导下互帮互学 → 学生个人或小组练习、教师辅导 → 师生共同评价

图 6-5

教师提出目标和若干方案 → 学生自主选择设计学习方案 → 学生自主练习教师辅导 → 教师胁助学生自我评价

图 6-6

二、小群体体育教学模式

(一) 小群体体育教学模式的概念

小群体体育教学模式,简单来说,就是以小群体的形式来进行教学。具体来说,学习小群体的划分依据主要为某些共性和特殊性的联系,以此来使学生在"互动、互助、互争"的学习活动中获得知识与技能,树立集体主义精神,陶冶性情及完善人格。

(二) 小群体体育教学模式的实操环节

小群体体育教学模式的操作程序如图 6-7 所示。

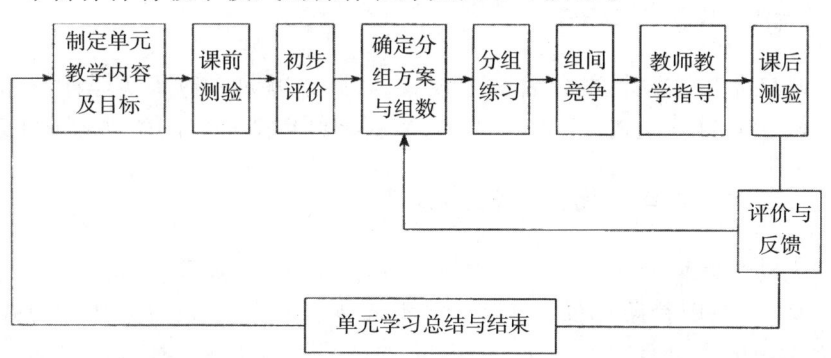

制定单元教学内容及目标 → 课前测验 → 初步评价 → 确定分组方案与组数 → 分组练习 → 组间竞争 → 教师教学指导 → 课后测验 → 评价与反馈 → 单元学习总结与结束

图 6-7

这一教学模式在体能教学中的应用较为广泛。以"鱼跃前滚翻"动作的教学为例,教师在教学过程中对学生的协作能力进行培养时,采用这一教学模式,往往能取得理想的教学成效。具体实践操作的流程如图 6-8 所示。

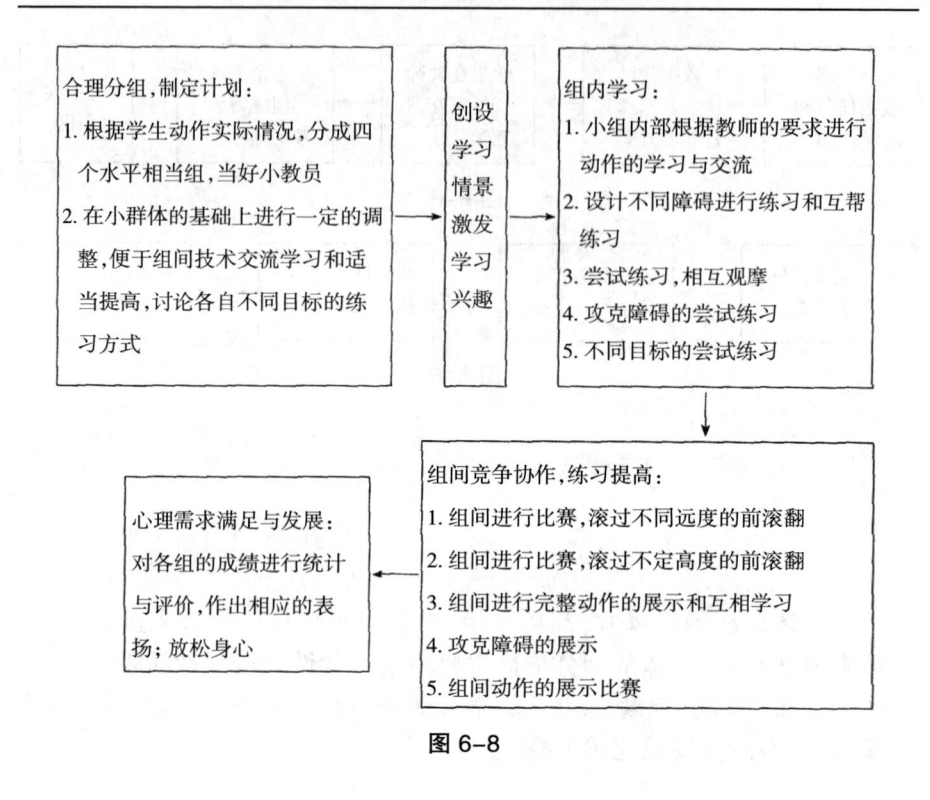

```
合理分组,制定计划:                              组内学习:
1. 根据学生动作实际情况,分成四     创     1. 小组内部根据教师的要求进行
   个水平相当组,当好小教员        设         动作的学习与交流
2. 在小群体的基础上进行一定的调   学习  →   2. 设计不同障碍进行练习和互帮
   整,便于组间技术交流学习和适   情景         练习
   当提高,讨论各自不同目标的练   激发       3. 尝试练习,相互观摩
   习方式                        学习       4. 攻克障碍的尝试练习
                                 兴趣       5. 不同目标的尝试练习

                                                        ↓
心理需求满足与发展:              组间竞争协作,练习提高:
对各组的成绩进行统计   ←         1. 组间进行比赛,滚过不同远度的前滚翻
与评价,作出相应的表              2. 组间进行比赛,滚过不定高度的前滚翻
扬;放松身心                      3. 组间进行完整动作的展示和互相学习
                                 4. 攻克障碍的展示
                                 5. 组间动作的展示比赛
```

图 6-8

三、主动性体育教学模式

(一)主动性体育教学的概念

发展学生主动性的体育教学模式,实际上就是一种促进学生自主性和积极性的教学模式,这种教学模式需要教师创造一定的条件才能实现。

(二)主动性体育教学模式的实操环节

主动性体育教学模式的基本操作程序如图 6-9 所示。

例如,在田径跳远课上进行"蹲踞式跳远"教学时,可采用该模式对学生学习的主动性进行培养,运用发展学生主动性教学模式的具体实践操作的流程如图 6-10 所示。

第六章 体育教学模式的改革创新

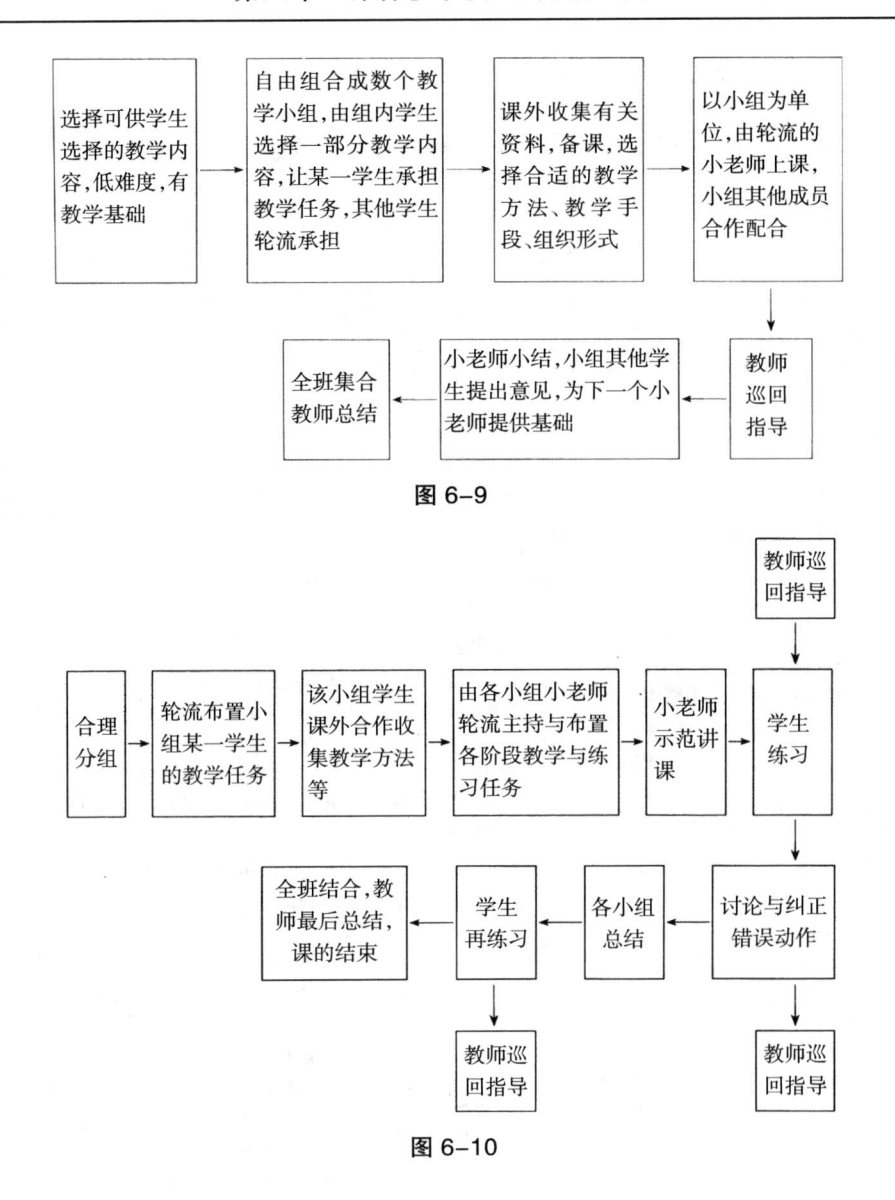

图 6-9

图 6-10

四、发现式体育教学模式

（一）发现式体育教学模式的概念

发现式体育教学模式，是以促进学生在体育教学中善于发现的能力的一种教学模式。具体来说，这一教学模式的开展是以学生为中心、以学生的积极主动性为基础而开展的，主要目的在于使学生积极思考与独立探究问题,发现并掌握相应知识,得出相应结论。

(二)发现式体育教学模式的实操环节

发现式体育教学模式的操作程序如图6-11所示。

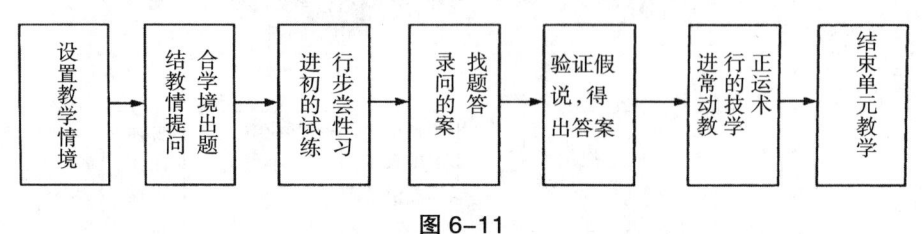

设置教学情境 → 结合教学情境提出问题 → 合学境出题 → 进行初步的尝试练习 → 找录问题的答案 → 验证假说,得出答案 → 进行正常的技术运动教学 → 结束单元教学

图6-11

例如,在足球课教学中传授行进间脚内侧传接球技术时,可将该模式运用其中,具体实践操作的流程如图6-12所示。

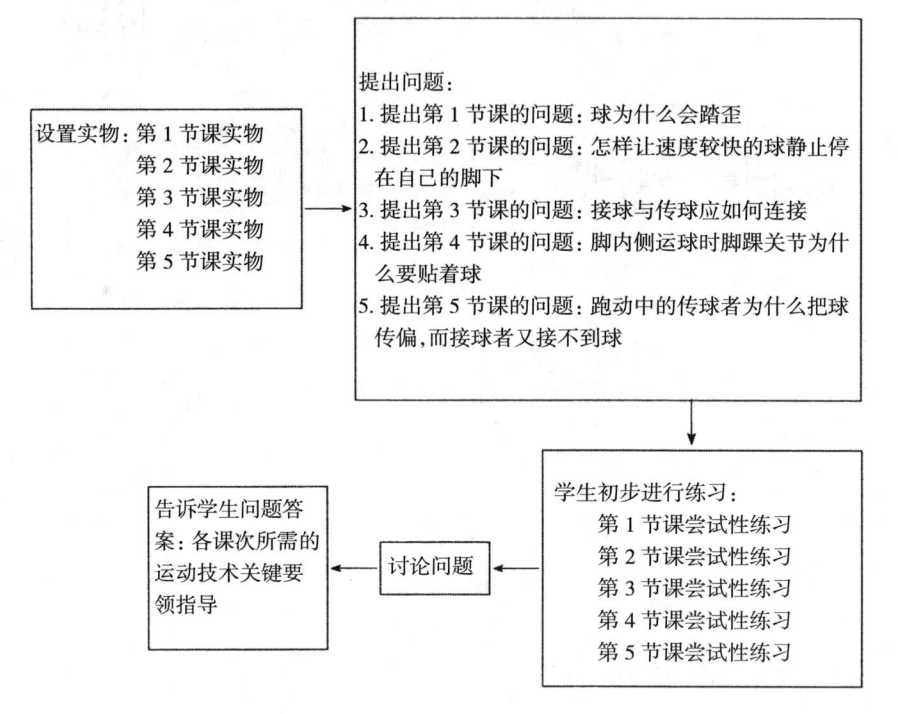

设置实物:第1节课实物
第2节课实物
第3节课实物
第4节课实物
第5节课实物

提出问题:
1. 提出第1节课的问题:球为什么会踏歪
2. 提出第2节课的问题:怎样让速度较快的球静止停在自己的脚下
3. 提出第3节课的问题:接球与传球应如何连接
4. 提出第4节课的问题:脚内侧运球时脚踝关节为什么要贴着球
5. 提出第5节课的问题:跑动中的传球者为什么把球传偏,而接球者又接不到球

学生初步进行练习:
第1节课尝试性练习
第2节课尝试性练习
第3节课尝试性练习
第4节课尝试性练习
第5节课尝试性练习

告诉学生问题答案:各课次所需的运动技术关键要领指导 ← 讨论问题 ←

图6-12

再如,在跨栏跑教学中为了对学生的探索意识与能力进行培养,可采用该教学模式,具体实践操作的流程如图6-13所示。

第六章　体育教学模式的改革创新

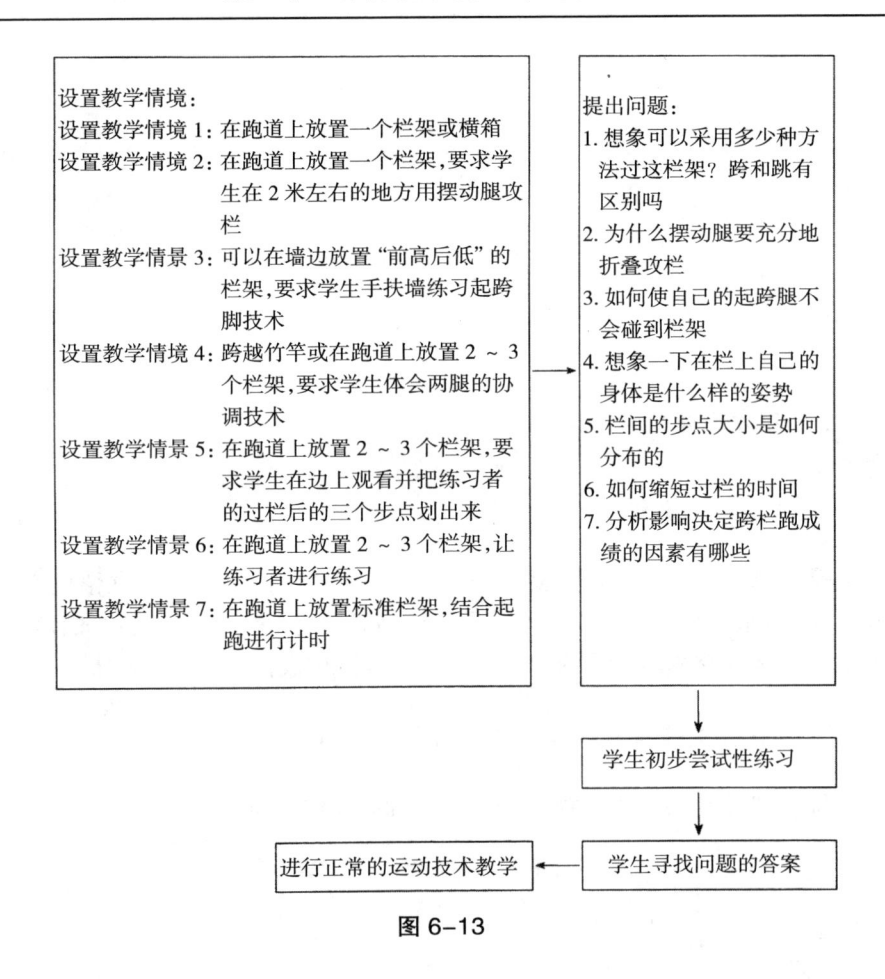

```
┌─────────────────────────┐        ┌─────────────────────────┐
│ 设置教学情境：           │        │ 提出问题：               │
│ 设置教学情境1：在跑道上   │        │ 1.想象可以采用多少种方   │
│   放置一个栏架或横箱     │        │   法过这栏架？跨和跳有   │
│ 设置教学情境2：在跑道上   │        │   区别吗                 │
│   放置一个栏架,要求学    │        │ 2.为什么摆动腿要充分地   │
│   生在2米左右的地方用    │        │   折叠攻栏               │
│   摆动腿攻栏             │        │ 3.如何使自己的起跨腿不   │
│ 设置教学情景3：可以在墙边 │        │   会碰到栏架             │
│   放置"前高后低"的       │        │ 4.想象一下在栏上自己的   │
│   栏架,要求学生手扶墙    │        │   身体是什么样的姿势     │
│   练习起跨脚技术         │        │ 5.栏间的步点大小是如何   │
│ 设置教学情境4：跨越竹竿   │        │   分布的                 │
│   或在跑道上放置2~3      │        │ 6.如何缩短过栏的时间     │
│   个栏架,要求学生体会    │        │ 7.分析影响决定跨栏跑成   │
│   两腿的协调技术         │        │   绩的因素有哪些         │
│ 设置教学情景5：在跑道上   │        └─────────────────────────┘
│   放置2~3个栏架,要求                        │
│   学生在边上观看并把练习者                    │
│   的过栏后的三个步点划出来                    │
│ 设置教学情景6：在跑道上                      │
│   放置2~3个栏架,让                          │
│   练习者进行练习                             │
│ 设置教学情景7：在跑道上                      │
│   放置标准栏架,结合起                        │
│   跑进行计时                                 │
└─────────────────────────┘                  │
                                              ▼
                              ┌─────────────────────────┐
                              │   学生初步尝试性练习      │
                              └─────────────────────────┘
                                              │
            ┌─────────────────────┐          ▼
            │ 进行正常的运动技术教学 │◄─┤ 学生寻找问题的答案 │
            └─────────────────────┘  └─────────────────────┘
```

图 6-13

五、选择式体育教学模式

（一）选择式体育教学模式的概念

体育教学中让学生自主选择学习内容、安排学习进度、查找参考资料等,从而培养学生的学习积极性,提高学生主动学习意识与能力的教学模式就是选择式体育教学模式。

（二）选择式体育教学模式的实操环节

选择式体育教学模式的操作程序如图 6-14 所示。

· 133 ·

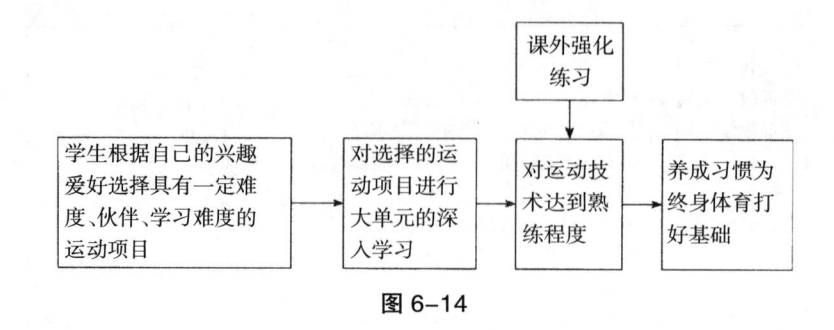

学生根据自己的兴趣爱好选择具有一定难度、伙伴、学习难度的运动项目 → 对选择的运动项目进行大单元的深入学习 → 对运动技术达到熟练程度（↑ 课外强化练习）→ 养成习惯为终身体育打好基础

图 6-14

六、领会式体育教学模式

（一）领会式体育教学模式的概念

领会式体育教学模式，是一种为了促进学生对体育学习领悟的教学模式，具体来说，这一教学模式对场地设施条件有一定要求，以此来有效保证学生对运动技术的学习和体会，调动其学习积极性，提高其学习效果。

（二）领会式体育教学模式的实操环节

领会式体育教学模式的操作程序如图 6-15 所示。

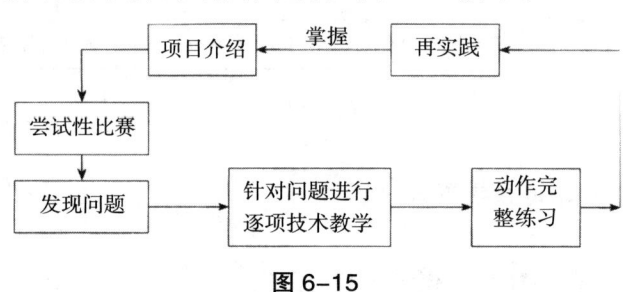

项目介绍 ← 掌握 ← 再实践 ← ↓ 尝试性比赛 → 发现问题 → 针对问题进行逐项技术教学 → 动作完整练习 ↑

图 6-15

例如，在篮球课上传授行进间运球上篮技术时，可实施该模式，具体实践操作的流程如图 6-16 所示。

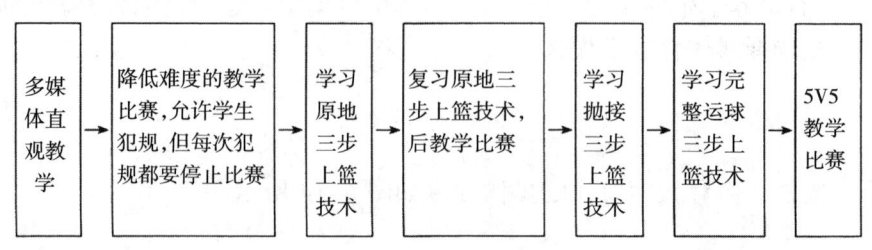

多媒体直观教学 → 降低难度的教学比赛，允许学生犯规，但每次犯规都要停止比赛 → 学习原地三步上篮技术 → 复习原地三步上篮技术，后教学比赛 → 学习抛接三步上篮技术 → 学习完整运球三步上篮技术 → 5V5 教学比赛

图 6-16

第六章　体育教学模式的改革创新

七、成功式体育教学模式

（一）成功式体育教学模式的概念

成功式体育教学模式，是指让学生对成功进行体验而采用的一种教学模式，具体来说，这种教学模式的运用，首先需要教师发挥出积极的指导作用，引导学生自己去设计适合自己学习能力的学习目标，并且帮助学生通过努力学习来达成目标，这对于学生树立自信，体验成功，进而完成更高层次的目标是非常有帮助的。

（二）成功式体育教学模式的实操环节

成功式体育教学模式在体育教学实践中的具体操作程序如图6-17所示。

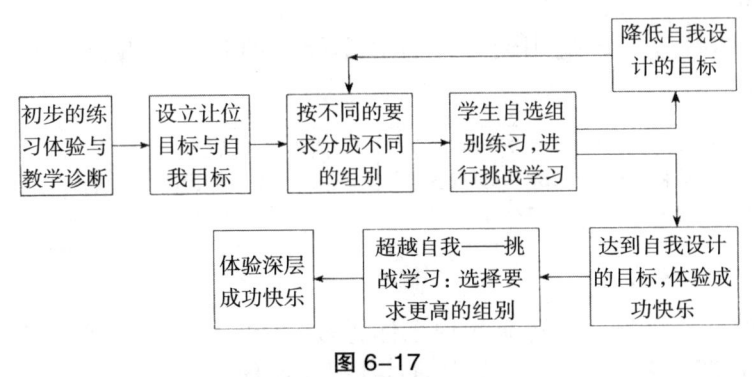

图 6-17

例如，在田径跨栏跑教学中为提高教学效果可采用该模式，操作流程如图 6-18 所示。

八、快乐体育教学模式

（一）快乐体育教学模式的概念

快乐体育教学模式，就是让学生在快乐的氛围中去进行体育学习，这种教学模式是以运动为基本手段，采用合适的教学方法，促进学生体能增强。

图 6-18

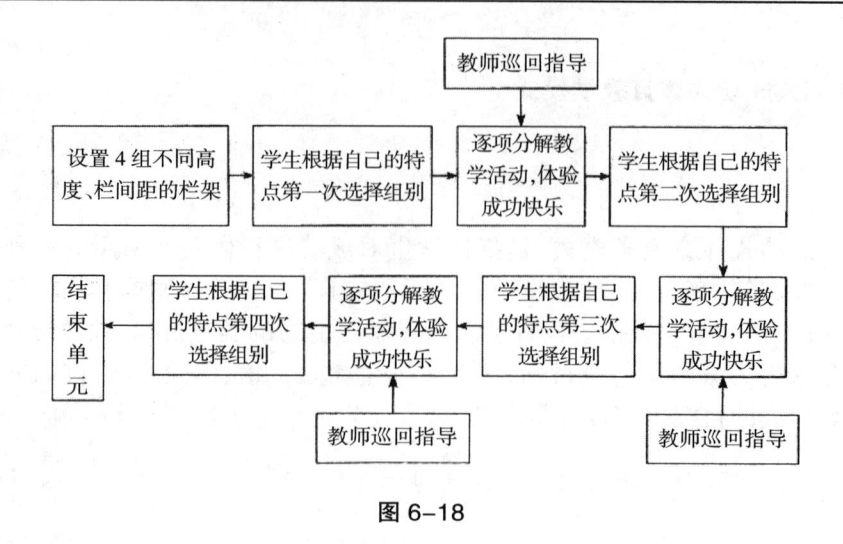

(二)快乐体育教学模式的实操环节

在体育教学中运用快乐体育教学模式的具体实践操作流程如图 6-19 所示。

图 6-19

例如,在体能课上可采用快乐体育教学模式,图 6-20 所示的是该模式在"鱼跃前滚翻"动作教学中的具体操作流程。

九、其他体育教学模式

(一)"三元一体"教学模式

所谓的"三元"教学,即为网络教学、课堂教学、正式比赛,所谓的"一体"即体育学习共同体,共同组成了"三元一体"体育教学模式。该模式的理论框架如图 6-21 所示。

第六章 体育教学模式的改革创新

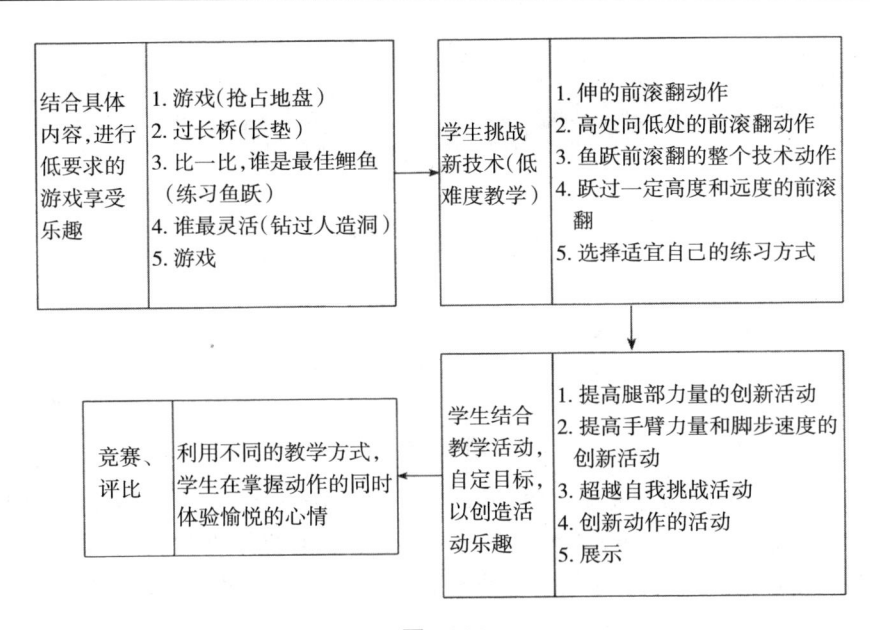

结合具体内容，进行低要求的游戏享受乐趣	1. 游戏(抢占地盘) 2. 过长桥(长垫) 3. 比一比，谁是最佳鲤鱼（练习鱼跃） 4. 谁最灵活(钻过人造洞) 5. 游戏

学生挑战新技术（低难度教学）	1. 伸的前滚翻动作 2. 高处向低处的前滚翻动作 3. 鱼跃前滚翻的整个技术动作 4. 跃过一定高度和远度的前滚翻 5. 选择适宜自己的练习方式

竞赛、评比	利用不同的教学方式，学生在掌握动作的同时体验愉悦的心情

学生结合教学活动，自定目标，以创造活动乐趣	1. 提高腿部力量的创新活动 2. 提高手臂力量和脚步速度的创新活动 3. 超越自我挑战活动 4. 创新动作的活动 5. 展示

图 6-20

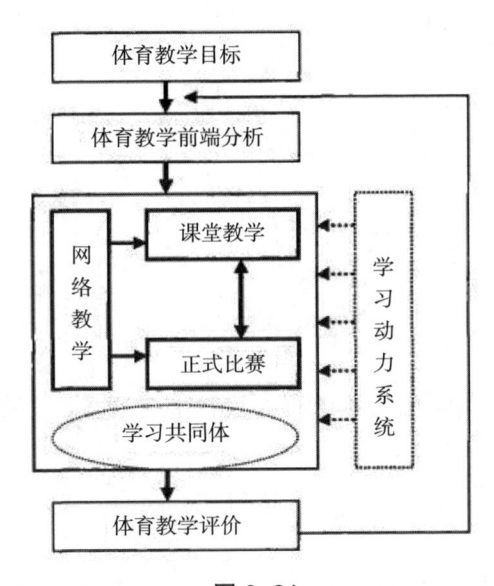

图 6-21

图 6-22 直观地反映了网络教学在学生运动技能形成中所发挥的重要作用。

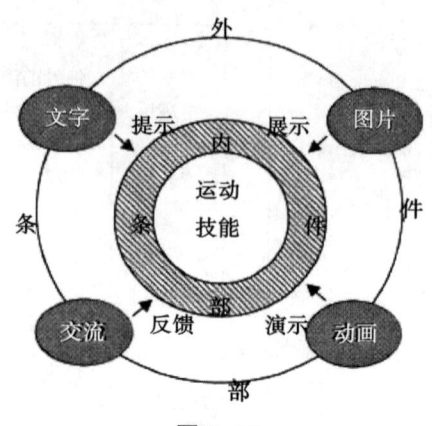

图 6-22

"三元一体"教学模式中的正式比赛多安排在课外,利用第二课堂组织比赛,与课堂教学、网络教学密切联系,使学生获得更完善的学习条件和更可靠的学习平台,使学生运动技能的形成更有保障,如图 6-23 所示。

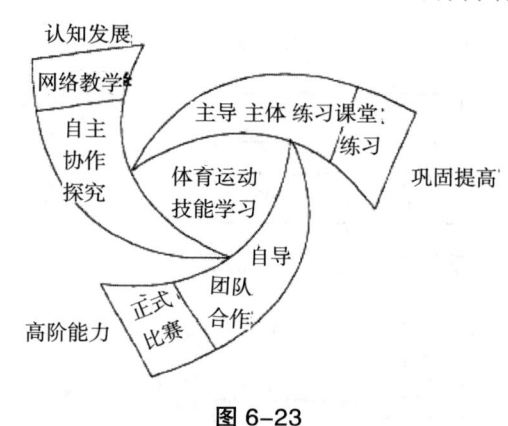

图 6-23

在体育网络教学中,网络课程的设计非常重要,以篮球教学为例,其运用结构如图 6-24 所示。

(二)"结构—定向"教学模式

"结构—定向"教学模式是在"结构—定向"教学理论的基础上发展而来的。具体来说,所谓的结构化教学,指的是以促进学生"发生预期变化"及促进学生心理发展为目的的教学,这种教学的实施,要以"构建学生的心理结构"为中心才能实现。

学生的心理结构也会影响体育教学的最终效果,以学生的心理结构形成规律、特点为依据开展定向教学工作,以定向培养学生,从而使教学

第六章　体育教学模式的改革创新

效果得以提高的教学过程，就是所谓的定向化教学。这一观点在体育教学中主要表现为学生在技术动作学习中认知结构和动作技能的形成过程（图 6-25）。

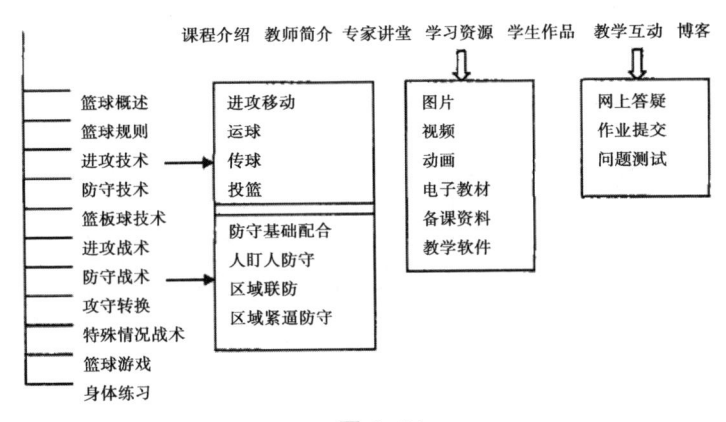

图 6-24

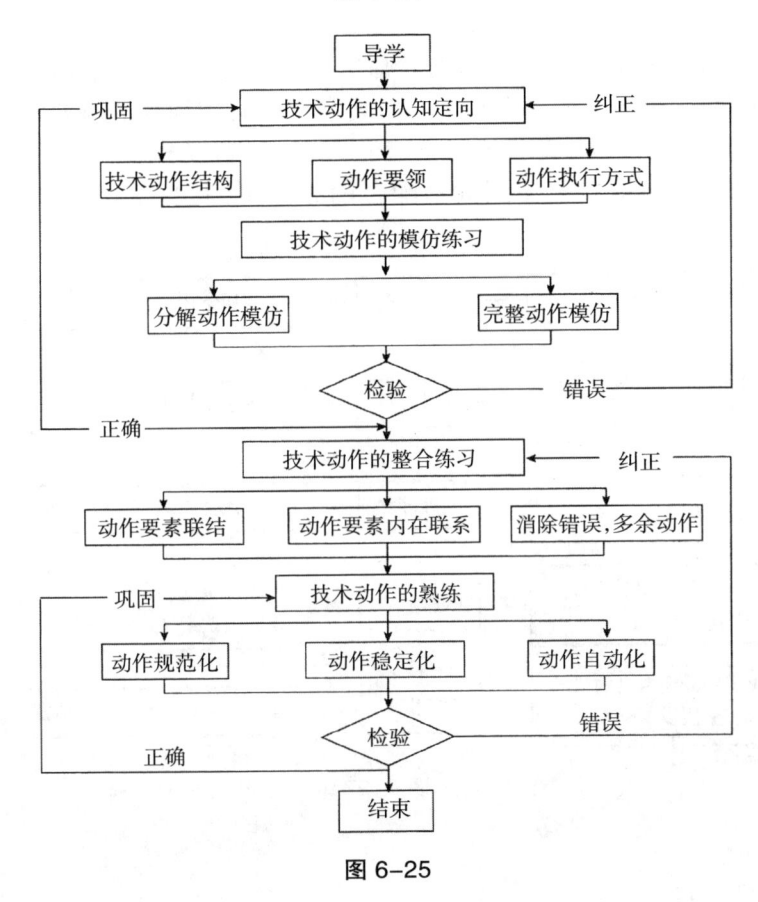

图 6-25

"结构—定向"教学理论对体育教学具有重要的指导作用,相应模式的教学程序如图6-26所示。

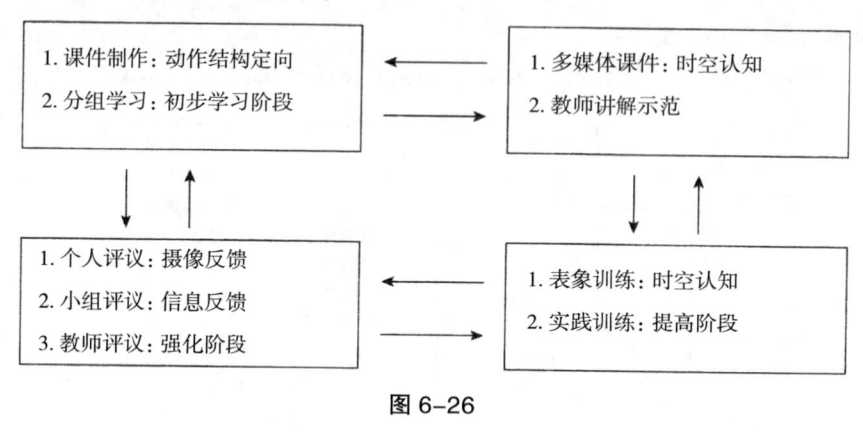

```
1. 课件制作:动作结构定向          1. 多媒体课件:时空认知
2. 分组学习:初步学习阶段    ←──   2. 教师讲解示范
         ↓                              ↑
1. 个人评议:摄像反馈              1. 表象训练:时空认知
2. 小组评议:信息反馈        ←──   2. 实践训练:提高阶段
3. 教师评议:强化阶段
```

图6-26

(三)案例学习体育教学模式

案例学习体育教学模式是指教师选择与实施典型的体育教学内容和体育教学方式,使学生从个别到一般地掌握带有规律性的体育知识与技能,同时在这一过程中培养学生学习能力的一种教学模式。

例如,将该模式运用到战术配合的教学中,其教学程序如图6-27所示。

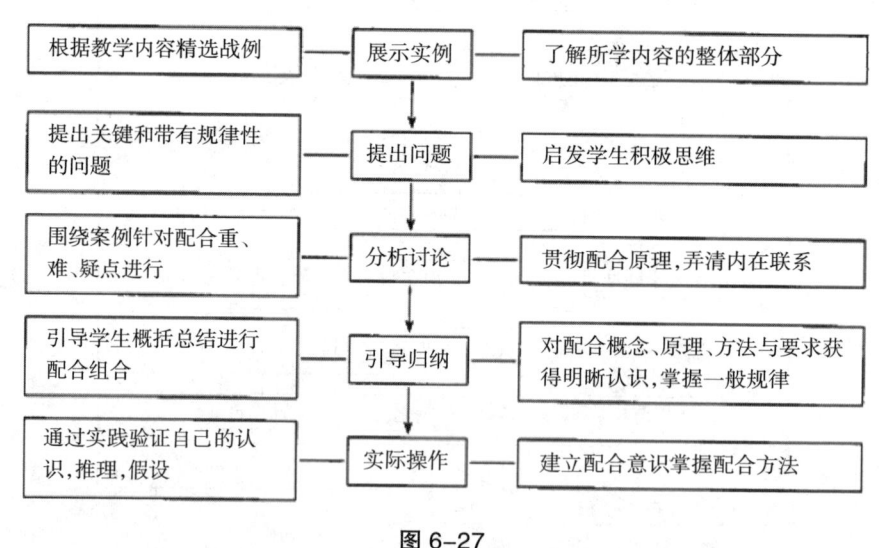

```
根据教学内容精选战例    →  展示实例   →  了解所学内容的整体部分
                               ↓
提出关键和带有规律性的问题 →  提出问题   →  启发学生积极思维
                               ↓
围绕案例针对配合重、难、疑点进行 → 分析讨论 → 贯彻配合原理,弄清内在联系
                               ↓
引导学生概括总结进行配合组合 → 引导归纳 → 对配合概念、原理、方法与要求获得明晰认识,掌握一般规律
                               ↓
通过实践验证自己的认识,推理,假设 → 实际操作 → 建立配合意识掌握配合方法
```

图6-27

第六章 体育教学模式的改革创新

(四)运动教育模式

运动教育模式,简单来说,就是以运动的形式来促进学生体验的一种教育模式,具体来说,这一教育模式的指导思想为游戏理论、团队学习理论、情景学习理论等,通过教师指导作用的发挥,来实施体育教学的设计和组织工作,采用合作学习和同伴学习的学习方法,固定分组、角色扮演等组织形式,在整个教学过程中以比赛为主线,给不同运动水平的学生提供真实丰富的运动体验的教育模式。[①]

运动教育模式的基本特征如图 6-28 所示。

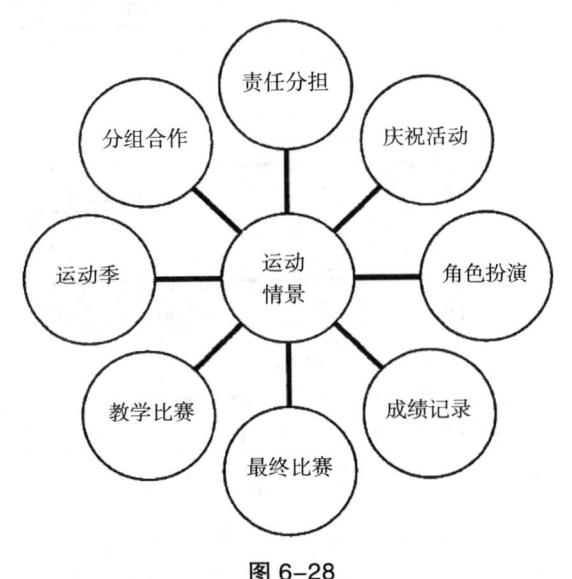

图 6-28

在体育教学中运用运动教育模式的教学程序如图 6-29 所示。

传统体育教学模式是按教学单元实施教学的,而在运动教育模式的实施中,传统意义上的教学单元被由季前期、季中期和决赛期三个阶段组成的"运动季"取代。这三个阶段的教学工作如图 6-30 所示。

随着体育教学改革的不断深入,运动教育模式在体育教学尤其是球类运动教学中得到了广泛的应用。以网球教学为例,该模式的实践操作程序参考图 6-31。

---

① 马冬.运动教育模式在普通高校网球课教学中的应用研究[D].山东体育学院,2012.

图 6-29

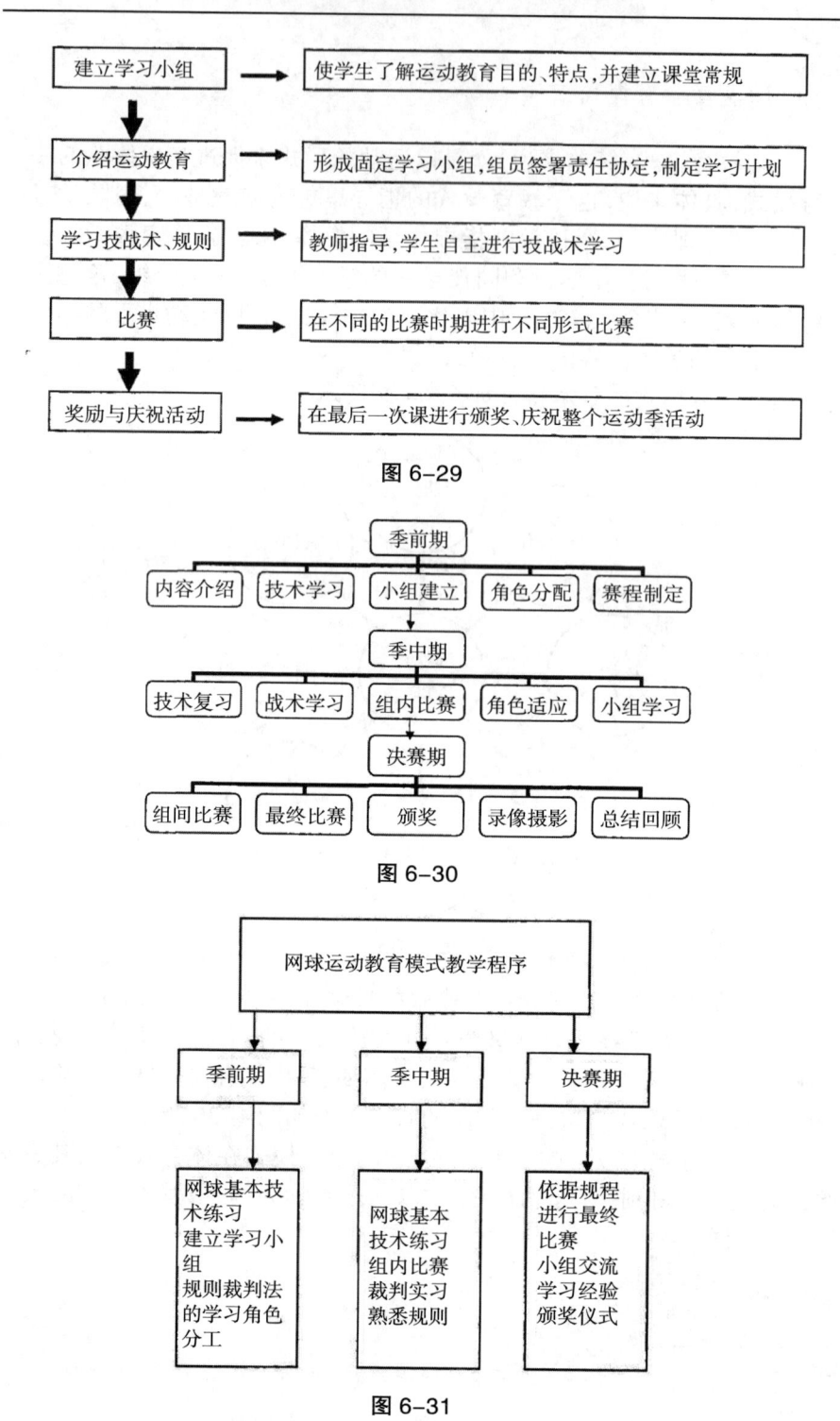

图 6-30

图 6-31

第三节　体育教学模式的未来发展走向

一、理论研究的精细化发展走向

体育教学模式要在实践运用中取得可喜的成果,就必须从理论层面对其进行科学研究与改革创新,从而不断完善教学模式的理论体系,更好地指导教学模式在教学实践中的运用。在加强理论研究的同时,还要从实践层面深入革新,并在这个过程中将理论研究成果融入其中,检验理论研究成果的科学性、实效性,如此才能为继续全面而深入地研究体育教学模式的相关理论提供现实依据。

随着体育教学改革的不断深入,对体育教学模式提出了更高的要求,相应地,体育教学模式的理论研究也要不断深入,并向着精细的方向优化改革。课时体育教学模式、单元体育教学模式等类似的体育教学模式的理论研究成果的出现及应用都充分体现了体育教学模式理论研究的精细化发展方向及趋势。

二、教学形式的综合化发展走向

体育教学模式大都是针对课堂教学而设计的,而且体育教学模式的相关研究也基本集中在课堂教学这个主题上,但我们必须认清一个现实,即课堂教学时间有限,教师难以做到一一指导,学生要在时间有限的课堂上熟练掌握运动技能是有一定难度的,即使掌握了技能,也很难达到运动技能形成的最后一个阶段,即自动化阶段。针对这一客观事实,必须将课外教学模式运用到体育教学中,并将其与课堂教学模式有机结合起来,构成一体化教学模式,这也体现了体育教学形式的创新。当前已有很多体育教育工作者认识到了课外体育教学模式作为体育课堂教学的补充的重要性,并着手开展丰富多彩的课外体育活动,与体育课堂教学相呼应,这个发展趋势将在未来一段时间内长期存在。

三、教学目标的情意化发展走向

学生的体育学习效果如何,与其个人的智力因素有着很大的关系,学生的智力因素从很大程度上决定着其学习效果和综合发展,但不能说智力因素完全决定学生的学习成果,因为还有一类非智力因素在发挥作用,而该因素在传统体育教学中并未得到教师与学生的重视。这也是部分学生虽然智力水平高,但学习成果却不能令人满意,无法实现全面综合发展的一个重要原因。鉴于此,学校体育教育工作者深入改革体育教学目标,并将学生非智力因素的发展融入到新的教学目标体系中,从而引起体育教师对学生非智力因素培养的重视,也引起学生对自己非智力因素的关注,促进学生智力因素与非智力因素的全面发展。关注学生非智力因素的体育教学目标呈现出了情意化的发展趋势,要求在体育教育中不仅注重知识教育、技能教育,还要注重培养学生的道德品质,完善学生的人格,丰富学生的情感。

四、教学实践的现代化发展走向

现代体育教学模式包含一系列具体的操作环节,各个教学环节的实施必然会用到相应的教学手段,其中多媒体教学手段在体育教学模式的实践操作中得到了普遍的应用,发挥了非常重要的作用,也大大提高了体育教学模式的实施效率,优化了体育教学效果。

现代教育技术的重要性及影响力非常大,其在现代化体育教育领域的应用极大地推动了体育教学模式的更新与优化,促进了体育教学实践效果的提升。

第四节 体育教学模式的优化与发展创新

一、体育教学模式优化创新的策略

针对体育教学模式的多元化发展,可针对性地提出相应的优化改革与创新措施,具体可以从以下几个方面着手进行。

(一)大力培养学生的综合能力

现代体育教学不仅要增强学生的体质,丰富学生的体育知识,提高学生的运动技能,使学生具备良好的体育素养,同时还要培养学生其他方面的品质与能力,这是由竞争日趋激烈的现代社会的发展所决定的,也是不断普及的素质教育理念和终身教育理念的要求。如果学生在体育学习中

第六章 体育教学模式的改革创新

只满足于学习体育知识和掌握运动技能,而不注重自身非智力因素的发展,那么学生将无法适应现代社会的发展趋势。为了学生的长远发展,体育教学必须加强对学生综合素养的培养,这也为体育教学模式的优化与革新提供了明确的方向。

（二）推动演绎型教学模式的更新与发展

从理论假设开始、形成于演绎的演绎教学模式的构建是基于一定科学理论基础的。运用该模式进行体育教学,要求体育教育工作者自觉在科学教学理论的指导下开展具体教学工作,而且体育教师也要围绕该模式对应的教学目标而组织开展体育课堂教学的各个环节,以顺利实现预期的教学目标。随着体育教学理论研究越来越全面、深入、精细,演绎型的体育教学模式也要不断更新、优化,以适应教学理论研究的变化趋势。

（三）注重体育教学设计

体育教学要保证其科学性和合理性,必要的设计是非常重要的,由此,能将学校、学生、社会需求等方面有机结合起来,从整体上进行规划和设计,学校的资源优势也能得到最大程度的利用和作用发挥,为学生营造良好的学习环境与氛围。

在体育教学设计中,现代网络科技信息平台的开发与运用所起到的作用越来越显著,提高教师的教学创造力与学生的自主学习能力,使学生在现代化教学平台上选择自己感兴趣的教学内容和喜欢的教师,甚至上课时间也可以自主选择,充分发挥学生的主体作用,尊重学生的选择,使学生的自主学习需求得到最大程度的满足。

（四）注重体育教学模式实施效果的评价

体育教学模式是否科学有效,从其实施效果中体现出来,因此要注重对体育教学模式的科学评价,了解其实施效果,以便不断优化改善,完善体育教学模式,进一步发挥其促进体育教学发展的积极作用。评价体育教学模式的实施效果,需注意将定量评价与定性评价密切结合起来。不同的教学模式对应的教学目标有所区别,评价体育教学模式的实施效果,应清楚各类模式对应的目标,从而设计相应的评价目标,体育教学模式评价目标如图 6-32 所示。

体育教学模式评价目标
├─ 运动技能类教学模式评价主要目标
│   ├─ 传统运动技能教学模式一级评价目标：运动技能目标、运动参与目标、身体健康目标
│   ├─ 启发式体育教学模式一级评价目标：运动技能目标、运动参与目标、情感体验目标、智力发展目标
│   ├─ 领会式教学模式一级评价目标：运动技能目标、运动参与目标、运动认知目标
│   ├─ 成功体育教学模式一级评价目标：运动技能目标、运动参与目标、个体情感体验目标、社会适应目标
│   ├─ 选择性式教学模式一级评价目标：专项运动技能目标、运动参与目标、身心健康
│   └─ 小群体教学模式一级评价目标：运动技能目标、运动参与目标、合作学习目标、相互竞争能力目标、社会适应目标
└─ 非运动技能类教学模式（介绍、尝试类教学模式）评价主要目标
    ├─ 快乐体育教学模式一级评价目标：运动参与目标、情感体验、身体健康目标
    ├─ 体育锻炼类教学模式一级评价目标：身体素质发展目标、运动参与目标
    ├─ 情景式教学模式一级评价目标：运动参与目标、身体健康目标
    └─ 发展学生主动性教学模式一级评价目标：运动参与目标、参与教学能力目标、配合学习能力目标

图 6-32

体育教学模式实施效果的评价中有多级评价指标，不同指标对应的评价内容、评价方法各不相同。常见教学目标对应的评价方法见表 6-2。

表 6-2　体育教学模式实施效果的评价方法

目标指向	评价方法
认知目标	问卷法 测验作业法等
运动技术目标	观测技评法
情感目标、运动参与目标	教学观察法 谈话法 问卷调查法等

二、创新体育教学模式的构建程序

从整体上来说，构建创新型的体育教学模式要遵从的基本步骤如图 6-33 所示。

第六章 体育教学模式的改革创新

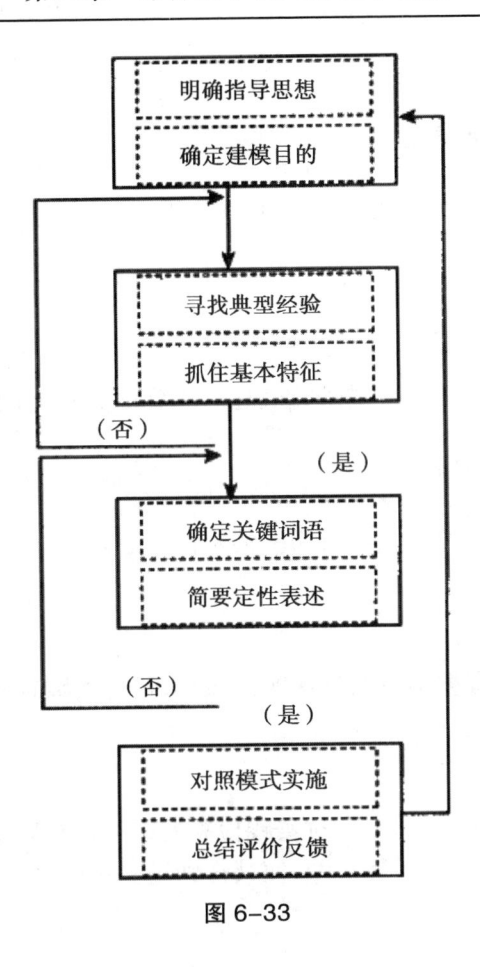

```
┌─────────────┐
│ 明确指导思想 │◄──────┐
│ 确定建模目的 │       │
└──────┬──────┘       │
       ▼              │
┌─────────────┐       │
│ 寻找典型经验 │       │
│ 抓住基本特征 │       │
└──────┬──────┘       │
  (否) │ (是)         │
       ▼              │
┌─────────────┐       │
│ 确定关键词语 │       │
│ 简要定性表述 │       │
└──────┬──────┘       │
  (否) │ (是)         │
       ▼              │
┌─────────────┐       │
│ 对照模式实施 │       │
│ 总结评价反馈 │───────┘
└─────────────┘
```

图 6-33

（一）明确指导思想

体育教学模式的构建，首先要明确的一点就是选择用什么教学思想作为指导和依据，将主题思想突出出来，并且奠定科学、坚实的理论基础。

（二）确定建模目的

体育教学模式的目的，对体育教学模式的开展与实施有重要的导向作用。

（三）寻找典型经验

在将指导思想和目的确定下来之后，就需要通过调查研究，寻找恰当的典型经验或原型作为教学案例，注意所选择的案例要与模式构建思想与目的相符。

（四）抓住基本特征

运用模式方法来对教学案例加以分析，并且科学概括教学案例的基本特征与教学的基本过程。

（五）确定关键词语

将对这一体育教学模式进行表述所用到的关键词确定下来。

（六）简要定性表述

对这一体育教学模式进行简要的定性表述。

（七）对照模式实施

对照这一体育教学模式具体实践教学，进行实践检验。

（八）总结评价反馈

通过体育教学实践验证，对实践检验的结果进行归纳总结，通过初步实践调整修正模式，并反复实践，使其得到进一步的完善。

第七章　体育教学评价的改革创新

在当今时代背景下,体育教学也顺应学校教育改革的形势在各个方面都做出了明显的改变。其中体育教学评价的改革也是重要内容之一。加强体育教学评价的改革与发展尤为重要。本章就在阐述体育教学评价基本理论的基础上,重点研究与探讨体育教学评价如何创新与发展。

第一节　体育教学评价理论体系

一、体育教学评价的概念

要想弄清楚体育教学评价的概念,首先要对评价、教学评价有所了解。

关于"评价",《辞海》中所作出的解释为"衡量人或事物的价值"。教学评价则是以教学目标为依据,来对教学过程及结果进行价值判断并为教学决策服务的活动。

某种意义上来说,对教学评价的概念的界定,是教学评价实际工作中需要解决的一个重要问题。对教学评价概念的理解,不仅对教学评价的建立起到决定性的影响,而且还会在很大程度上影响到教学评价实践。

可以说,教学评价是研究教师的教和学生的学的价值的过程。通常,教学评价包含两个核心环节:一个是对教师教学工作(教学设计、组织、实施等)的评价——教师教学评估(课堂、课外);一个是对学生学习效果的评价——考试与测验。

由此,可以将体育教学评价的概念界定为:是指把体育教学系统作为客观存在的认识对象,在教学分析的基础上,依据一定的标准对其进行相应的价值判断。它主要包括对体育教师教的评价和对学生体育学习的评价两个方面。

对于体育课程而言,体育课程教学评价的实质是以学生体育教学为对象,按照一定的教学目标,运用科学可行的评价方法,依据相应的评价标准,对体育教学过程和体育教学成果给予价值上的判断,为了达到改进教学的目的,提高教学质量提供可靠的信息和科学依据,最终促进学生的全面发展。

二、体育教学评价的划分

体育教学评价通常是可以进行以下划分的(图7-1)。

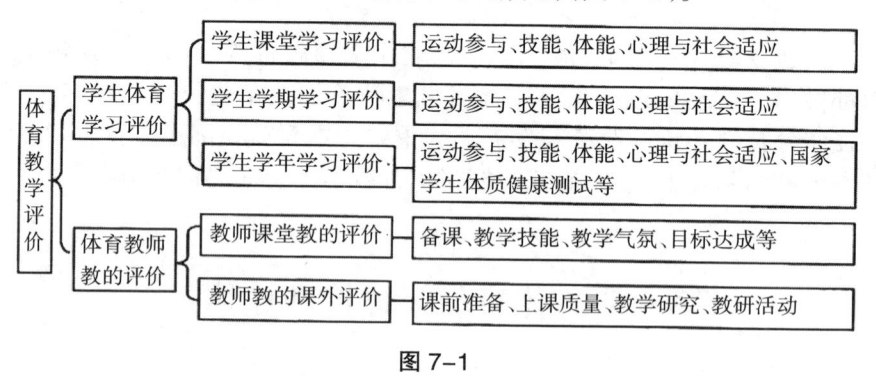

```
体育教学评价 ┬─ 学生体育学习评价 ┬─ 学生课堂学习评价 ── 运动参与、技能、体能、心理与社会适应
            │                  ├─ 学生学期学习评价 ── 运动参与、技能、体能、心理与社会适应
            │                  └─ 学生学年学习评价 ── 运动参与、技能、体能、心理与社会适应、国家学生体质健康测试等
            └─ 体育教师教的评价 ┬─ 教师课堂教的评价 ── 备课、教学技能、教学气氛、目标达成等
                               └─ 教师教的课外评价 ── 课前准备、上课质量、教学研究、教研活动
```

图7-1

三、体育教学评价的原则

(一)全面系统性原则

全面系统性原则,就是要求在体育教学评价过程中,要对教师教学进行评价的同时,也对学生学习进行评价,确保师生双边教学评价的全面性。其次,要对师生进行各方面、多角度、全方位的评价。而要使评价做到全面、科学,必须把定性评价和定量评价综合起来,相互参照,同时要把握评价指标的主次,区分评价指标的轻重,抓住主要评价指标的矛盾等。除此之外,为了确保所获得的评价结果是正确的,则必须针对同一评价对象的样本行为进行多次的评价,才能得出比较正确的评价结果。单独一次的评价结果必定会存在一定的误差,信度、效度都不高。经过多次评价后,误差将逐渐减少,使多次评价结果的平均数更接近真实的结果,最终获得一个接近正确的评价结果。

(二)客观科学性原则

客观科学性原则,就是要求在体育教学评价过程中,不管是测量标准,还是测量方法、测量手段、测量形式、测量态度、测量工具、测量结果

第七章　体育教学评价的改革创新

等,都要做到与客观实际的要求相符,确定合理、统一的评价标准,尽量从教师与学生两个方面做到教学指标体系的科学性与客观性,认真研究、编制、预试、修订评价指标,将定性评价与定量评价相结合,需要强调的是,在评价过程中不能主观臆断或掺入个人情感。

最后需要注意的是,体育教学评价是为了给学生的学和教师的教以客观的价值判断,如果缺乏客观性与科学性,那么进行体育教学评价的意义与价值就不存在了。

(三) 公正公开性原则

公正公开性原则,就是要求在进行体育教学评价之前就将各项评价指标、内容、方法等确定下来,并使评价者与被评价者对评价体系有一个全面的了解与认识,引导师生努力遵循教学评价标准,有导向性地做好评价前的各项工作;在评价之后要公开教学评价的各项成绩,有一段时间的公示期,在公示期内接受群众的来访与举报,以杜绝评价过程中的不正当行为。可以说,公正公开性原则,是体育教学评价保持客观和科学的重要前提。

(四) 个体差异性原则

学生在体育教学发展中是重要的主体。每个学生受遗传因素、生存环境及自身努力程度等方面的影响,使得他们在身体素质、运动能力、心理素质等方面都有着较大的个体差异性特点,这是客观存在的。鉴于此,就要求采用不同的体育教学评价标准,并且在具体的应用时要根据学生年级的不同而有所变化,对同一年级的不同班级学生和同一班级的不同学生也应持有不同的评价标准,这样才能对体育教学评价目标的实现起到促进作用,也才能对各类学生的进步起到激励作用,将每个学生的潜能尽可能地挖掘出来,使他们自觉地沿着不同的成长轨迹不断地发展。

(五) 指导督促性原则

指导督促性原则,就是要求在体育教学评价过程中,要把评价工作和指导督促教学实际工作结合起来进行。体育教学评价的最终目的是指导具体的教学实践工作。

为了更好地利用体育教学评价结果来达到改进教学效果的目的,就要求教师应在体育教学评价之后,以体育教学目标或学生的学习内容为依据,来对学生的学习方法以及兴趣加以分析,并且将学生学习的优缺点确定下来,从而为有的放矢地制订学习辅导策略,确保学生的学习效果达到预期的教学目标提供相应的便利。

四、体育教学评价的功能

体育教学评价在体育教学中有着重要意义,其意义的重要方面就在于其显著的功能性,具体表现在以下几个方面。

(一)导向与激励功能

体育教学评价的开展与实施,是需要一定的依据的,而这一依据就来源于体育教学目标具体化目标的达成程度。一般来说,如果顺利达成,那么体育教学效果所获得的评价就比较高,也正是因为如此,才赋予了体育教学评价一定的激励功能;如果没有达成,那么就需要深挖影响效果的各个因素,分析原因与对策。因此,体育教学评价对于各级各类学校端正教学指导思想和办学方向是非常有帮助的。此外,从学生的角度来说,体育教学评价对于学生学习动机与动力也起到积极的激励作用。研究表明,对学生进行目标设置与成绩测验,可有效地激发并调动学生的学习兴趣,推动课堂学习。

(二)反馈和指导功能

通过体育教学评价所得出的结果,能够反映出体育教师教学和学生学习的效果,然后以此为依据,来对体育教学活动的进一步开展起到积极的指导作用。从心理学的角度来说,要想实现理想的既定目标,就必须通过反馈信息来对自身的行为加以调节和调整。因此,在体育教学过程中,如果体育教师能够及时获得教的方面评价的反馈信息,就能及时地反思自己的教学准备与教学实施,发现在教学目标设置、教学方法、教学手段、教学策略、教学智慧、运动负荷、练习密度、教学组织与管理等方面的优点与存在的问题,为下一步的教学调整做准备,从而为改进教学提供依据。对于学生来说,如果能够及时获得学的方面评价的反馈信息,就能加深促进学生对自己体育学习状况的了解,明确学生自己在体育学习方面的优势与问题,为调整自身的学习目标、学习动机、学习策略、学习方法提供依据。

第七章 体育教学评价的改革创新

（三）榜样与竞争功能

体育教学评价在体育教学中能够起到有效调动教师与学生积极性的重要作用，这一点是毋庸置疑的。于教师而言，适时地、客观地评价体育教师的教学工作，有助于优秀教师的评选，这就形成了一个良性循环的榜样机制，对于体育教师的加速成才是有帮助的。于学生而言，教师对学生通过即时评价，特别是良性的评价，对于学生榜样的树立有积极影响，能将其显著的榜样示范作用充分发挥出来。因此，教师经常表扬、反馈、评价、激励、测试学生的学习结果是非常重要的，可以极大地提高学生学习的积极性和学习效果。

第二节 当前常见的体育教学评价手段及利用

在素质教育发展的背景下，观察、问卷和测验等是几种较为常用的教学评价手段，这几种评价手段都有着不同的适用范围，需要根据具体的实际情况合理地选择。

一、观察评价手段

观察是指通过对评价对象有目的、细致的观察，从而能获得大量的评价资料。这一评价手段能为评价者提供真实客观的依据。例如，在平时的体育教学中，体育教师要想更好地了解学生的学习态度、学习情况，就需要深入学生之中进行实地观察，充分了解每一名学生的学习特点与学习水平，这样才能为体育教学评价提供真实客观的事实依据。

通过观察手段的利用，评价者能获得评价对象的丰富的心理活动状态资料，从而为评价活动提供客观真实的依据。由此可见，这一评价手段非常重要，需要体育教师掌握和利用好。

二、问卷评价手段

在学校体育教学评价中，问卷评价手段也较为常用。这一评价手段是指体育教学评价的主评人员利用书面形式向被调查者提出预先设计好的问题，要求被调查者回答问卷中的各项问题，最终获得评价信息的手段。问卷这一评价手段主要是通过书面形式获取信息和资料的，评价者在制定问卷时一定要本着客观实际的原则进行,指定的问卷一定要具有可操作性,这样便于评价活动的顺利进行。

在素质教育背景下,问卷这一评价手段得到了广泛的利用,这一评价手段主要表现在以下三个方面的特征。

第一,评价人员的隐蔽性,问卷这一手段能很好地隐藏评价人员的信息,从而能确保调查信息的真实性和客观性。

第二,问卷取样的广泛性,问卷这一手段能有效提高获取信息的效率,同时还有取样广泛性的特点,由于取样范围较广,因此得到的数据就更加具有代表性。

第三,问卷这一评价手段还具有时间范围可调节性的重要特点,便于评价者进行实时的调整,有利于评价活动的顺利开展。

三、测验评价手段

测验也是一种重要的教学评价手段。这一评价手段主要是利用考试、技评以及达标等途径,全面搜集学生的体育学习态度、体育学习行为的综合结果的重要途径。同时,测验也是一种有组织、有计划、有针对性的获取大量的评价信息和资料的评价手段。在素质教育背景下,这一评价手段得到了广泛的利用。

(一)体育理论知识的测验

体育教学内容体系非常丰富,学生不仅要学习体育运动技术,还要学习体育常识、体育文化知识、竞赛规则、运动卫生等各方面的知识。在对学生进行测验时,要全面地评定学生灵活运用知识的能力。

(二)身体素质测验

身体素质主要包括速度素质、力量素质、耐力素质、灵敏素质以及柔韧素质等多方面的素质。这几项素质的发展非常重要。在具体的体育教学过程中,身体素质的测验是必不可少的一个环节,做好身体素质的测验十分重要。

(三)运动技术的测验

运动技术测验也是体育教学评价的重要内容。在体育教学中,少不

第七章　体育教学评价的改革创新

了技术动作的习练,不论是一般技术动作的习练还是专项技术动作的习练,学生都要熟练掌握,并通过反复不断的练习提高运动水平。运动技术测验就是指依据技术动作的基本规格,准确客观地测评学生的技术动作状况。通常情况下,这一测验手段主要包括以客观测量数据为主要依据的客观测验和技术动作质量的技术评定两种形式。在具体的体育教学评价中,可以结合起来使用,通常能获得不错的评价效果。

（四）体育情感行为测验

人具有各种各样的情感,针对不同的情境,人都会表现出不同的情感行为反应。一般情况下,人的情感行为主要包括兴趣、态度、动机、个性以及群体行为等各方面的内容。体育教学在一定程度上会受到参与者情感行为的影响,同时体育教学也能够作用于人的情感行为。因此,对学生的体育情感行为进行测验也是尤为重要的。

以上几种教学评价手段都是在体育教学评价中比较常用的,体育教师可以依据自身的能力,结合学校具体实际合理地选择与运用这几种评价手段。

第三节　体育教学中的师生评价

一、体育教师教学评价

（一）体育教师基本素质的评价

体育教师在体育教学中扮演着十分重要的角色,理应受到高度重视。作为一名合格的体育教师,一定要在平时注意提高自己的综合素质。通常来说,这些综合素质主要包括政治素质、知识结构素质、能力结构素质等多个方面,一定要在平时的教学过程中加强这几项素质的培养和提高。

（二）对体育教师课堂教学的评价

1. 体育教师课堂教学的评价指标

关于体育教师课堂教学的评价方案很多，这里我们有代表性地选择了有关体育课堂教学评价的几个量表，来加以分析并参考（表7-1、表7-2、表7-3）。

表7-1 体育教师课堂教学评价指标[①]

一级指标	二级指标	权重	赋分
教学目标（10分）	（1）预设的符合程度 （2）可操作性 （3）教学准备 （4）课堂结构	6 4 6 6	
教学过程（30分）	（5）学习资源的处理 （6）过程调控的有效性 （7）运动参与的程度 （8）学练环境的创设 （9）对知识、技术的理解运用	6 6 6 6 6	
教学方法（30分）	（10）因材施教 （11）互动对话 （12）学习指导的范围和有效性	6 6 6	
教学效果（12分）	（13）目标达成度 （14）学生的情感体验 （15）教育思想与理念	6 6 6	
教师素质（18分）	（16）教学语言 （17）教学情感	6 6	
教学特色		5	
评价结果听课感受累加分值等级			

[①] 李启迪，邵伟德. 体育教学基本理论研究 [M]. 北京：北京师范大学出版社，2014.

第七章 体育教学评价的改革创新

表 7-2 体育课堂教学评价指标(同行、专家、领导)[1]

序号	评价项目	评价标准	权重	A	B	C	D	得分
1	场地器材准备	课前认真检查场地器材,符合安全要求,器材准备有条不紊,便于教学顺利进行	7	7	6	5	3	
2	教案课堂	教学任务明确,符合实际,符合体育教学原则,重点、难点突出	8	8	6	4	2	
3	教学纪律与准备活动	课堂遵守教学纪律,无迟到、早退、接听手机、脱岗等现象;上课时不进行与教学无关的任何活动	6	6	5	4	2	
		准备活动充分,并与教学内容很好结合,形式活泼,适合学生生理、心理状况	10	10	8	6	4	
4	讲解示范	语言精练,通俗易懂,内容正确,富于启发性,示范正确、熟练、完美	15	15	13	10	7	
5	组织教法	组织严密、合理,教学手段、方法符合体育教学原则,教法具有新意	15	15	13	10	7	
6	课的密度负荷	合理运用各种活动时间,密度及运动负荷符合人体生理机能活动变化规律,符合学生实际情况	10	10	8	6	4	
7	掌握"三基"情况	发挥体育教育作用,学生能学到体育知识、技术及技能,能增进学生对体育的爱好,提高对体育教学的认识	8	8	6	4	2	
8	运动效果	利于学生身心健康,利于体质增强和身体素质的提高	8	8	6	4	2	
9	整理活动	具有实效,活泼轻快,有利于学生疲劳的恢复	8	8	6	4	2	
10	总评	能及时指出课中的优点和不足,并提出改进意见,课外活动有布置,并有针对性		5	4	3	2	
	合计							

---

[1] 李启迪,邵伟德.体育教学基本理论研究[M].北京:北京师范大学出版社,2014.

表 7-3　体育课堂教学评价项目参考[①]

一级指标	二级指标	三级指标（参考点）
教学预设	目标定位明确	（1）符合课程标准要求和学生年龄身心特征、认知基础 （2）着眼学生知识、技能、体能、情感、态度和习惯养成 （3）符合生活实际，拓展学习视野 （4）定位准确，表述具体，易测量
教学预设	内容设定科学	（1）内容选择与开发符合课程性质，符合学生实际和需要，有利于激发学生运动兴趣和增强体能，有利于形成终身体育意识 （2）内容安排得当、分量适中 （3）教学重点与难点定位得当 （4）教学环节布局合理，衔接自然 （5）注重学练方法的适时渗透和价值观的形成
教学预设	资源准备充分	（1）每项活动有切实组织策略与安全准备 （2）教师穿运动服、运动鞋，学生穿运动鞋，着装轻便 （3）场地、器材布置实用、合理，调试安全到位
教学过程	课堂结构合理	（1）教学结构合理、完整，教学活动始终围绕教学目标展开 （2）教学环节有序，节奏张弛有度，内容逐层深入 （3）师、生双向互动，有自主、合作、探究性学习方式渗透 （4）有行之有效的课堂常规，教学组织、管理严密 （5）练习容量适度，时间分配合理
教学过程	教学方法恰当	（1）教学方法科学、合理，注重启发引导、直观形象 （2）手段灵活多样、有效，课堂气氛生动活泼 （3）注重精讲多练原则，设置有价值的练习，建立每节课学生慢跑5分钟制度（病残学生除外） （4）教学反馈真实、明确，及时纠正学生错误 （5）配合教学的现代教育技术手段运用恰当
教学过程	教学特色鲜明	（1）课程资源开发和教材整合运用有创新 （2）教学模式、教学方法和场地器材运用有创意 （3）教学过程处理有艺术 （4）教学情境营造有风格
教学素养	知识储备丰厚	（1）掌握运动基本技能和运动基础知识 （2）掌握教育理论基础和体育专业理论，了解教育规律 （3）掌握学生身心发展规律和课堂教学组织规律
教学素养	教学观念先进	（1）尊重和关爱学生，作风民主，教态端庄，师生融洽 （2）面向全体，关注差异 （3）鼓励学生运动参与、表现自我和创新 （4）评价学生善于激励

① 李启迪，邵伟德.体育教学基本理论研究[M].北京：北京师范大学出版社，2014.

第七章 体育教学评价的改革创新

续表

一级指标	二级指标	三级指标(参考点)
教学效果	教学技能娴熟	(1)语言表达准确、生动、形象,口令清晰、洪亮 (2)动作示范正确、优美、适时 (3)驾驭课堂能力强,善于调控学生持续注意和情绪 (4)善于应对课堂生成,调节教学预设及教学节奏,恰当处理偶发事件 (5)熟练操作体育设施及现代化教学设备 (6)善于运用保护与帮助技能,进行安全有效的保护
	学习水平达标	(1)能完成基本学习任务,掌握所学知识和技能 (2)运动负荷适宜,能有效地促进体能增强(练习密度不低于30%,平均心率达120~140次/分钟) (3)掌握基本方法,积极参与运动
	学习心理健康	(1)精神饱满,思维活跃,情绪放松 (2)乐意展现自我,乐意合作学习,自信迎接挑战 (3)有积极的情感体验,有成功快乐感,有继续学习的愿望

上面这几个体育课堂教学评价表,具有显著的优势,但同时也存在着一些不足之处。

优点:评价指标分等级,至少有一级、二级指标;二级指标比较具体,可供评价者参考;评价内容较为全面,基本涉及了课堂教学的各个层面。

不足:一级指标没有形成统一,划分依据欠缺;二级指标更为细致,但也缺乏依据。

2. 体育教师课堂教学的评价体系内容设计

体育教师课堂教学的评价指标体系主要包含:学生情况分析、教材处理状况、教学目标设置、教学方法选择、教学手段实施、教师课堂评价、密度负荷安排、教学技能展示8个一级指标、23个二级指标(表7-4)。

表7-4 体育教师课堂教学的评价指标参考[①]

一级指标	二级指标	权重	赋分
学生情况分析(5分)	特殊学生处理	2	
	教学内容适应学生情况	3	
教材处理状况(10分)	单元教学课次分析	3	
	重难点把握	7	

---

① 李启迪,邵伟德.体育教学基本理论研究[M].北京:北京师范大学出版社,2014.

续表

一级指标	二级指标	权重	赋分
教学目标设置（10分）	目标预设合理性 目标可操作性 目标达成程度	3 3 4	
教学方法选择（15分）	教学方法的合理性 教学方法的有效性 教学手段的有效性	6 9 4	
教学手段实施（10分）	教学手段的实用性 教学手段的创新性	3 3	
教师课堂评价（10分）	课堂过程评价 课后小结	8 2	
密度负荷安排（10分）	预计合理性 实际效果	4 6	
教学技能展示（30分）	普通话、语言表达 动作示范 口令、队伍调动 预防与纠正错误动作 场地器材布置 保护与帮助、安全措施 师生沟通	4 5 5 4 4 4 4	
评价结果			

（三）对体育教师课外教学的评价

1. 体育教师课外教学评价基本情况

《中华人民共和国教师法》对中小学体育教师工作绩效评价的内容包含：教师的政治思想、业务水平、工作态度和工作成绩。

《关于积极推进中小学评价与考试制度改革的通知》对中小学体育教师工作绩效评价的内容包含：职业道德、了解和尊重学生、教学方案的设计与实施、交流与反思。

关于体育教学课外教学评价的指标还没有统一的说法，不同人有不同的理解，比如，有的人认为这些指标可以分为两个方面，即专业素质——职业道德、教学能力、教育科研能力；课堂教学——教师的教、学生的学定量评价。有的人认为应该包含工作质量、工作数量、教学能力、科研能力、工作态度这几个方面。有的人认为包含基本素质——思想道德素质、知识结构、能力素质、身心素质；工作过程——教学、科研工作、课

第七章　体育教学评价的改革创新

余体育活动、训练、竞赛社会服务；工作绩效——教学绩效、科研绩效、课外体育活动、训练竞赛；社会服务专业发展——终身学习、继续教育、交流反思。还有的人认为包含科学的理论知识、体能和技能基础、计划与实施、教学与管理、对学生学习的影响、职业作风和专业意识等。具体要根据实际情况来加以选用。

2. 体育教师教学的课外评价具体内容设计

以新课程标准、体育教学的特点为依据，可以把体育教师教学的课外评价表设计为表 7-5，以供参考。

表 7-5　体育教师"教"的课外评价参考量[1]

评价指标	评价内容	评价等级与得分（分）	总得分
"教"的职业道德（10分）	严格遵守学校规章制度，不迟到早退 工作认真负责，乐于承担工作 尊重学生，无体罚或变相体罚学生 一视同仁，不歧视学生 团结协作，尊重他人		
"教"的专业水平（20分）	基础扎实、基本功好 教学计划齐全 教法多样、手段灵活 善于启发学生积极思考 重视学法指导、练考落实、评讲及时		
"教"的效果（20分）	学生学有兴趣，学习积极性高 学生学有所获，各层次学生的学习都有提高 学生学习主动、思维能力活跃		
"教"的育人成效（10分）	学生得到身心全面发展 体育学习班风、学风正 学生体育锻炼习惯良好 学生具有良好的体育道德风尚		
有关"教"的教研教改（20分）	积极参与各种教研活动、培训进修活动 积极进行长期的教学反思 勇于承担公开课、评议课 听课严肃认真，评课水平较高 积极参与承担教改课题 积极撰写与发表论文		

---

[1]　李启迪，邵伟德.体育教学基本理论研究[M].北京：北京师范大学出版社，2014.

续表

评价指标	评价内容	评价等级与得分（分）	总得分
学生对教师"教"的评价（20分）			
总评			

二、学生学习评价

（一）学生学年体育学习评价

关于学生体育学习评价，可以分为三个阶段，即学年、学期和课堂，其中，学年体育学习评价是最为宽泛的阶段。

1. 学生学年体育学习评价的基本要求

学生学年体育学习评价的主要目的在于：促进学生不断发展。在进行学生学年体育学习评价时，需要做到以下几点要求。

（1）可以以年内两个不同学期累加的方法为依据来评价学生学年体育学习，注意两个学期的评价是有所差别的。学生在不同季节所进行体育活动的情况是不同的，因此，应对学生整个学年的体育学习情况进行评价。

（2）在进行学生学年体育学习评价时，要与每个学年必测的《国家学生体质健康标准》相结合，由此来将学生在一年里体育学习的成果充分反映出来。

（3）学生学习体育是一个过程，从每一节课，到单元教学、学期教学，再到学年教学，这些都将学生对体育学习与锻炼的坚持性体现了出来，同时，也在一定程度上体现出了学生的意志与恒心。

2. 学生学年体育学习评价的内容

一般的，学生学年体育学习评价的主要内容可以大致归纳为四个方面，具体见表7-6。

第七章　体育教学评价的改革创新

表7-6　以学年为单位的学生个体体育学习评价内容[①]

一级指标	二级指标	三级指标	评价手段
学生自我成长的评价	自我成长档案袋	学年内每节课的自我成长记录卡：内容可以包括对体育教师、体育教学方法、自我收获与体会等的评价	自我评价
学年体育	学习态度	学年内每节课的课堂学习态度：到课率、迟到早退等课堂常规	教师评价
	运动参与	学年内每节课的运动参与态度与积极性	教师评价与学生评价相结合
学习评价	运动技能	对已学项目进行技术评定	教师评价
	体能	根据所学项目进行测试	教师评价
	心理健康与社会适应	根据所学项目进行心理健康与社会适应方面的定性评价，社会适应发展中包含个人对每节课课堂学习氛围的贡献	教师评价与学生评价相结合
国家学生体质健康标准测试结果	各水平所规定的各项指标		教师评价

（二）学生学期体育学习评价

学生学期体育学习评价是在学年体育学习评价的基础上进行的进一步细分。

1. 学生学期体育学习评价的基本要求

学期教学由单元教学与体育课教学构成，在进行学生学期体育学习评价时应关注以下几个方面。

（1）学生学期体育学习评价内容应与《国家学生体质健康标准》测试分开。

（2）学生学期体育学习评价指标应与课程目标基本一致。这主要是因为，体育课程标准的目标不仅会对体育课堂学生学习目标产生影响，同时，也会对学生学期体育学习目标产生影响。

（3）要关注对学生自我成长的评价。由于以往过于注重学生外显行为的评价，即使有一些学生内在思想的变化评价，如不同的调查问卷表

[①] 李启迪，邵伟德. 体育教学基本理论研究 [M]. 北京：北京师范大学出版社，2014.

等,学生也是或比较马虎地对待或都打高分,失去了参考价值。另外,还会增加"自我成长档案袋"的评价内容,这就为体育教师深入了解学生、评价学生提供了可靠的依据。同时也是一种很好的教学反馈信息,这对于体育教师教学改革是有所助益的。

（4）与各类运动项目的特点相结合进行运动技能评价。由于学生的身体基础不同,体育基础各异,如果按照绝对成绩来评价技能是不公正的、不科学的、不合理的,因此,从可操作的意义上来说,以中等难度来测量学生对于运动技术、运动技能的掌握情况是较为理想的选择。

（5）与运动项目的特点相结合进行体能评价。不同的运动项目对体能的要求是不同的,每一种体能在每一个项目中的要求也是不同的。因此,撇开每学期所学的具体运动项目来进行体质测试,往往是不科学的。因此,体育课程学习评价应立足于学什么、练什么则考什么,运动技能考核如此,体能考核也应如此,根据学生学过的项目进行项目体能测试。

2. 学生学期体育学习评价的内容

以新课程标准和学期体育教学的特点为依据,以学期和个体为单位,把学生学期体育学习评价内容大致归纳为表 7-7 的几点。

表 7-7　以学期为单位的学生个体体育学习评价内容[①]

一级指标	二级指标	三级指标	评价手段
学生自我成长的评价	自我成长档案袋	学期内每节课的自我成长记录卡:内容可以包括对体育教师、体育教学方法、自我收获与体会等的评价	自我评价
学期体育	学习态度	学期内每节课的课堂学习态度:到课率、迟到早退等课堂常规	教师评价
	运动参与	学期内每节课的运动参与态度与积极性	教师评价与学生评价相结合
学习评价	运动技能	对已学项目进行技术评定	教师评价
	体能	根据所学项目进行测试	教师评价
	心理健康与社会适应	根据所学项目进行心理健康与社会适应方面的定性评价,社会适应发展中包含个人对每节课课堂学习氛围的贡献	教师评价与学生评价相结合

① 李启迪,邵伟德.体育教学基本理论研究[M].北京:北京师范大学出版社,2014.

第七章　体育教学评价的改革创新

（三）学生课堂体育学习评价

1.学生课堂体育学习评价的基本要求

体育课堂教学是体育教学的最小单位,体育课堂教学评价是最为重要的评价。在进行学生课堂体育学习评价时,需要做到以下几个方面的要求。

（1）一般的,体育课堂教学评价通常都是教师的即时评价,这些评价可能不会列入对学生学习总评价的范畴,也不能进行定量的评价,但这是非常重要的评价,其在学生体育学习方面所起到的作用非常重要,不可忽视。

（2）学生课堂体育学习评价目标也要与体育课程目标相一致,其中,其所包含的内容主要有：体能发展、运动技术提高、心理与社会适应发展、运动参与的态度与积极性等方面。

（3）要在关注评价目标的同时,也对学生课堂学习氛围的评价加以关注。究其原因,是因为课堂教学除了个人努力之外,还有集体力量的作用,因此,要把课堂氛围也作为一个重要的评价指标。

（4）在考察某一节课的学生体育学习情况的同时,也要对每一节课的学生学习表现加以关注。因为只有每一节课都能努力表现,这样的表现才是真实的、可靠的。

2.学生课堂体育学习评价的内容

以新课程标准和体育课的教学特点为依据,可以以课和个体为单位,把学生课堂体育学习评价内容大致归纳为表7-8中的几点。

表7-8　以课为单位的学生个体体育学习评价内容[1]

内容指标	一级指标	二级指标	评价手段
课堂体育学习评价	态度	一节课的学习态度：到课率、迟到早退等课堂常规	组内评价
	行为	一节课的运动参与态度与积极性	教师评价
	运动技术	已学项目技术的掌握情况	教师评价
	体能	结合所学运动项目体能促进情况	教师评价

---

[1] 李启迪，邵伟德.体育教学基本理论研究[M].北京：北京师范大学出版社，2014.

续表

内容指标	一级指标	二级指标	评价手段
	心理健康与社会适应	结合所学运动项目进行心理健康与社会适应方面的定性评价,社会适应发展中包含个人对一节课课堂学习氛围的贡献	教师评价

第四节 体育教学评价的发展与探索

一、体育教学评价的发展趋势

体育教学评价体系是学校体育改革的方向盘,对体育教学思路走向和体育教学质量标准以及社会人才观的取向都有着重要的导向作用。因此,确定体育教学评价的发展趋势,对于体育教学评价体系的建设与完善也有着至关重要的指导作用。

（一）评价理念趋于动态化

体育教学的发展一定要将着眼点放在未来社会和基础教育,培养具有科学的价值观、全新的知识结构和思维方式,具有创新精神和实践能力的新型体育人才上面。在健康教育的实施过程中,科学的体育教学评价能够使体育教学改革与发展的实现得到有力保证,同时也能达到提高教学质量的目的。

当前,与现代社会发展相适应的教育评价方式为发展性评价,即淡化评价的甄别选拔的作用,建立评价内容多元、评价方式多样,着眼于学生的发展和教师素质的提高,并有效地改进教学实践的评价体系。发展性评价是非常重要的,其主要为了全面考查学生的学习状况,激励学生的学习热情,促进学生的全面发展,同时也促进教师反思和教学改进。[1] 其所产生的影响主要从改变旧课程实施的评价观念、方法和手段方面得到体现。另外,还需要强调的一点是,发展性评价强调评价必须以人为本,促进个性的协调发展;评价必须关注个体的处境与需要,必须促进个体体会的实现,必须将人的主体精神有效激发出来。

---

[1] 汪英."健康第一"指导思想下体育教学评价体系及发展趋势研究[J].湖北体育科技,2007(1):117-117+120.

第七章 体育教学评价的改革创新

（二）评价主体趋于互动化

在现代体育教学评价的发展过程中，其所强调的重点通常有两个方面：一个是评价过程中主体间的双向选择、沟通和协商，关注评价结果的认同问题；另一个是加强自评、他评，使评价成为管理者、教师、学生共同积极参与的交互活动。由此可以看出，在体育教学评价中，评价主体之间的联系与互动越来越紧密，并且对评价的效果有着一定的影响。

在教学评价中，应该将使用评价信息的各方面人员都邀请到评价中来，请他们将自身对评价的要求和建议提出来，以使评价结果能够很好地符合使用者需求。把被评者加进评价者的行列，就会把原先的评与被评的对立关系转化成平等的协作关系。

（三）评价内容趋于多元化

学生是体育教学评价的主体，因此，体育教学评价的开展要围绕着学生的特点和需求来进行，因此，考查学生的综合素质是关注重点之一，其包含的内容涉及学生的认知、技术技能，学生的身心健康、社会适应性与创新精神和体育能力，以及积极的情绪情感体验和心理素质的培养。还有，在质性评价方法的基础上，要考查技术或理论知识等认知层面的内容，同时也不能忽视了对表现等行为层面内容的考查。除此之外，还要注重对个体发展独特性的认可，帮助学生树立自信。

（四）评价方式趋于多维化

1. 诊断性评价、形成性评价和终结性评价相结合

为了有效改善终结性评价失去了评价的有效反馈功能，对激励学生学习，提高学习效果以及帮助教师改进教学意义不大的情况，要使之前所采取的单纯的终结性评价方式发生转变，而采用诊断性、形成性和终结性评价相结合的评价方法，使整个评价活动始终处于不断上升的动态之中。①

2. 定性评价与定量评价相结合

在体育教学中采取定量评价，能够有效增强评价的科学性，使过去单

---

① 汪英."健康第一"指导思想下体育教学评价体系及发展趋势研究[J].湖北体育科技，2007（1）:116-117+120.

一的定性评价发生改变,这就赋予了定量评价主要地位。但是,这与体育教育的复杂性是不相适应的,尤其是针对现在所实施的素质教育,其中的学生体育态度、思想品德、心理素质、锻炼能力等指标是无法进行量化的,因此,单纯使用定量评价是不科学的,必须把定量评价与定性评价结合起来使用。

3. 自评与他评相结合

对于传统的体育教学评价来说,其通常对他人的评价是较为注重的,但是,在教师和学生的自我评价方面通常都是忽视的。在体育教师的评价方面,只进行教师的自我评价是缺乏客观性的,这就需要同时采用他评的方式,如同行教师评价、学生评价以及学校领导评价等。这样,能够使体育教师自身的专业水平、课堂教学水平等都得到综合提升。在学生的评价方面,为了使学生对自身有客观且全面的了解,需要对自己进行自评,同时,也要结合教师和同学的他评,这对于学生体育学习的改进是有帮助的。

二、体育教学评价发展与探索的重要举措

基于调查分析中总结出的不足,本书提出具有针对性的对策建议,以期进一步改善体育教学评价体系,促进评价价值功能的充分发挥,进而促进教学水平的提升和学生身心健康的发展。

(一)进一步认识体育教学评价,并将其价值充分发挥出来

在整个体育教学过程中,教师和学生在体育教学评价方面的认识还存在着严重的不足,因此,要想方设法增强他们的体育教学评价意识,首先要做的就是使他们了解体育教学评价的真正作用和价值。[①] 这一点要从学校的角度来实施,学校要起到发挥教学评价的积极作用,将体育教师的行动动机和热情充分激发出来,对体育教学评价的目的进行明确,即促进体育教学发展,改进教学体制,从某种意义上来说,这是唤起教师的责任感和使命感的重要途径之一。

---

① 樊冬菊. 西安市高中体育教学评价的问题与对策研究[D].西安外国语大学, 2018.

第七章　体育教学评价的改革创新

（二）坚持以人为本的学生观

学生在体育教学中是处于重要的主体地位的,体育教学活动的开展也要围绕着学生来进行。因此,学校必须满足他们的需求,并且培养学生的主体意识,让他们学会主动学习,这样才更有利于学生的发展与成功。

学校是教育的重要基地和平台,其教育对象是全体学生,教育者要坚持以人为本的学生观,相信每个学生都有发展的潜能,并通过积极鼓励的措施,来使每一个学生努力做最好的自己,这样才能使每个学生都得到良好的发展,将来成为有用的人才。

（三）要对学生学习过程的评价加以重视

体育教学评价采用的评价手段不能仅限于终结性评价这一单一手段,也要对学生在学习过程中的表现的评价加以重视。所涉及的内容主要有:学生在锻炼过程中表现出来的情感;学生在克服困难时表现出来的毅力;学生参与体育课的兴趣和积极思维水平;学生课后自觉锻炼的态度情感。这些方面的评价对学生的学习过程是非常重视的,通过学习过程的有效评价,对学生的发展起到促进作用。

（四）完善体育教学评价内容,健全评价体系

体育教学评价不仅要发挥价值,重视学生需求,还要保证其评价内容的全面性、结果的客观性,这一点至关重要,要做到这一要求,就要求重视教师和学生两个主体的意愿,从教师和学生的情感状态、自身行为、实际需求出发,不断丰富评价内容,完善教学评价体系,使其更加系统化、科学化。

一方面,学校应该完善体育教学培训体系,定期对教师进行新知识、新技能培训,从而使教师的整体素质得到有效提升,促使教师能够更深入地理解体育教学的目的、目标,就是要促进学生增强体育健身运动,培养坚毅品质。[①]

另一方面,体育教师要遵守体育教学标准和评价的原则,保证教学评价的客观性和全面性,将体育教学的发散功能尽可能地发挥出来。体育教师也要重视在教学活动中感受学生在体育学习过程中的成长与发展,

---

① 樊冬菊.西安市高中体育教学评价的问题与对策研究[D].西安外国语大学,2018.

在评价学生体育学习及表现时,推进体育教学方式向服务对象转变。[1]

(五)健全体育教学评价方式,重视多元化评价方式的运用

体育教学评价方式的多元化,就是指从单向转为多向,增强评价主体间的互动,强调被评价者成为评价主体中的一员,建立学生、家长和教师等共同参与、交互作用的评价机制,以多渠道的反馈信息促进被评价者的发展。[2]因此,建立由学生、家长、学校等共同参与的多元评价机制,使学生对自我有着更为全面的认识,对于学生全面发展是有着积极的促进作用的。

由于学生具有鲜明的个性,他们的体育需求及身心的发展都有着自身的特点,并且不同学生间的层次化差异比较显著。因此,学校在进行教学评价时,可以制定层次化教学评价方案,根据学生的身体素质及体育技能进行合理的设计,不同层次的学生对应不同层次的教学评价方案,这就使得评价机制更具多样性与个性,从而能更加有效地发挥体育评价的教育功能,促进学生体育发展。

(六)评价时要遵循学生差异性原则

由于地区和学生自身的能力水平、学习风格与发展需求等方面都存在着较大的差异性,因此,这就要求教师在进行体育教学评价时,一定要正视这种个别差异,对不同层次的学生应采用不同的评价标准来衡量。通常,对后进生采用表扬评价,寻找其闪光点,及时肯定他们的点滴进步,调动他们学习的积极性;对中等生采用激励性评价,在揭示其不足的同时也要指明努力的方向,促使他们积极向上;对优生采用竞争性评价,坚持高标准,严要求,促使他们更加严谨、谦虚,不断超越自己。[3]由此,来使所有的学生都能够在原有的基础上有进一步的提升和进步。

---

[1] 樊冬菊.西安市高中体育教学评价的问题与对策研究[D].西安外国语大学,2018.
[2] 王旭芳.改进体育教学评价,促进学生健康发展[J].文理导航(中旬),2012(6):34.
[3] 贾天武.正确发挥体育教学评价 全面促进学生健康发展[J].课程教育研究,2018(7):207-208.

第八章 体育教学主体的改革创新

体育教学主体是处于体育教学最核心位置的要素,从广义上来说,体育教学主体包括参与体育教学的全部相关人员;从狭义上来说,主要是指教师和学生,其中,教师处于主导地位。体育教学主体的发展情况也会对体育教学的整体发展产生重要影响,因此,对体育教学主体发展培养进行分析和研究是非常有必要的。本章首先对体育教学主体的基本理论进行了阐述,在此基础上,分别对教师和学生在体育教学中的创新发展与培养进行了深入的探讨,以此来对创新教育背景下体育教学主体的发展培养有全面且深入的了解与认识。

第一节 体育教学主体概述

一、体育教师概述

(一)体育教师的综合素养

1. 丰厚的知识储备

(1)理论知识

① 政治理论知识

教师是教育事业发展的重要执行者,其政治思想水平会对学生产生直接和根本的影响,因此,过硬、坚定、方向正确的政治思想,是体育教师必须具备的最根本的素质。

体育教师的政治思想素质的好坏,通常能在其政治理论修养的程度上得到体现。

② 专业知识

首先,要具有丰富的教育科学知识。通常,教育科学知识主要包括与教学相关的诸多学科的知识,比如,常见的教育学、心理学、学科教学论和现代教育技术等方面的知识。

其次,要具备扎实的专业基础知识。教师会因为所从事的学科不同,而需要具备的专业基础知识也不同。就体育教师来说,体育的相关知识就是其必须具备的专业基础知识,这是他们专业能力培养和发展的重要理论基础。

再次,要不断充实学科前沿新知识。社会是不断发展变化的,体育和教育的发展也是不断变化的,因此,教师所具备的知识要与之相适应,也必须是不断发展变化的,新知识、新文化是体育教学改革的重要助推力,也是教师需要具备的重要专业知识之一。

最后,要不断丰富和提升自身的体育专业知识储备。体育教师不仅要掌握上述普遍知识,还要对与体育有关的知识的更新发展加以关注,对新的信息加以了解,从而不断更新自己的知识储备,掌握最新的专业知识。

(2)应用类知识

体育教师除了要具备基础理论知识和专业知识以外,在实际的应用方面也要掌握相关的一些知识,以对具体的实践应用进行直接的指导。

当前已经处于信息化时代,信息的传播速度越来越快,这与信息传播技术的不断发展与更新有着密切关系。特别是互联网技术的出现,使体育信息的传播速度和广度都有了大幅度的提升。因此,应该将互联网技术充分应用于体育教学中,以此来使体育教师在这一过程中得到更多的便利,比如,在获取国内外各种文献、信息方面更加便利,同时,对体育学科领域发展的最新动向的了解也更加及时,这对于其自身体育知识的不断充实和完善是大有裨益的。除此之外,多媒体技术的出现与广泛运用到教学当中也对体育教师的教学带来了很多积极的因素,以至于它改变了长期以来的体育教学方式。因此,就要求体育教师一定要做到与时俱进,通过不断学习,来使自身的计算机应用能力得到有效提升,充分运用电教手段,成为能够得益于现代技术手段的教育工作者。

2. 体育教师的语言与文字

对于体育教师来说,其体育教学行为的实施,主要是通过语言和文字进行的,可以说,体育教师的语言和文字是体育教师必须具备的重要素养。

(1)体育教师职业语言的基本要求

体育教师作为学校教师的一个类型,其在语言运用上要注意专业性,即要用职业语言进行教学,具体要做到以下几点要求。

第八章 体育教学主体的改革创新

①所运用的体育教育语言首先要专业,同时还要保证其科学化和规范化。

② 教师在教育过程中运用到的所有语言,都必须具有准确性与规范性特点。

③ 教育教学过程中,对所有概念的解读,都要保证正确性与准确性,切忌模棱两可。

④ 教育过程中运用的语言,一定要能给学生产生一定的启发性,切忌生硬灌输。

(2)术语和俗语

在体育教学中运用语言,能够科学讲解知识点,能组织相关的教育行为,但是,只有这些直观的教学性特点是不够的,还要赋予其丰富的艺术性。

一般的,术语在体育教学中的应用,是为了保证其科学性特点,而俗语的应用,则是为了将语言的生动性、趣味性和通俗易懂充分体现出来,也就将语言的艺术性特点体现了出来。具体的,在体育教学中使用语言教学法时,体育教师一定要与实际的教学情况相结合,将术语与俗语结合起来加以运用,保证教学语言的准确性与多样性,从而保证教学内容能够更好地被学生所接受。

(3)文字和写作

对于从事体育教学的教师来说,文字和写作是其必须具备的基本功。体育教学的内容涉及的范围较为广泛,为了搞好相关教学工作,制定一系列的体育教学文件是非常重要且必要的。具体来说,实践教学中所用到的文件主要有两方面,即体育教学计划和教案,这两份基本的教学文件几乎每名体育教师都要求会撰写,为此,体育教师就必须拥有良好的文字和写作功底。

(二)体育教师的专业技能

体育教师在具备一定的综合素养的基础上,还要在专业技能上加以培养和提升,包含内容如下。

1. 体育教学策略的指导能力

学生在体育教学中是处于主体地位的,其主要任务就是进行体育学习,这一行为是在教师指导下进行的,主要目的是学习体育的相关知识、专项技能以及培养良好的意志品质与个性。对于学生来说,在体育学习过程中是需要用到相关的策略的,即体育学习策略。而对于体育教师来说,则需要具备的相应技能就是对体育教学策略加以指导的能力,这一专业技能能有效保证体育教师出色完成学校的体育教学任务。

2. 学校课余体育竞赛活动的组织能力

学生的体育学习,并不只是从体育课堂上进行的,还可以从课余时间的体育相关竞赛活动中得以培养,因此,就要求体育教师在学校课余体育竞赛活动的组织方面也要具备相应的能力。

课余体育竞赛对于学习体育教学以及学生的培养都会产生重要意义。比如,有利于发挥宣传教育作用,推动学校体育事业的发展,加强团结、增进友谊,增强学生体质,丰富学生校园文化生活以及培养坚强、拼搏和永不放弃的精神,还有利于发掘和培养优秀体育人才。

(1) 课后体育竞赛的常见形式

一般来说,课后体育竞赛用到的形式有很多种,较为常见的有:运动会、单项运动竞赛、邀请赛和友谊赛、季节性单项竞赛和体育节等。其中最为常见的是学校运动会。其具有项目多、规模大、参赛人数多,组织工作较为复杂的显著特点。通过运动会的举办,能够对体育运动的开展水平进行有效检验,使学生的运动成绩有所提升,学生之间的友谊和团结得以强化,体育精神也得到进一步的弘扬。

(2) 年度课余体育竞赛日程安排

年度体育竞赛日程计划,实际上就是对全校一学年的体育竞赛活动所作的全面规划和安排。所包含的内容有:本学年的竞赛项目、竞赛时间、竞赛地点、参赛单位、参赛人数和主办单位等。

制定年度体育竞赛日程计划时,需要对其可行性、群众性、常规性、简便性等方面进行充分考量,从而保证该竞赛日程计划实施的效果。

(3) 课余体育竞赛的比赛方法

学校课余体育竞赛一般选择常见、可行的一些竞赛方法来进行。常见的比赛方法有:淘汰法、循环法、混合法和轮换法等。具体要根据实际情况来加以选用。

(三) 体育教师的教学能力

体育教师的教学能力与其综合素养、专业技能一样,都是非常重要且必要的,缺乏这些方面中的其中一种,体育教师都不是一个合格的教师,就无法进行体育教学,更不用提最终的教学效果了。具体来说,体育教师的教学能力主要分为两个方面:一个是课堂教学能力,一个是创新能力。

第八章 体育教学主体的改革创新

1. 体育教师的课堂教学能力

体育教师的课堂教学能力又可以进一步细分,其所包含的具体内容有以下几个方面。

(1) 教育能力

体育教师首先是一名合格的教师,教师的职责之一就是育人,因此,这就决定了教育能力是体育教师必须要具备的首要能力。其包含的内容较为广泛,比如,对学生行为、学习、思想情况的深入了解、分析和判断的能力;灵活运用各种教育方法,抓住教育时机,有的放矢地教育学生的能力。体育教师首先要全面了解并掌握学生的思想纪律情况、学习兴趣动机等,然后进行分析,分析要涉及群体的统一性,又要涉及个体性。在分析的基础上,确定进行思想教育的任务和措施。尽可能地将学生的积极性和主动性调动起来,使既定的教学任务得以顺利完成。

(2) 语言表达能力

体育教师在教学指导过程中,用到的表达方式有很多种,其中,最直接、最常用的当属语言表达,因此,体育教师的语言表达能力也是必须具备的。体育教师在体育教学中通过口头语言的运用,不仅能将学生所要学习的知识、动作、技术和练习方法等进行通俗易懂的讲解,还能充分启发学生的思维,将学生的学习积极性和主动性充分激发出来。鉴于此,就要求体育教师不仅要掌握教材内容,还要对教材内容有深入、透彻的理解和见地,做到语言生动、简练、有趣,并恰当地利用好语气、语调、语速等副语言方式;体育教师在教学过程中,尤其是实践活动中,通常会用到体育口令,这是其所特有的专业性语言,在运用这一特殊语言时,一定要做到口令清楚,发音准确,声音洪亮,富有节奏感,否则产生的效果会大打折扣。

(3) 身体姿势的表达能力

体育教学与其他学科教学之间是有所差别的,其中,教学信息的传递是最为显著的区别之一,对于体育教学来说,最突出、最有效的表达方式是身体姿势,这是其他学科所不具备的。体育教学中最独特和最普通的身体姿势表达方式就是动作示范,动作示范是体育教师把教材内容转变为直观形象展示给学生的一种教学手段。

(4) 现代教育技术运用能力

受益于现代科学技术的迅速发展,越来越多的先进教育技术被应用于教学中,这对于教学的开展与发展是非常有帮助的。可以说,信息化社会为现代教育教学开辟了一片前所未有的新天地。面向 21 世纪知识经济社会的到来,可以预见,教育教学技术手段将更加丰富。因此,这就要求体育教师必须具备现代教育技术的运用能力,这对于提升教学效果是非常重要且必要的。

2. 体育教师的创新意识与创新能力

没有创新就没有发展,因此,对于体育教师来说,必须具有良好的创新意识与创新能力,这样才能不断提升教学质量,与社会需求相适应。

(1)发扬实事求是的科学精神

在教学改革中,不管是想进行创造还是创新,都必须在一个重要的前提下进行,即实事求是的态度,对学生的充分了解,这样,才能逐渐针对性地提出每一个改革方案,并保证该改革方案与这些差别与特征的要求相适应。

(2)树立标新立异的思想

体育教师要具有良好的创新意识与创新能力,标新立异的思想是重要表现形式之一。不管是什么样的改革计划、革新的设想,有一点是相同的,即都与现状有差别。因此,要标新立异,必须打破墨守成规。

标新立异思想的形成,需要体育教师在观念上不断更新,思维方式要不断进行改革,要强调的是,这与没有科学的胡思乱想是有着本质差别的,两者并不是等同的关系,具体来说,标新立异的思想是建立在对马克思辩证唯物主义思想的高度认识的基础上的,对教学现实问题的充分认识,对教学改革思想与方向的深刻理解,对教育事业有强烈的责任感与事业心。

新时代的体育教学面临教学改革的不断深化,标新立异的意识作为创造能力的一个重要表现,必然成为教师思想意识的优良品质之一,它能不断创造新的知识与文化。

(四)体育教师在学校体育教学中的地位

现阶段,教师的重要职责之一,是发现与培养人才,提高人才素质与质量,这也是体育教师必须要做到的,因为这一艰巨的任务直接影响到我国社会主义建设的兴衰成败。由此可见,体育教师的地位是举足轻重的。

1. 体育教师是学校体育活动的组织与引导者

体育教师作为体育教学的主体之一,具有重要的主导地位,这种主导性首先体现在体育活动的组织上,体育教师从体育课堂的理论教学到课外的体育活动辅导训练,从校内运动会或体育项目比赛到代表学校参加

第八章 体育教学主体的改革创新

校外体育项目竞技比赛,每时每刻都在付出自己的智慧与辛劳。另外,在体育教学活动中,体育教师还要积极引导学生,使学生能够逐步深入到体育教学过程中,增强他们的专注力与参与性。

2. 体育教师是学生体质健康的设计者与塑造者

体育教师的主导性作用,还体现在体育教学的设计方面。体育教师的自身素质、教学能力等都会对全体学生的体育学习和健康成长产生重要影响,某种意义上讲,学生素质的全面发展程度以及学校在社会上的形象与荣誉的取得都会受到体育教师整体素质和能力的影响。除此之外,体育教师在引领学生身心健康发展方面也有重要意义。

二、体育教学中的学生概述

学生在体育教学中是处于主体地位的,但是,很多人对此会有片面的认识,甚至产生误解,下面就对体育教学中学生的主体性地位进行全面且深入的分析和阐述。

(一)学生的"主体性"与"自由性"

学生的主体性,是指在体育教学活动中,所有的教学设计和教学行为都是围绕学生而进行的,其处于体育教学的核心位置。

学生在教学活动中的主体性与其主观能动性有着密切的关系,人的主体性是其个性发展的核心。一般的,主体性越明显,学生对自己是为何而学习的理解程度就越深,这对于其更好地知道该如何去做,如何做得更好是有积极意义的。

学生"主体性"与"自由性"之间的差别还是非常显著的,具体的对比可以从表8-1中了解。

表8-1 "学生主体性"与"学生自由性"的区别

区别点	学生主体性	学生自由性
性质和本质	学生朝向体育学习目标的选择性、自主性、能动性和探究性	学生指向舒适和闲散的自主性、散漫性和小群体活动性

续表

区别点	学生主体性	学生自由性
行为体现	（1）学习表现积极 （2）有探究问题意愿 （3）能自主进行练习 （4）在学习过程中有与同学互帮互助的良好愿望 （5）对教师的指导与帮助较为向往	（1）学习表现不积极 （2）没有探究问题意愿 （3）参与练习的意愿不强烈，选择活动倾向于舒适和有趣味的 （4）在体育教学中愿意独处，没有与同学互帮互助的愿望 （5）对教师的指导与帮助没有显著意愿
课中的主要行为方式	学习、练习、讨论、探究、回答问题、思索问题等	自由活动、玩耍、扎堆聊天等
所构成的课堂氛围	热烈、活跃、学习氛围强	自由、散漫、休闲氛围强
教学中景象	双向活动多、探究活动多、生生互动多、自主性学习与活动多、提问与讨论多	部分学生参加喜爱的运动，部分学生不参加活动；教师没有提出相应的教学要求，讲解和指导也可有可无

（二）学生在体育教学中的地位

1. 学生是体育学习的主体

在体育教学过程中，教师和学生都是参与者，两者都是重要的主体，但是，两个主体所处的环境是不同的，教师是体育教学中起主导作用的主体，其主要职责在于"教"，而学生则主要为了"学"，因此，在体育学习中，学生是主体。

2. 学生是体育教师的合作者

体育教学中，教师和学生是直接参与的两个主体，同时，体育教学中有些项目动作是需要体育教师和学生共同来完成的，比如篮球、乒乓球、排球等集体性运动项目的动作教学，因此，只靠教师的教是无法达到教学目的的，需要学生的配合，才能使教学活动顺利进行并保证教学效果。

3. 学生是体育文化的继承者和创造者

学生在体育学习过程中的一个重要学习任务就是不断汲取体育的相关知识，比如体育文化知识，对体育的理解和感悟也不断更新升华，形成创新性的体育文化。与此同时，学生在体育文化方面也要具有一定的创造力，通过不断的创造，来使所学的体育文化得到良好的传承和发展。

第八章　体育教学主体的改革创新

（三）学生主体性在体育教学中的体现

学生在体育教学中的主体地位是毋庸置疑的，苏霍姆林斯基"让每个学生都抬起头来走路"的教育信条，就将学生的主体性地位充分体现了出来。一般的，体育教学活动中学生的主体性可以从以下几个方面得以体现。

1. 对教育影响的选择性

教师的教育影响，并不能让学生全盘接受，只有那些与学生自身的特点和需求相符的教育影响，才能为学生所接受。学生有根据主体意识，积极地或消极地进行选择的权力。

2. 学习的独立性

学生本身具有个体化特征，这就决定了其在学习起点、学习的目标与追求、制约学习的个性心理特征等方面也有所差别。因此，就要求体育教学中教师要遵循因材施教原则。

3. 学习的主动性

学生学习活动的主动性、自觉性是学生学习主体性的本质体现，体育教师的教学活动要建立在学生对体育学习的自觉的、主动的、自我追求的基础上。

4. 学习的创造性

学生在体育教学任务的方式、方法、思路以及对问题的认识等方面的完成与实现，与教师所教的内容或方法并不是存在着完全一致的关系的，其中，也能将学生的一些创新性和创造性体现出来。因此，体育教师要在认同这种创造性的同时进一步给予鼓励。

（四）学生主体性发挥需要具备的条件

学生在体育教学中的主体性地位的重要性已经显而易见，那么，要实现这种作用，需要具备的条件有哪些呢？

1. 教师的教授目标与学生的学习目标相协调

在体育教学中，体育教师首先要将体育"为什么教"的问题明确下来，要充分理解社会对体育教育的要求和期待，让学生最终能够获得理解能力、学习能力、领悟能力等。但是这些并不是全部，还要求体育教师将教授的目标转化成学生学习的目标,即我要理解、学习和领悟的内容有哪些。

2. 教师和学生共同拥有体育教材

这主要是指体育教师在明确了教学内容和教学方法、手段的同时,也要让学生明白其所要学习的内容和方法、手段。要使学生在学习过程中始终对所学内容的文化体系和技能体系有个概观,同时对本教材目标与总目标的关系、本教材的科学教程、本教材的重点、本教材的难点以及本教材与自己身心发展之间的联系等有充分的了解,只有这样师生才共同拥有"把体育教学导向目标的载体和道路"。

3. 教学情境应该自由民主

良好的教学情境对于体育教学的开展是有帮助的。因此,体育教师要做好这方面的创设,以此来激发出学生的好奇心和探索欲,诱发学生产生和提出各种各样的问题。民主性能够从尊重学生的人格、理解他们的学习基础和原谅他们在学习中的缺点和错误等方面得以体现。

4. 教师对学生的学习方法要足够重视

要充分发挥学生主体性,就必须让学生在"学习方法"上具有自主性和主动性。当前,体育教师的一个重要任务就是积极转变学生的学习方式,使多样化的学习方式逐渐取代单纯他主的、被动的学习方式。与此同时,体育教学中的"自主性学习"和"探究性学习"也要进一步加强。

三、体育教师与学生的关系分析

作为体育教学中的重要主体,教师和学生也是体育教学的直接参与者,两者在教学活动中相互配合,共同完成体育教学任务,因此,两者之间是有着非常密切的关系的。

下面就从三个方面着手来加以剖析。

(一)教师"主导性"和学生"主体性"

关于体育教学,一直以来,都有一个重要的研究课题,那就是教师"主导性"和学生"主体性"的概念以及它们之间的关系,至今,都没有一个统一的清晰的认识。仍然有一些片面的或者是错误的观点误导着人们。比如,很多人认为教师的主导性,与教师的"管理性""权威性"甚至"主宰性"是等同的关系,教师的主导性与学生的主体性之间是对立的关系

第八章 体育教学主体的改革创新

等。因此,探索和研究体育教学中教师"主导性"和学生"主体性"之间的正确关系是非常重要且必要的。

通常,可以将教师的"主导性"理解为教师的指导性,专业表述为:"教师对学生学习过程的指导质量和强度"。对学生的"主体性"的理解,专业表述为"学生朝向自己学习目标清晰度和学习过程中前进动力的强弱",两者是通过"学习过程"这一媒介而得以连接在一起的。换个角度来理解,所谓的教师的指导性就是"对学习过程的指导性",学生的主体性就是"在学习过程中的主体性"。由此可以看出,两者都是与学习过程有关,只不过所处的角度不同罢了,这两者可以理解为是一件事情的两个方面,教师对学生进行指导是为了更好地发挥出学生的主体性,学生在接受教师的指导方面会更加容易,一个去正确地"导",一个在主动积极地"学",这两者是统一的。

体育教学实践中,"正确的导"和"积极的学"之间是相互配合的密切关系,这是一个有效果的师生交融的好课。只有将学生学习的兴趣和积极性,与教师的正确指导结合起来,才会取得理想的教学效果。而缺少了任何一个方面,教学活动都不可能进行下去,更不用说理想的教学效果了。学生有积极性而没有教师的正确指导,是一种无序的兴奋的课,还有可能导致一些运动事故;有了教师的正确的引导而没有学生学习积极性的课则是不存在的。

(二)教师的主导性和学生的主体性相辅相成

体育教学中,教师的主导性与学生的主体性之间是相辅相成的关系。一方越强,另一方就越弱。具体来说,教师的主导性不仅在于对教学目标的明确,还在于对学生的学习动机、兴趣、学习步骤等的深入了解,除此之外,还要以既定的目标和学习动机的关系为依据来做好教材和设计教学过程的相关工作,以此来激发出学生的动机和学习积极性,使师生融洽地互相配合,从而更快、更好地达成教学目标。由此可以得知,学生学得越好,就越能将其主体性地位突出出来,同时,也将老师对学生的了解程度和对教材理解的透彻程度体现了出来,也间接地体现出了教师非常强的主导性。

从上述内容中可以看出,在体育教学中,教师的主导性和学生的主体性两者是一个事物的两个方面,两者是相辅相成和相互促进的关系,是浑然一体的关系。

(三)要强化和优化教师的"主导性"来调动学生的"主体性"

在现代体育教学实践中,教师的主导性与学生的主体性之间是不可分割的两个方面,他们在体育教学中共同存在,不可或缺。这里要强调,教师的主导性并不是主观、生硬和武断。

体育教学改革的推进,并不只是对某些内容的全盘否定,而是应该不断完善和优化,首先,要从体育教学的主体上入手,对教师主导性和学生主体性及其之间的关系进行仔细研究和探索,从而明确两者各自的职责、工作内容和学习内容,将两者配合起来,通过教师"主导性"的不断强化和优化,来达到充分调动学生"主体性"的目的,让学生在愉快中去积极地进取,达到我们的教育目的和体育教师们的教学目标。

要想使体育教师的"主导性"得到进一步的强化和优化,就必须要保证教师的教学指导行为的规范性,表8-2是体育教学中的教师行为规范示例。

表8-2 体育教学中的教师主导性行为层次

行为层次	体现教师主导性内容
重点作为	将一些值得思考和探索的问题与课题提出来 通过积极的鼓励措施来促使学生积极参与思考和探究
必须作为	设计探究性学习过程 经常提问 组织讨论 运用小组学习 组织自我评价和相互评价
大胆作为	让学生将各自的意见和答案提出来 让学生将各自的学习和练习方案提出来 让学生在安全的条件下尝试各种不同的练习 让学生对教师加以评价
有所作为	让学生对学生实施管理 让学生将感兴趣的学习课题提出来 让学生针对教学情况提出相关建议
不需作为	每次直接告诉答案 事事有明确要求 教师时时提供学生指导 技术必须以书上和教师说的为标准 教学过程严格按计划执行

续表

行为层次	体现教师主导性内容
不能作为	要求学生永远按教师说的做 否定学生的思考 不许学生经常提问 不许学生进行讨论 不给学生自主学习时间 全部都要以班级教学形式

第二节 体育教学中教师的创新发展

一、体育教师发展中存在的问题

(一)教学观念较为落后

很多教师,尤其是年纪大一些的教师,受传统教学模式和教学观念的影响较大,他们在教学过程中往往会存在着理论和实践不统一、课堂参与氛围不浓厚等问题。再加上一些体育教师对全新教育理念的认识和理解有失全面性和科学性,导致教学的整个过程都是枯燥无味的,体育教学应有的活力丢失,进而就会导致学生兴趣的弱化甚至丧失,进一步产生抵制体育教学的负面情绪。这对于体育教学的创新发展是不利的。

(二)心态比较浮躁

当前,受多种因素的影响,很多体育教师都存在着比较浮躁,急功近利,不安心于体育教学的问题,同时,在新知识和新技能的学习方面也不思进取,禁不住社会外界的利益诱惑,不能脚踏实地、实事求是,在教改的过程中比较急功近利,科研方面往往追求名利,甚至有的转行做管理工作,这些对于体育教师专业能力的发展是非常不利的。

(三)教学目标较为单一

在学校中,对学生人才培养工作的定位主要集中在"职业性""实践性"和"综合性"几个方面。然而实际情况并非如此,教学目标不明确的问题普遍存在。原因有二:一是受应试教育的影响,很多体育教师参照了普通高等学校体育教育工作的模式,却忽视了学生的学习需求,从而导致体育教学的可行性和实践性欠佳;二是有些教师将本来渗透着技能特质的体育教学变成了枯燥无味的体育活动课,职业性被忽视,这也是不利于人才培养的。

（四）教学比较保守落后

由于很多体育教师受传统教育思想或者传统教学形式的影响和制约,导致他们在体育教学的过程中,教学思想十分落后保守,缺乏具体实施的想法和创意,在实际的教学活动中,积极性和主动性也较为欠缺,不仅没有体现出学生的主体性,反而过分强调自身的主导性,这种落后的意识与行为与现代体育教学是格格不入的。

在体育教学过程中,所采用的教学形式和教学内容都是比较枯燥单调,且过于严谨,就算是具有参与性的教学实践活动,也是枯燥和封闭的,再加上老化的评价体系,学生对参与教学活动的积极性和主动性被大大削弱,如此一来,取得的教学效果就会大打折扣,由此可见,体育教师提升自身的专业素养和能力是非常有必要的。

（五）教学与社会需求不符

在体育教学工作的发展过程中,很多教师没有能全面认识和理解体育教学与学生技能。一些体育教师仍然受到传统教学的束缚,导致其在思想和观念方面仍较为落后,难以达到体育教学的真正目的。同时,很多教师没有在教学中对学生今后的发展加以重视,导致对人才综合素养的提高处于初步阶段,这就对体育教学和社会需求的相互融合产生了不利影响,对于学生的全面、综合性培养也是不利的。

（六）综合素质有待提升

体育教师通常会认为自己只要上好课就行,掌握体育知识和技能即可,没有必要再进行其他方面的学习了,比如对中国特色社会主义理论的学习,这与体育教师的全能型发展走向是不相符的。还有的教师不注重技能的锻炼,基本功比较薄弱,上课的时候往往装腔作势,无法给学生起到示范、指导的作用,是无法取得理想的教学效果的。

第八章　体育教学主体的改革创新

二、体育教师的未来发展趋势

体育教师作为体育教学的主体之一,其会为了与体育教学发展相适应,也逐渐进行发展,与体育教学发展以及学生需求相结合,可以对其未来的发展趋势作如下总结。

(一)将教师的培养与培训相融合

教育部所颁布的《关于"十五"期间教师教育改革与发展的意见》明确提出,要在"十五"期间基本完成教师教育的结构调整,"初步形成以现有师范院校为主体,其他高等学校共同参与,培养和培训相衔接,体现终身教育思想的开放的教师教育体系"。对此加以分析,可以得知,这种教师教育体系,实际上是将"教师培养"和"教师培训"二者融合形成的一种教学模式,这进一步分析了我国教师的培养与培训体系,正在出现从师范教育模式逐渐向教师教育模式的转型的实际情况。

(二)强化教师专业化的教职观念

当前,教师的职业分工越来越明确,这就对教师的专业化水平的更高要求起到了决定性的影响,这在体育教师的发展方面来说也是如此。这一发展趋势也正在成为我国教师教育改革的需要与发展的方向。实际上,在各行各业都开始更加追求专业化的今天,分工是社会分化的一种表现形式。对于社会中的某项职业是否成为一项真正成熟的专业,这在国际上有一个普遍的认同标准,即包括专业智能、专业道德、专业训练、专业发展、专业自主和专业组织。[①]

根据这六大标准,我国教师在完成教育教学的专业化过程中,要进行大力改革与发展的方面主要有以下几点。

第一,要适当调整教师教育的课程体系。

第二,要进一步加快教师队伍高学历化的进程。

第三,要进一步完善教师资格证书制度。

(三)增强教师教育的信息化建设

现代社会已经完全进入到了信息社会,社会发展水平,在很大程度上

---

① 刘捷.专业化:挑战 21 世纪的教师[M].北京:教育科学出版社,2002.

取决于信息的传播速度、信息量以及信息有效性。

对于现代社会的各个不同领域来说,信息所起到的促进作用都是不容忽视的,教育领域也不例外。

在教育领域中,信息化以不可阻挡之势向前发展,而教师教育信息化的建设则相对较为落后。为此,就需要在这一方面给予重视,加快教师教育的信息化进程和建设力度。

三、体育教学教师创新发展的路径

针对体育教师发展中存在的问题,结合未来的发展趋势,特归纳出以下几个方面的创新发展路径。

(一)要对教育创新的重要性有充分认识

体育教师是体育教学的直接参与者、指导者,处于主导地位,因此,其要想发展创新,首先要对创新的重要性有充分的了解和认识。体育教师要解放传统的教学观念,深刻认识教学发展需要不断创新的这个本质问题,使自身囿于一个固定的思维模式中的情况得到尽可能地避免,要能对创新特质的外在表现有准确识别的能力,对创新的条件有充分的领悟,正确理解教学创新的内涵所在,才能在实际教学过程中实施真正的创新教学行为。

(二)切实设计和制定个人专业发展目标

首先,深入探究和努力学习马列主义、毛泽东思想以及中国特色社会主义理论和相关的伦理学等,以此为理念指导,与本人实际相结合,将个人专业发展的目标确定下来,同时还要保证自己可及的发展目标的准确性和可行性。

其次,要在积极性和主动性上有进一步的提升。通过积极有效地参与各类的教改活动,使自身的专业能力得到更好的培训和提升,树立能力为先的理念,有效争做学科带头人。

最后,要把爱专业、爱锻炼、爱学习观念,当作自身专业发展的重要组成部分,建立并强化终身学习的观念。

(三)建立并强化意识形态,提升专业能力

体育教师的意识形态,包含的内容是多方面的,下面对其中的几种加

第八章　体育教学主体的改革创新

以阐述,以利于其专业能力的培养与提升。

1. 增强团结奋进意识

体育教师的师德修养是其综合素养中的一个重要方面,这也会对学生产生潜移默化的影响。这就需要对体育教师进行积极引导,使他们以大局为重,围绕学习教育发展这一中心,使体育教师的主人翁意识和团结奋进的精神得到切实增强,并且以学校教育的内涵建设和改革发展为立足点,全面思考和审视新形势下合格的体育教师所应具备的职业能力与素养,发现问题,查找不足,有的放矢。

2. 树立质量意识

教学质量决定着教学的最终效果,因此,树立质量意识是非常重要且必要的。

首先,将体育实践融入常规的体育教学之中,通过实践改革,在方法、形式等方面进行反复的尝试,使学生对技术的熟悉和掌握程度不断提升,以保证他们的安全性。

其次,采用多种形式的演练,做到理论的积累、知识的增长,然后在实践教学中应用相关的新的知识和理论,巩固所学,达到理论与实践相结合,提高教学质量的目的。

3. 强化科研意识

对于体育教师来说,他们参与科研活动的积极性受到很多因素的影响,科研意识就是其中之一,因此,对科研意识的强化,对于提升科研能力是有重要影响的。

第一,体育教师要以自身实际为立足点,加强自身科研意识的提升,不断深入拓展教科研工作。

第二,要引导体育教师,使其能够积极开展不同形式的教学探索活动,通过体育项目拓展、体育赛事观摩研讨、体育课程教改展示等各种不同的形式,来将体育科研融入教学工作中。

第三,将体育科研成绩纳入综合考核机制,制定合理的考核评价标准,科学考量体育教师的科研业绩,提升他们开展科研工作的积极性和主动性。[1]

---

[1] 张辉.高校体育教师职业能力创新发展研究[J].山东农业工程学院学报,2019,36(10):171-172.

(四)提升体育教师创新的意识和能力

创新虽然在技术、体制等方面具体体现,但创新的意识与能力才是根本。为了更好地实践创新行为,体育教师在日常的工作、学习中,应自觉提升自身的创新意识和创新能力。

教师的创造性思维、创造性教学行为对学生影响是毋庸置疑的。在教学中培养学生的创新意识,就要求体育老师创造性地教,进而引导学生创造性地学,把创造性的培养寓于平日教与学之中。因此,体育教师应在平日教学中注重对自身的"创新意识"和"创新能力"的培养。

1. 学习专业知识并准确掌握规律

创新教育的实施,是需要通过体育教师来实现的,因此,就要求体育教师必须积极进行教育研究,转变传统的教育观念,学习先进的教育科学理论,掌握教育科学规律,准确把握学生心理状态,不断提高自身思维能力,通过"教"与"学"的互动,变知识的传授者为学习的促进者。

2. 做好继续教育和业务培训工作

体育教师要具备完善的知识结构和综合素质,不断吸取新知识,借鉴他人好的教学方式方法,取长补短,从而使自身的创新能力得到提升。体育教师要密切关注最新的体育发展动态,不断丰富自己的专业知识,不断更新教学理念和努力钻研教学方法,以饱满的、积极的精神风貌投身于工作中,以此来使自身的创新意识与能力得到真正的提升。

(五)不断更新和优化专业发展渠道

体育教师专业知识的充实以及专业水平的提升,都是需要通过专业培训、课改实践以及参与科研等多种渠道才能得以实现的。具体来说,要以体育教学为中心,在教学的过程中要以体育教师专业发展为主渠道,体育教师教学也在持续不断地更新和完善增加的专业知识体系,探索新思路和新方法。与此同时,体育教师要与时俱进,进一步优化和创新自身的教学模式,确保自身的专业发展的科学性、合理性、实效性更加显著。

(六)完善体育教师综合能力的评价机制

要进一步完善体育教师综合评价制度,科学制定评价标准和评价内容,根据实际情况进行动态调整和持续优化,不断提升评价考核的针对性

第八章 体育教学主体的改革创新

和有效性,确保体育教师的综合职业能力和业绩实现得到客观公正的考量与评判。

首先,要将一个多元的评价机制建立起来。学生的成绩固然重要,但是,这并不是体育教学的唯一目的,也不是体育教学工作成效的唯一衡量标准,体育教师的教学成果评价范围还包括有无不断引入先进的教学思想,是否重视学生创新能力的培养,能否发现并善于以创新的方法解决教学出现的问题等。[1]

其次,人们对体育教师工作价值和成效的判断,并不是单一的学生成绩或者其他。鉴于此,就需要为体育教师创新教学提供良好的平台,并增加鼓励创新的积极考核机制,才能真正地开拓、挖掘出更多的创新渠道,从而对体育教师的不断创新发展起到促进作用。

第三节 体育教学中学生的创新培养

一、学生创新意识与创新实践能力的认识

(一)创新意识

创新意识,指的是人们通过与个体生活需要与社会发展需求的有机结合,引起创造前所未有的理念或事物的动机,在创造活动之中,表现出来的一种意愿、设想。

创新意识对于人们来说有着重要意义,一方面,是人们进行创造活动的内在出发点与动力;另一方面,是形成创新思维与创造能力的前提条件。

创新意识可以从很多方面得以实现,比如,创造动力、创造兴趣、创造情感与创造意志等。创新意识,某种程度上将人才素质的发展变化与发展方向体现了出来。加强人创新意识的培养,对于未来社会发展有着重要的影响。

---

[1] 郑燊宇,李军,刘小明.中小学体育教师创新行为的现状与促进策略[J].体育科技,2019,40(6):140-141.

（二）创新实践能力

实践能力,简言之,就是一种将抽象的理论知识转化为一种解决实际问题的能力。从学生的角度上来说,实践能力是指吸收教育资源,适应社会生活,将学到的理论知识解决基本实际问题,参与社会实践,提升自我的实践主体地位的能力。

一般来说,实践能力包含的内容是非常丰富的,比如主要有语言实践能力、音乐实践能力、数理逻辑能力、身体运动能力等。具体会因为学科、领域的不同而有所差别。从体育学科的角度上来说,在这些不同的内容上进行创新,能对体育教学的发展产生积极的推动作用。

二、体育教学中培养学生创新意识与能力的意义

（一）有助于体育教学效果的提升

体育教学中的所有意识和行为都有一个共同目的,就是取得理想的教学效果,因此,体育教学效果在很多方面都会有所体现,而不仅限于熟练掌握体育技能、提升身体素质等方面,一些内在的精神、意识、能力方面,比如创新意识、勇于拼搏的精神、实践能力等,也能反映出体育教学效果的好坏。

对学生创新意识和创新能力的培养和提升,首先,是必须在体育教师的指导下才能进行的,严格遵循"健康第一""快乐体育"为指导思想,对旧有的教学理念加以改变,对教学目标进行重新的制定,保证其准确性和科学性。由此,能够将学生的学习主观能动性激发出来,并对学生主动进行体育知识探究并加以创新进行积极的引导,成功培养学生创新学习精神和学习习惯。

（二）有助于体育教学育人价值的充分发挥

对学生创新意识与创新能力的培养,对于体育教学中育人价值的发挥会起到积极的促进作用。体育教学本身就是一种教育行为,具有教育普遍的育人价值,这一重要价值在体育教学过程中有显著体现,但这一价值性不仅限于此,其还会在学生走出校园、踏入社会后,仍起到显著的作用和影响。

当前,随着经济、社会的不断发展和进步,竞争越来越激烈,从根本上

第八章　体育教学主体的改革创新

来说,这种竞争无疑是人才的竞争。因此,在当今社会,人才的培养是首要任务,也是重中之重。当今社会对人才的要求越来越高,除了较高的专业能力、全面的学科知识素养这些基本条件外,较强的创新意识与创新能力更是不可或缺的重要方面,否则,其与社会的契合程度就会大打折扣,因此在体育教学中加强创新意识与创新能力培养,积极转变教学方法与手段,注重学生创新意识与实践能力培养,不仅能够有效增强学生的身体素质,还能够提升学生实践能力,这对于学生未来发展具有重要的意义。

三、体育教学中学生创新发展的途径

学生在体育教学中要进行创新发展,可以从以下几个方面的途径着手。

(一)将学生的主体性地位彰显出来

对于学生来说,作为体育教学的重要主体,其要在创新上得以发展,不外乎创新意识和创新能力,事实上,创新意识与创新能力之间是相辅相成的密切关系,创新意识为创新能力的发展和应用指明方向,创新能力的实践应用则是把抽象新奇的想法得以具象化,并应用于社会发展之中。

不管是创新意识还是创新能力,对于学生来说,在培养过程中都必须具备一个良好的环境,这是重要的外部条件。

受传统体育教学模式的影响,学生之前的主体地位没有得到充分体现,学生的学习行为往往由教师进行掌控,学生自主学习空间也非常小,想要实现学生创新意识培养是非常困难的。需要打破常规的教学模式,给予学生充足的学习空间与时间,让学生在体育实践训练中去发现、去思考,掌握体育知识规律,再加上教师的必要指导,进一步开阔学生的思路,激发学生创新思维,从而逐步引导学生主动进行思考,养成发现问题、思考问题、解决问题的良好习惯。[1]

(二)注重学生创新思维的培养和提升

1. 加强求异思维训练,培养学生的发散性创新思维

学生思维的转变,实际上反映的就是其处理事务时的思考、推测等,这对于学生创新能力的培养是有利的。加强求异思维的训练实际上就是

---

[1] 龚嘉荣.体育教学中学生创新意识与实践能力的培养分析[J].当代体育科技,2019,9(27):55-56.

对学生发散思维的一种加强性训练。体育教学过程中根据教学内容所设计出的相关游戏,在激发学生发散思维方面效果显著。在组织体育游戏中,教师可采用内容不全教学法,将教学内容留有一定的空白空间,对学生的预估和推测能力的培养也非常有帮助。

2. 加强右脑潜力的开发,培养学生创新思维

每个人的大脑发展情况都是不同的,而人体左右脑的发展情况,决定了每个人的创造力情况,如果人体左右脑能够得到平衡发展、相互配合,那么形成的创造力就会比较强。但是在实际的体育教学中,能够有效帮助开发学生左右脑的教学方案非常少,不管是课堂教学方式还是教育手段,都比较侧重于言语思维以及抽象思维。这就会对非言语以及形象思维的训练产生不利影响,也不利于学生创新能力的培养。所以,就要求体育教师在设计教学活动时,一定要注意左右脑功能的同时开发与训练。

(三)积极引导与开发学生创新潜能

对学生创新思维和创新能力的培养,并不是放任不管,任由学生自由发挥,而是要充分发挥其主导作用,积极引导学生创新发展的正确方向,并对学生发展过程中存在的问题进行科学指导,在现有的体育活动基础上,加强学生创新意识引导启发,客观评价学生创新行为,积极鼓励学生进行创新,从而尽最大可能地激发学生的创新意识,并促使学生落实于实践过程中。

(四)借助新的教学方法培养学生的创新能力

1. 自主学习法

在培养学生创新能力的过程中,自主学习是不可或缺的一个重要条件,所以,体育教师在设计教学活动时,需要留给学生一定的自主权以及自由,充分体现学生的主体地位,使之在自由的氛围中增强自身的能力。[1]

2. 小组学习法

在体育教学过程中应用这一教学方法,能将学生的主观能动性充分体现出来。在体育教学过程中开展该活动,能对学生团队协作能力的提

---

[1] 刘进. 高中体育教学中学生创新素质的培养[J]. 亚太教育, 2019(10): 102.

第八章　体育教学主体的改革创新

升起到促进作用,除此之外,对各个小组之间的相互交流与沟通、借鉴经验也有积极影响,这对于激发学生自主学习和创新能力的发展是有意义的。

（五）利用现有条件营造创新实践场景

在体育教学过程中,启发学生创新意识、培养学生实践能力,除了需要学生自身必不可少的努力之外,教师还要借助现有的教学器材,营造一个创新实践场景,利用场景从"侧面"出发,将学生的创新意识有效激发出来,并在创新实践场景中将这种创新意识转化为实际行动,有效实现学生创新意识与创新能力的培养。

第九章 体育教学管理的改革创新

体育教学管理也是体育教学开展与实施的重要环节，其与其他几个环节一样，都有各自的功能，是不可或缺的。体育教学的发展与创新，也与体育教学管理的改革创新有着密切的关系。因此，分析和研究创新教育背景下体育教学管理的改革创新是非常重要且必要的。本章首先对体育教学管理的基本理论进行阐述，接着分析了体育教学主体及财物的管理以及这一过程中存在的问题，并提出了科学的解决策略。体育教学管理的创新有利于体育教学的整体发展与创新。

第一节 体育教学管理概述

一、体育教学管理的目的

(一)体育教学管理基本目的

体育教学管理，在体育教学中也是非常重要的组成部分，也有其存在的目的，可以归纳为下面几点。

第一，将让学生充分感受到体育文化的特有魅力。

第二，将体育相关知识和专业技能传授给学生。

第三，通过积极引导，使学生能够将良好的竞争意识建立起来，也将他们参与体育活动的兴趣有效激发出来。

第四，对学生的健康素质和活动能力进行重点培养，并加以提升。

(二)体育教学管理目的的实现

体育教学管理目的能否实现、实现的程度如何，直接决定了体育教学管理工作的质量，因此，要采取各项有效措施来促进体育教学管理目的的

第九章　体育教学管理的改革创新

实现。

第一,强化体育的多功能目标,将体育教育的功能在多个方面体现出来。

第二,树立正确的体育教学思想。对于学生来说,在教师引导下树立"健康第一""终身体育"等指导思想,是有助于他们养成自觉锻炼的习惯的,同时,还能对他们的身心全面发展等起到促进作用。

第三,建立科学的体育教学评价体系。体育教学过程的开展以及最终取得的教学效果如何,都是需要经过教学评价才能实现的,同时,得出的评价结果还能对下一步体育教学活动的开展起到重要的导向作用。

二、体育教学管理的内容

体育教学管理的内容,根据不同的标准和方面,能进行不同的分类,这里对下列几个方面加以分析。

(一)教学质量管理

体育教学中,教学效果通常是由多方面因素共同作用而最终产生的,而在众多影响因素中,根本性影响因素就是体育教学的质量。因此,教学质量管理对于体育教学管理来说,是非常重要且必要的。

对体育教学质量的管理,实际上就是通过对教学的条件、状态、效果、改革等方面的管理,来使教师对其教学状态进行适当的调整,并且达到有效促进和提高教师教学水平,并且使教学质量得到有效改善和提高的重要目的。

(二)教学秩序管理

良好的教学秩序也是有助于体育教学效果的取得的。教学秩序方面的管理就是要将科学可行的规章制度制定出来,并且将其严格执行并落到实处,从而使教学工作有章可循,责任清楚,从而有效保证体育教学管理的规范化。

(三)教学计划管理

体育教学计划对整个体育教学的发展起到重要的导向作用,体育教学质量的取得以及体育教学管理动作的开展,都是以此为依据而进行的。体育教学计划作为一项重要的纲领性文件,能够将培养目标、课程结构和课程内容反映出来。因此,进一步完善体育教学计划,加强体育教学计划管理是非常有必要的。

(四)教学档案管理

教学档案,实际上就是教学过程中所有信息的整理,由此,教学档案管理也可以理解为教学信息管理。具体来说,教学档案管理能够反映出体育教学工作中的相关事宜,同时,还能有效促进体育教学质量以及体育教学管理水平的提高。

三、体育教学管理的原理

体育教学的管理不是盲目进行的,而是要遵循一定的程序和基本原理,这些原理主要有人本原理、系统原理、动态原理、效益原理等几个方面。

(一)人本原理

人在事物发展的过程中扮演着非常重要的角色,要想实现理想的管理效益,就必须要以人为本,充分调动人的积极性,激发人们参加各项活动的兴趣和动力,这就是所谓的人本原理。简单来说,人本原理就是一切活动都要围绕着人进行,人是活动的主体和重要力量。

依据人本原理,在体育教学管理活动中,人是非常重要的主体,在整个管理系统中人起着不可替代的作用。因此,在具体的体育教学管理活动中,要坚持以人为本的基本理念,这就要求做到以人为本,以人的实际水平和工作能力来安排各项工作,学校要为教学管理人员提供各方面的支持,从而保证体育教学活动的顺利进行,这样才能提高教学质量和效果。

(二)系统原理

体育教学管理系统大而复杂,系统中包含诸多要素,这些要素之间并不是孤立存在的,而是相互联系在一起的,正是由于这些要素之间的密切配合与相互促进才促使体育教学管理系统健康的运转与发展。系统可以说是各要素功能之和,这些要素按照一定的结构相互联系在一起,依据系统整体目标的要求进行各种组合与搭配,共同推动着系统的完善与发展。这就是系统运行的基本原理和机制。通过这一系统原理的运用,能实现

第九章 体育教学管理的改革创新

体育教学管理优化的目标。

为保证体育教学活动的顺利进行,我们可以以系统原理为主要依据,确定体育教学管理的基本原则,在这一原则的指导下,有条不紊地开展体育教学管理工作,是体育教学科学管理的重要体现。

(三)动态原理

在体育教学管理系统中,主要包括人、财、物、时间、信息等各种要素,这些要素都缺一不可,在系统中发挥着重要的作用。这些要素之间相互联系共同推动着整个系统的发展。另外,该教学系统还涉及计划、组织、控制、协调等各个环节的内容,每一个环节也包括诸多要素,这些要素都是处于不断地发展和变化之中的,体育教学管理要顺应这些变化,从而保证教学管理目标的实现。这就是体育教学管理的动态原理。

在体育教学管理的过程中,体育教师一定要掌握这一动态原理,在这一原理的指导下组织与开展教学活动。在具体的实践中,体育教师要下放一定的权利给学生,采取各种措施和手段激发学生学习的积极性,使其以饱满的精神状态投入到教学活动之中,从而保证教学管理活动的顺利进行。除此之外,体育教师在教学管理的过程中还要收集各种反馈信息,根据得到的客观的反馈信息及时调整教学方案和计划,从而实现体育教学的目标。

(四)效益原理

体育教学管理是一个大而复杂的系统,系统内的要素及环节众多,并且每一个环节的内容都是非常重要的,作为一名合格的体育教师,一定要管理好教学活动中的各个环节,以提高教学效益为中心,充分利用好教学中的人力、财力、物力、信息等各种资源,实现各种资源的优化与配置,这就是体育教学管理中的效益原理。体育教师要以效益原理为指导组织与开展教学活动。

实际上,进行体育教学管理的主要目的就在于实现理想的效益,因此,一定要遵循效益原理开展教学活动。一般来说,体育教学管理的效益主要包括经济效益与社会效益两个方面,这两个方面是缺一不可的,不能只为了一方面的效益而忽略了另一方面的发展。作为体育教学管理人员,要从不同的主体和不同的角度去检测和评估教学管理的效益,及时协调与调整管理系统中各个要素,从而实现最佳效益。

四、体育教学管理的机制

(一)体育教学管理机制的概念

最初,"机制"一词主要指的是"机器的构造和动作原理",后来随着时间的不断发展,"机制"这一词的含义逐渐延伸,扩展至生物学、医学、管理学等领域,在管理学领域,"机制"的意义与其本意区别不大,它与管理学相结合从而形成了一个新的名词——"管理机制"。

为促进体育教学管理效益的提高,必须要建立一个科学有效的管理机制,在这一管理机制下展开系统内的各项活动。要想建立一个科学的管理机制,首先就要结合体育教学实际建立一个组织机构并制定相关的组织制度。组织机构的建立要掌握一定的原则,那就是把系统内部的相关人员按照实际情况分配到组织系统的所有部门。而组织机构的相关制度则是不同岗位人员的行为规范,要在既定的行为规范下进行活动。体育教学管理系统能否顺利运转与系统内部各要素有着一定的关系,因此体育教师在教学管理的过程中要善于激发各个环节的要素,以人为本,尽量做到人尽其才、物尽其用,从而实现体育教学管理效益。

综上所述,在体育教学活动中,体育教学管理机制就是为保证体育教学活动的正常开展而设置的相关组织或机构,各组织为了同一个目标而形成的一个体系。在这一机制的运转下,体育教学活动中的各个主体行为都能得到一定的规范,这样体育教学活动就能顺利地进行,培养体育人才的目标也能实现。

(二)体育教学管理机制的构成

体育教学活动的顺利开展离不开教师与学生的密切配合,同样也离不开科学的体育教学管理机制。在科学的教学管理机制下,体育教学质量才能得到保证。一般来说,体育教学管理体系主要有以下内涵。

广义上来讲,体育教学管理体系是指学校内外体育教学过程中涉及的具体要素。其中,政府部门、各类企业、社区、家长等都是这些要素中的重要内容。体育教学管理活动的顺利进行与这些要素之间有着密切的关系。

狭义上来讲,体育教学管理体系是指学校内部体育教学过程中涉及的各个方面的要素。其中,学生、教师、教学管理人员等都是这些要素中的重要内容。受学校类型、发展历史等因素的影响,每一个学校在校园机

第九章 体育教学管理的改革创新

构设置和管理层次等方面都存在着一定的差异,这是不可避免的。但不论如何,体育教学管理体系的构成要素在利益主体方面是相同的。

在具体的实践活动中,体育教师一定要做好各方面的准备工作,充分考虑各利益主体之间的关系,使他们获得和谐稳定的发展。在体育教学管理工作中,相关组织机构的设置、管理人员的配备、教学体系制度的制定等都要围绕体育教学的目标进行,这一教学管理体系要能充分激发师生参与教学活动的积极性,能保证学生体育运动水平的提高,保证教学活动的顺利进行。

受各方面因素的影响,我国学校体育教学历来都比较重视狭义上的体育教学管理体系。这一种观念和做法存在着一定的弊端,不能从全局的眼光看问题,导致体育教学活动开展欠缺多样性。但是,实际上,体育教学管理会受多种因素的影响,尤其是在当今社会背景下,体育教育与社会需求之间的关系非常紧密,体育教育的发展在一定程度上依赖于社会环境,因此学校体育教学活动必须要密切联系社会,以社会人才需求为指导,培养适应社会发展的高素质人才。由此可见,关于体育教学管理机制要从广义与狭义两个方面去研究。

(三)体育教学管理机制的建立

体育教学管理机制的建立要以充分调动教学主体的积极性为前提,并合理地设置体育教学组织机构,只有如此才能保证体育教学活动的顺利开展。具体而言,体育教学管理机制主要包括以下几个方面。

1. 建立激励机制

(1)激励的依据

大量的实践与事实表明,在学校教育中建立一个有效的激励机制对于教学质量的提高具有重要的作用。激励可以说是一种能激发教学主体参与活动积极性的教育方式,通过这一方式的利用,能收到良好的体育教学效益。一般情况下,体育教学管理激励机制的建立需要考虑三个方面,即教师、学生和管理者。在建立这一激励机制前,教学管理人员要事先做好充分的调查,充分了解教学主体的特点及个性,然后采取有针对性的措施与手段充分调动教师、学生和管理者的积极性,激发他们的学习与工作热情,这样才能促进教学质量的提高。

教师、学生与管理者是体育教学管理激励机制中的重要构成要素,其中教师是激励的主体,是激励活动的组织者与发起者,学生是被激励的对象,即激励客体。但从整体上来看,教学、学生、管理者三者都充当着激励主体和激励客体,三者之间的联系非常密切。

(2)激励的方式

选择什么样的激励方式对于体育教学质量的取得具有重要的意义,一般来说,激励方式主要有物质激励与精神激励两种,这两种激烈方式在当今的体育教学活动中都得到了充分的利用。

①物质激励。物质激励是体育教学中最为常见的一种激励方式,奖金、奖品、职位晋升以及工资提高等都属于这样一种类型,这一物质激励的方式非常有效,能对体育教学主体起到一定的促进作用。例如,对于体育教师而言,他们最为关注的物质激励是职务的晋升,因为这会直接影响到他们的收入以及未来的发展。基于此,学校相关部门就要引起高度重视,充分运用职称评定这一激励方式来激励体育教师的成长。很长一段时间以来,我国学校教育的职称晋升主要以发表论文、著作、科研课题的实际数量为依据,这一评价标准具有一定的片面性。那些具有丰富教学经验、教学质量高的教师往往会因为发表论文、著作的数量不够而不能获得职称的提升,这极大地打击了他们的教学积极性。而一些教学经验不足、教学水平不高的教师却能通过这样一些途径获得晋升的机会,这种评价方式是不合理的,欠缺公平性。因此,学校相关部门要逐步完善物质激励的方式,一切激励方式的利用都是为了提高教师工作的积极性,为了教学质量的提高。

②精神激励。一般来说,精神激励主要是借助于授予体育教师某种荣誉称号来提高教师的工作积极性。这一激励方式也能起到一定的效果。在体育教学评价活动中,对体育教师的工作作出的积极评价与肯定性评价,能让体育教师感受到自己存在的意义和价值,能充分满足他们的自尊心,提升教学的自信心。精神激励这一方式较为简单,不需要什么成本,但有时候如果能够运用得当往往能收到更好的效果。由此可见,这一激励方式也是值得提倡的。

2. 保障机制的建立

(1)建立保障机制的必要性

①随着现代社会的不断发展,科学技术水平也越来越高,如今出现了大量的新材料和高科技器材,这些器材不仅被广泛应用于运动员的运动训练和比赛中,也被引进到学校体育教学之中,对于体育教学质量的提高具有重要的作用。另外,这些高科技的体育设备还能为教学主体参与教学活动提供一定的安全保障。

②据调查,目前我国大部分的学校都存在着经费短缺的问题,在这样

第九章 体育教学管理的改革创新

的情况下,学校就无法购买具有高科技含量的体育器材或设备,这在一定程度上影响着我国学校体育教育的发展。

③我国大部分的学校都存在着资金短缺的问题,而在有限的资金方面,还存在分配不均的问题。受学校升学及就业压力的影响,大部分的教学资金都运用到文化课教学方面,体育教学获得的资金投入非常少,这就难以满足学生的体育学习需求。

综上所述,建立一个科学的保障机制对于学校体育教育的发展而言具有重要的意义。这一方面应该引起我国政府部门及学校领导人的高度重视。

(2)保障机制的具体内容

建立一个体育教学管理的保障机制是十分必要的,通常来说主要包括以下两个方面的内容。

一方面,国家政府部门要结合具体的实际建立一个完善的法治体系,借助立法的手段来解决教育投入的问题,这能从根本上解决我国体育教学投入力度不够的问题。

另一方面,在全面分析学校具体实际的基础上采取院系两级或一级管理的财务预算管理方式,满足一线教学的需要。对于体育教学训练而言,一定要保障学生的训练经费和实习经费。只有如此,体育教学活动才能得到顺利的进行。

3. 风险处理机制的建立

(1)建立风险处理机制的意义

体育教学具有一定的特殊性,它是一门以身体运动为主的学科,绝大部分的教学内容都以身体运动为主,与一般的文化课有着明显的区别。既然涉及身体方面的运动就必然存在着一定的风险性,因此加强学生运动中的安全管理是尤为必要的,为杜绝风险、保证学生的人身安全就需要建立一个风险处理机制。

大量的实践与事实表明,事先建立一个风险处理机制具有重要的意义,在这一机制下,体育教学活动能在安全的基础上进行,学生的人身安全能得到良好的保障。对于学校相关部门而言,要对各类体育教学活动的风险作出合理的判断,然后根据风险大小的判断建立一个可靠的风险处理机制,尽可能降低体育运动的风险。而万一发生风险,也能及时采取有针对性的手段将风险的负面影响降至最低,这对于体育教学活动的顺利进行具有重要的意义,对于学生的人身安全也具有重要的意义。

（2）风险主体的构成

一般来说，体育教学活动中风险主体主要包括两个部分，一部分是客观事物构成的安全；另一部分是教学主体导致的安全风险。针对每一种风险都有不同的处理办法。

①客观事物构成的安全风险主要是指在体育教学活动中，因周边环境问题而导致的各种安全风险。这一种风险是可以得到很好的控制的。为杜绝这一风险，体育教师可以带领学生在上课前全面检查体育器材及设备，检查教学场地内是否存在障碍物等，通过这些检查工作，及时排除风险。

②人为主体构成的安全风险主要是因教学主体自身的各种因素导致的风险，如准备活动不足、身体状况欠佳、技术动作不规范等，这些都有可能导致出现一定的安全风险。如上体操课时，学生的倒立动作不规范，没有掌握正确的技术要领而致使颈部着地，导致颈部出现伤病，这就是人为主体构成的安全风险，这一风险也可以在一定程度上得到避免，前提是教学主体要在体育教师的指导下安全地参加教学活动。

五、体育教学管理的计划

从体育教学管理的内容中得知，体育教学管理的计划有着重要的意义，对教学效果和教学质量等都会产生重要影响，因此，对体育教学管理的计划进行分析和研究是非常有必要的。

体育教学管理的计划中涉及的内容是多方面的，具体如下。

(一)体育教学工作计划

体育教学工作计划，是贯彻国家制定的体育教学大纲和教材、科学地安排整个教学工作、顺利完成教学工作目标不可缺少的文件。

体育教学工作计划通常可以分为全年教学工作计划、单元教学计划和课时计划等。

(二)学年体育工作计划

学年体育工作计划，其具有非常强的规划性特点，且持续的时间较长，以学年为单位。具体来说，其是对国家教育和体育方针、上级领导机关指示精神、学校工作中心任务及要求的概括。上一学年的体育工作计划是下一学年工作计划制定的重要依据。

(三)教师培训计划

体育教师是体育教学的重要主体之一,具有重要的主导性作用,为适应不断发展的社会,满足社会和学生的需求,教师也要做好自身的培训与提升工作。教师培训计划就是针对这种情况而产生的。在制定教师培训计划时,首先要了解所要培训的教师个体的具体情况,然后与体育教学需求相结合来进行。

(四)运动竞赛计划

通过运动竞赛的实施,能够有效检查前一阶段的教学质量以及运动训练水平,还能以竞赛过程中的学生的表现和成绩来选拔相应的体育人才。运动竞赛计划主要包括年度竞赛计划、学期竞赛计划。

(五)课外体育工作计划

课外体育工作计划主要包括全校课外体育工作计划、班级体育锻炼计划和个人锻炼计划等。在制定课外体育工作计划时,学校要充分结合本校实际与学生的具体情况,以保证计划的合理性与可行性。

(六)场馆、器材计划

体育场馆、器材,是体育教学得以顺利实施的物质保障。这方面的计划主要包括场馆建设、维护,器材购买、维修等内容。在制定这一计划时,首先要考虑到学校体育的发展情况,然后要考虑学校的实际情况,并且还要把握好其最低限度。

第二节 体育教学主体的管理

一、体育教师的管理

对体育教师进行的管理是在全面贯彻体育教育方针的基础上,以管理的方式实现从整体提升体育教师各方面能力以及促进教师教学积极性的目标。针对学校体育教师的管理主要囊括如下方面。

（一）教师规划管理

教师规划管理的内容主要为如下五个方面。

（1）制定编制管理方案。体育教学工作的展开必然需要具备一定水平的教师队伍，特别是对一所学校来说，只有制定出一个合理、完备的体育教师编制管理方案，才能确保给予体育教师以科学的编制，从而满足日常体育教学对教师安排上的需求。在进行相关管理工作时，要注意使其符合国家教委颁布的相关条例，然后应结合学校实际情况，如学生数量、体育教学任务等进行合理配比。

（2）制定体育课时管理方案。针对体育课时的管理不仅局限于体育课堂教学，还应包括课外体育活动、课余体育训练与比赛等多种校园体育活动。在进行课时管理工作时要以学生的各项《达标》测试为依据，据此平均分配学校每名体育教师的课时，如此既能使教师在不超负荷的工作下保持良好的教学状态，还能圆满完成各项体育教学任务。

（3）制定体育教师培训管理方案。在学校任教的体育教师并非就结束了自己的学习历程，实际上，现代体育教育是处于不断发展变化中的，且发展速度很快，这使得如果教师停止学习，很快就会落后于体育教育的发展形势。因此，定期对体育教师进行培训就显得非常重要。针对此项工作进行的管理通常以组织培训活动为主，这类培训活动可以分为短期培训和攻读学位的深造培养两种。从实际效果来看，这的确能对学校体育教育水平的提高起到不小作用。

（4）制定体育教师引进管理方案。对于体育教师的引进，不论是数量还是等级都要以现有的体育教师的编制情况为依据，最终实现优秀体育教师的高效引进，确保学校体育教育各项活动正常开展，以及在使用体育教师方面不会出现捉襟见肘的局面。

（5）制定体育学术交流管理方案。这部分管理工作主要是组织体育教师定期参与一系列相关学术活动，以期不断增加他们的科研水平、任教能力和综合素质。

（二）教师选拔管理

教师在体育教学管理中起着非常重要的主导作用，因此，选拔经验丰富，综合能力较强的体育教师对提升体育教学质量会带来很大的积极影响。针对体育教师的选拔，其作为体育教学管理中的一个环节，在选拔时应注意遵循广泛选拔和综合考察两大原则。广泛选拔要求选拔教师的选

第九章 体育教学管理的改革创新

择面要宽,渠道要广。综合考虑要求对教师的选拔应关注其业务能力、道德品质、责任心等,力争选拔到德才兼备的教师。

(三)教师聘任管理

对教师聘任工作进行规范化管理,有助于为体育教学工作的顺利开展和质量提升带来良好作用。对教师的聘任来说应始终保持合理性、可行性和优质性。为此,需要遵循如下几点原则。

(1)因岗设人。因岗设人的核心在于选拔教师的原因是由于岗位需要,而不是人的需要。这种选拔思路一改过往的那种注重教师个体发展的选拔思路,如此使招聘环节的功能得到了优化。

(2)职能相称。体育教学中涉及项目众多,这使得即便同为体育教师的教师也会因为各自不同的运动项目侧重而更多承担不同的教学任务,同时,这也使得在教师选拔上应坚持职能相称,各自发挥所长。

(3)职称评定。符合不同职称等级的教师要给予适当的职称评定,以此让体育教师同其他学科教师一样在学校中有同等地位,如此也更容易建立起体育教师的自信心和自尊心,以期以最好的状态投入到教学工作中。

(四)教师培训管理

体育教师在入职前和入职后都应定期参加培训活动,这是使他们始终了解体育教学发展动态、不断提升任教能力所必须的要求。为了做好相关工作,必要的教师培训管理工作是不可或缺的。

常见的体育教师培训方式有学院进修、自学考试机构、本校培训等。而最常采用的形式有在职培训和岗位培训两种。

(1)岗位培训。这是一种针对即将成为体育教师的人设置的以满足任教各项要求为目标的培训。这类培训能帮助那些即将进入学校任教的教师更快适应工作,而对其能力的提升主要体现在实践教学技能上。

(2)在职培训。这是一种体育教师在做好日常教学工作的同时,利用业余时间参加培训的方式。这种培训方式主要针对已经开始任教工作的在职教师。

(五)教师考核管理

对体育教师进行定期考核是了解他们任教能力的主要方式。常见考核的方式有笔试、听课等。针对教师考虑进行的管理要秉承如下几点原则。

（1）实事求是原则。所进行的教师考核管理秉承实事求是的原则，要求考核管理工作要从实际出发，注重客观真实，考核条件对所有教师保持一致，特别是对主观性评价更要做到这点。

（2）全面性与侧重性相结合原则。教师考核管理的全面性原则要求对教师考核的指标设置要力争全面，同时对个别与教师任教能力关系紧密的指标要有所侧重。只有将全面性与侧重性相结合，才能使考核管理工作更具效力。

（3）发展性原则。对教师考核进行的管理要力求有发展性，这是要求考核的根本目的应着眼于促进教师任教能力的提升，而非在于看重分数的孰优孰劣。

（六）教师评价管理

对体育教师进行评价管理是了解体育教师教学成果和施教能力的一种系统化认识，这类管理是基于多种渠道的信息收集，并配合定性、定量评价进行的。常见的体育教师评价管理的信息收集方式主要有以下三种。

（1）学生评价。作为体育教学主体之一的学生，其对作为知识与技能的传授者的教师进行评价是较为直观的，具有一定的说服力。不过，这种评价方式的不足在于受限于学生的情感与认知，使得来自他们的评价中有很多主观甚至偏激的信息，这无形之中会降低信息的可靠性和有效性。

（2）自我评价。自我评价是教师对自己施教过程与结果的评价，这是一种主观性较强的信息获取方式。一般来说，这种评价方式所获得的信息往往高于日常水平，因此，教师在做自我评价时，应尽量做到客观、真实。

（3）领导与同行评价。来自领导与同行的评价通常准确度较高，是一种经常采用的评价方式。

二、学生的管理

学生作为学校体育教育的主体之一，对其进行管理是提升体育教学质量，高效完成体育教学目标的关键。在对学生进行管理时要注意符合他们的身心发展规律，这是管理见到成效的核心。一般来说，针对学生的

第九章　体育教学管理的改革创新

体育教学管理内容有如下几项。

（一）学生体质健康管理

现如今,我国学生体质状况每况愈下,这一问题受到全社会的广泛关注。学生的健康问题关乎祖国的未来,学校体育教育是扭转这一趋势的最佳方式。在学校体育的管理中,对学生体质健康状况进行的管理是一项重要环节。为此,需建立起一系列健康管理制度,涉及多方面内容,如详细分析学生体质健康状况,探究导致问题出现的原因；学校向学生开展的有关健康的宣传工作；制定学生健康管理制度；定期组织学生参加体质测试；为每名学生制作健康档案等。在管理工作中不应忽视对体弱、伤残学生的管理,具体做法为专门为这些特殊学生群体制定体育活动制度,并开设专门性活动,带动他们适当参加体育活动的热情。

（二）学生课堂纪律管理

不论是对于体育课堂教学还是其他学科的课堂教学,拥有良好的课堂纪律始终是课程顺利进行的基础。好的课堂纪律需要教师和学生共同来维护,教师作为体育课堂教学的主导者,在进行课堂纪律管理上要下足功夫,其要注意做好如下两方面工作,一是注重对学生维持良好课堂纪律的意识培养,二是教师对学生提出统一的要求,并为这一要求的实现提供尽可能的支持。

（三）学生课外体育活动管理

课外体育活动是课堂体育教学的一种拓展和补充,是学校体育的重要组成部分。针对学生课外体育活动的管理应秉承如下原则。

（1）需要性原则。课外活动的安排要以能切实满足学生的体育活动需要为原则,这些需要包括学生技能的提高、身体素质的提高、人际交流、休闲娱乐等需要。

（2）多样性原则。既然课外体育活动是体育课堂教学的一种拓展与补充,因此就应在课外体育活动中安排更多种类的运动项目,以此满足不同运动兴趣的学生的参与。

（3）指导性原则。尽管课外体育活动并非如课堂体育教学那样严肃,但也不是说这类活动就可以脱离必要的指导。教师对学生的课外体育活动进行必要的指导,是提升活动质量,让学生在运动中有更多收获的必要行为。

（4）可操作性原则。课外体育活动的项目安排应具有十足的可操作性，即运动项目所需的条件、开展形式、开展意义等都要符合学校体育的开展理念，以此使活动的开展富有意义，而且是便于开展和便于获得成果的。

（四）学生学习评价管理

针对学生学习情况评价的管理主要使用下列三种形式。

（1）教师评价。教师作为亲历教学一线的人员，其在教学内容传授过程中与学生有着较多的接触，再结合阶段性的考核，基本可以对学生作出相对准确的评价。教师对学生的评价应注重将形成性评价和终结性评价相结合，务必做到客观公正，并且注重遵循评价的发展性原则。

（2）学生自评。学生是最了解自身体育学习成果的人，因此，在评价管理中引入学生自评是有一定价值的。学生自评的形式应安排在学期末或学年末。不过，学生自评往往会出现"水分"过多的问题，因此，教师在以此作参考的时候应注意筛选出真实信息，而不能简单地全部认定。

（3）学生互评。学生与学生之间朝夕相处，特别是在一些分组、配对完成的体育学习中更是非常清楚彼此的学习成果，因此，学生间的互评结果对评价学生学习成果来说就具有一定的价值。为了使学生互评更加严谨有效，教师在评价开始前要给学生说明一些要点，以引导他们以正确的心态和客观的视野看待同学。

第三节 体育教学财物的管理

一、体育教学经费的管理

（一）体育器材经费的管理

学校为组织开展多种体育教学活动，就必须要购置多种相关体育器材，这些器材数量较多，种类各异，每种都有自己的价格和适宜的购买方式。因此，科学管理体育器材经费就显得非常重要。对于学校体育器材的经费管理来说，首先应对器材予以分类，通常体育器材可分为大型体育器材、小型体育器材、体育消耗品和固定体育资产。这几类器材的消耗程

第九章 体育教学管理的改革创新

度各有不同,相比之下,大型体育器材的消耗程度较小,寿命较长,如篮球的篮球架和足球的球门等;小型体育器材的消耗较大,寿命较短,需要经常性地进行维修、保护以及补充,如乒乓球、羽毛球、网球等。对体育器材实施科学经费管理的最大意义就在于其有利于提高器材的使用效率和费效比。

1. 减耗增效要求

体育器材都是有其使用寿命的,属于消耗品,但不同器材的消耗速度不同。因此,要想使体育器材的价值充分发挥,对其进行必要的使用规划和后期维护就显得非常重要。在实际的使用中,器材的磨损总是难以避免的,我们对体育器材的管理所要达成的目的绝不是阻止器材的正常磨损,而是确保其少经历非正常磨损,以及维持器材的使用价值,减少其磨损速度。为此,就需要建立起体育器材管理制度,并增设器材管理专职人员。

2. 采购器材预算

随着体育器材的逐渐磨损,现有器材很可能不再能满足教学所需,此时就需要去市场采购,为此要制定采购预算。一般学校采购体育器材的预算主要有下列内容。

(1)每年体育器材消耗费用的预算

在正常开展体育教学工作的情况下,每年都会有一定的体育器材消耗,这是非常正常的。这些消耗需要及时补充,以满足体育教学的需求。据统计,多种球类运动中所使用的球,是消耗程度较大的器材。因此,各种球类就成为每年采购预算中的主要项目。

(2)第二年增减项目的器材费用的预算

由于种种原因导致的次年体育教学内容的变化而需要相应增加或减少的体育器材费用。这一费用的预算要视具体情况而定。

(3)体育教师工作服采购费用的预算

有相关规定要求学校每年要为体育教师购置运动服装,这是体育教师特有的待遇之一。尽管这项费用数额不多,但意义重大,即代表着对体育教师的尊重,以及对其工作的支持。要知道,体育教师必须身着运动服上课,更多的运动使其服装的磨损较大,学校为这部分费用做出预算也是合理的。在实际中,这部分费用的使用较为灵活,一般有学校统一为教师订购运动服装,还有将这部分费用以补贴的形式发放给教师,让其自行购买喜爱的运动服装。

(4)机动费用预算

有些时候,即便学校制定好了年器材采购预算,但实际中总是难免会由于各种原因导致预算不足的情况,因此,再做出一些机动费用预算予以备用就显得很有必要。

3. 采购行为监管

但凡涉及采购行为的,都要辅以必要的监管措施。有效的监管决定的是器材预算是否能真正用在该用的地方,使用效益如何。在对采购行为进行的监管中,除了要关注经费的使用,还要关注体育器材采购的质量和渠道,而对一些吃回扣和开假发票等"黑幕"交易更要监管到位,如此可保证体育器材采购的透明度,并有利于促进采购人员的规范行为。

(二)体育场馆经费的管理

要想在学校中建设体育场地或场馆务必需要较大的经费投入,而建造足够的场馆是为了满足日常学生体育教学活动和课外体育活动的需求。体育场馆是学校开展体育教育的重要场所,然而由于体育场馆的属性所致,在使用中必定会出现场地或设备上的损耗,并且为了场馆的正常使用,还需要聘用专业人员在平日予以维护,这些又是一大笔经费的投入。为此,只有做好体育场馆经费管理,才能使对体育场馆的建设与运营的经费高效使用。一般来说,对体育场馆经费的管理要做好支出与收入两大环节的工作。

1. 体育场馆的支出

(1)体育场馆费用的开支分类

不同规模和功能的体育场馆其所消耗的支出有较大不同。下面就以不同影响因素为依据对体育场馆的支出进行分类。

①按性质分类。按支出性质可将体育场馆的费用支出分为营业成本和期间费用两大类。其中,营业成本是体育场馆一旦处于开放状态中时便会产生的费用,如水费、电费、设备养护费、员工工资等。期间费则是体育场馆一旦处于开放状态中时产生的管理费用、财务费用和营业费用(对社会开放的收益)等。

②按项目分类。以项目作为体育场馆支出的依据进行的分类,如员工工资、公务费、设备购置费和管理费等。

③按时间分类。以时间作为体育场馆支出的依据进行分类,如为体育场馆在对外开放期间获得的收入而进行的支出;有助于当期营业收入的实现或为数细微、不值得在各期间分摊的期间费用;效用在一个会计期间以上的跨期费用。

第九章 体育教学管理的改革创新

（2）体育场馆费用的监控管理

运营体育场馆的费用不菲，为了能监控好这些资金的使用效果，需专门设置人员对资金的流动方向和使用情况进行管理，尽管这种监管行为会让经费使用人感到不自在，但从管理的角度上看这是必须的环节。为了做好对体育场馆费用的监控管理，应力求使监管更加系统、全面，不忽视细节，看重效费比。

2. 体育场馆的收入

对于学校体育场馆来说，其收入主要来自自行创收、事业拨款、学校筹措等方式。在其中，自行创收是一项自我造血的过程，是最值得提倡的，也是最能展现学校体育场馆管理水平的方式。

（1）体育场馆的收入核算

①单体项目营业收入核算。所谓的单体项目，是独立经营的单个体育项目。现如今，经常有单体项目进驻体育场馆，利用体育场馆中的设施或空间开展体育项目经营活动。例如，健身房、瑜伽会所、台球厅等。这类项目营业收入的核算方法重点在审查好每日的营业收入记录，每日营业结束时由专员填写营业报表，如此即完成当天的营业收入核算。

②营业收入结构核算。营业收入结构核算，是在单位时间内所获得的单项收入或分类收入占分类或部门营业收入的比率。这个数值的核算需要建立在单体项目和分类项目营业收入的数值基础之上，然后对两项数值进行分类汇总，最终完成相关收入结构的核算。

③营业收入季节比率核算。营业收入季节比率核算，是体育经营在月季之中获得的收入占全年总收入的比率。这种核算方法的优势在于能清晰反映出体育项目的经营情况与季节变化之间的关系，从而为体育场馆人员编制的制定、人员工作安排、客源组织等工作提供参考。

（2）体育场馆的利润核算

体育场馆的利润，是指在体育场馆内有经营的项目所产生的收入与支出之间的差值。

（三）体育活动经费的管理

学校中的众多体育活动的开展是需要一定的经费支持的，对这部分经费的管理也要细致且到位。这里所谓的体育活动经费包括体育课堂教学所需，但主要为课外体育活动所需的经费，以及学校体育社团的活动经费等。

学校体育活动最常见的形式就是体育社团和各类单项体育比赛，这两种形式的体育活动也是学生最感兴趣和最想参加的,同时也是最能展现学生运动才华的。对于学校来说,这也是丰富校园文化的绝佳抓手。而对体育活动经费的管理,其根本目的就是通过有效的管理手段,提高经费的使用效率,让学生能参加更多、更有益的体育活动。

1. 学生体育社团活动

现如今,大多数学校中都创办有各式各样的体育社团,社团中经常会组织体育活动。这些社团通常为学生自发主办,学校给予一定支持和指导。学校体育社团是学校体育文化的组成之一,学校应适当给予体育社团以经费支持及相关管理。

2. 校内体育竞赛活动

校内体育竞赛活动是课余体育活动的主要形式之一。这类比赛活动的主办方为学校,所举办的比赛项目选择性较多,通常有田径运动会、综合性运动会和单项体育竞赛等形式。学校体育竞赛活动是热爱体育运动的学生展示运动技能和实现自我的绝佳平台,不仅如此,运动会的举办还能为学校积累更多的大型活动举办经验。组织这类规模较大的竞赛活动需要花费较多的资金,为此,应特别在组织过程中做好如下几方面工作。

(1)设置组织编排费

组织编排费,是指负责编排的教师组织制定竞赛规程、召集有关人员开会布置工作、培训裁判、编排竞赛日程、准备裁判器材、安排裁判和比赛队等各种竞赛事项所得的报酬。校内体育竞赛通常规模较大,相伴随的就是更加复杂的组织工作,这期间相关人员的付出是很多的,给予一定的报酬合情合理。

(2)明确裁判劳务费标准

为了提升校内竞赛活动的标准,比赛中都要安排裁判执法,这也是竞赛活动公平公正开展的保障。为此,不论裁判是选择由体育教师出任,还是外聘裁判执法,都要支付一定的劳务费。如果选择学生担任助理裁判或工作人员,则也需要给予奖励,但应以荣誉性奖励为主,如颁发荣誉证书。

(3)合理添置器材

校内竞赛活动所需的器材通常是现成的,但如果是为了提高竞赛举办水平,也会特意购置一些新的设备来增添"正式感"。例如,为开展足球比赛特意购买几个名牌标准比赛用球,为开展乒乓球比赛购买等级更高的球台和用球等。这部分费用,应该有所规划。

第九章　体育教学管理的改革创新

（4）安排竞赛奖励

学校体育竞赛活动的奖励以荣誉性奖励为主，主要是为了鼓励学生精神层面的积极性，辅以较少的物质性奖励。因此，费用主要为制作荣誉证书，以及购买一些运动器材等奖品。不鼓励以现金作为奖品。

二、体育教学场地设施管理

（一）体育教室的管理

不同运动项目开展所需的体育教室各有特点，对体育教室进行恰当管理有助于教室的正常使用与维护。需要说明的是，这里所说的体育教室，是指用于开展体育活动的小型室内活动场所。下面就对不同类型的体育教室的管理方式进行说明。

1. 多媒体教室的管理

现代体育运动教学离不开多媒体技术的支持，而多媒体也成为体育课程教育所愈发重要的手段。在体育理论和实践技能的学习中都会使用到多媒体教室，教室中的幻灯机、计算机等多媒体终端设备为知识与技能的学习提供更为直观化的教学。教室中的许多设备较为昂贵，在日常还需要经常性保养，为此，对多媒体教室进行的管理主要如下所述。

（1）设专人负责多媒体教室的管理工作。

（2）非教学时间应处于关闭状态。

（3）多媒体教室的使用需要提前申请，并填报使用情况。

（4）多媒体教室中的设备禁止随意移动。

（5）进入多媒体教室要保持清洁，严禁在多媒体教室中进食。

（6）多媒体教室中禁止大声喧哗和追跑打闹。

（7）爱护多媒体教室内的一切设施，如有损坏照价赔偿。

（8）违反以上规定者应予批评或惩罚。

2. 健美操室的管理

健美操室是组织开展健美操教学活动的场所。健美操教学所使用的场地一般不是专用的，而是与舞蹈、体操、武术等课程共用的多功能场地。这类教室中几乎没有设备摆放，所需设施为四面环镜，地板为木质地板或地毯。对健美操室进行的管理主要如下如述。

（1）设专人负责健美操室的管理工作。

（2）非教学时间应处于关闭状态。

（3）非经允许，不得随意改做其他用途。

（4）学生进到场地中应着相应服装和鞋。

（5）按规定放置个人用品。

（6）场地中禁止大声喧哗和追跑打闹。

（7）进入场地内要保持清洁，严禁进食。

（8）爱护场地内的一切设施，如有损坏照价赔偿。

（9）违反以上规定者应予批评或惩罚。

3. 乒乓球室的管理

乒乓球室是专门组织乒乓球教学训练的专用场地。根据不同学校的场地条件和实际使用需求，乒乓球室可以设置在一个空旷的室内，也可以设置在体育场馆中的一个区域。乒乓球室中放置的器材为乒乓球台。对乒乓球室进行的管理主要如下所述。

（1）设专人负责乒乓球室的管理工作。

（2）非教学时间应处于关闭状态。

（3）学生进到场地中应着相应服装和鞋，严禁穿皮鞋或黑底运动鞋在场地中运动。

（4）按规定放置个人用品，禁止将物品放在球台上。

（5）禁止坐在球台上。

（6）禁止用手和球拍敲打球台。

（7）违反以上规定者应予批评或惩罚。

4. 健身房的管理

健身房是健美课程教学使用的专用教室。教室中摆放有众多健身器材，有些器材体积较大，价格昂贵，再加上一些器材结构中包含有大量重量块，因此，对这些器材的保养频率很高，保养的专业化程度也较高。如此一来，对这些设备的保养不只是从器材损耗的角度上来看的，更是从使用安全角度上着眼的。对健身房进行的管理主要如下所述。

（1）设专人负责健身房的管理工作。

（2）非教学时间应处于关闭状态。

（3）练习过程中听从教师指导，不逞强、不蛮干。

（4）进入场地内要保持清洁，严禁进食。

（5）严禁在健身房中追跑打闹。

（6）规范使用健身器材。

（7）器械的负荷配件在使用过后要放回原处并摆放整齐。

（8）爱护场地内的一切设施，如有损坏照价赔偿。

第九章 体育教学管理的改革创新

（9）违反以上规定者应予批评或惩罚。

（二）体育场地的管理

1. 水泥场地的管理

绝大多数学校中都建设有水泥场地以供多种体育教学和集体活动使用，其有着建造成本较低、易于清洁，以及易于养护等优点，不足则在于地质硬度较硬，这对学生长时间参加体育运动是有害的，并且较硬的质地还会加重意外摔倒的学生的伤势。

日常对水泥场地的管理主要在于做好清洁和维护工作，具体工作内容如下所述。

（1）定期打扫水泥场地上的砂石和泥土，特别是下雨后要及时将场地中可能存在的积水摊开。

（2）冬季下雪过后应及时清除场地中的冰雪。

（3）水泥场地在长期使用过后场地中难免会出现一些裂缝或不平整的情况。为此，应定期对场地进行找平，对缝隙进行填充。

2. 木质场地的管理

木质场地通常为多功能场地所用，如健美操教室、武术教室、舞蹈教室等。木质场地的造价较高，相应后期的维护费用也较高，维护方式也更加复杂。木质场地的优势在于脚感好，有微小弹性，更容易清洁。不足在于长期使用后会出现裂纹或起伏。

日常对木质场地的管理主要应做到如下几点。

（1）应设专人负责场地的维护工作。

（2）非教学时间应处于关闭状态。

（3）场地中的固定器材禁止随意移动。

（4）禁止在木质场地内进食。

（5）在场内禁止以托、拉、拽的方式搬运物品，而应用将物品搬起的方式移动。

（6）场地中禁止放置过重的物品。

（7）定期为木质场地做涂地板蜡、涂地板油、涂防滑油等保养工作。

3. 塑胶场地的管理

塑胶场地在许多学校中都有建设，其通常作为全校集体活动、田径运动等活动的场地。塑胶场地的造价较高，易受到磨损，遇水之后会变滑。其优点在于硬度适中、脚感良好，因此也是正式田径比赛的标准场地。

·215·

日常对塑胶场地的管理主要应做到如下几点。

（1）场地内只允许开展相关的运动活动。

（2）如在使用前刚刚经历下雨天气,则应尽快采取措施将场地上的水擦干,并做必要的干燥处理。

（3）场地内严禁机动车行驶。

（4）禁止将易燃和带有腐蚀性的物品带进场内。

（5）禁止将过重的物品放置在场内。

（6）进场参加运动的运动者应着运动鞋。

（7）一般对于塑胶跑道来说,最靠近场地内侧的一二道的磨损最大,因此在平日非必须使用的时候应设置保护标识。

（8）若场地中的标识线因磨损变得模糊不清,则需及时重新喷涂。

（9）定期清洗场地,通常应做到每年3至4次。

（10）若场地出现碎裂或脱层等情况,应予以及时修补。

4. 草坪场地的管理

草坪场地是一种造价高昂的体育运动场地,通常有自然草坪场地和人工草坪场地两种,自然草坪场地的价格更加高昂,连同后期的养护费用也是如此,因此只有一些条件较好的学校才能建造,而对一般学校来说,能建造一块人造草坪场地也已经很不错了。不论是天然草坪还是人工草坪,其养护工作流程众多,方式复杂,需要专门聘用人员负责。

日常对草坪场地的维护和管理主要应做到如下几点。

（1）建立健全草坪场地使用规范和养护制度。

（2）严禁机动车驶入草坪。

（3）田径运动中的掷标枪、推铅球等项目在训练时应适当减少使用草坪的次数。

（4）根据季节情况合理使用草坪场地。这里特指天然草坪场地,北方地区的草坪场地应在冬季减少使用,或不使用;春夏两季可正常使用,秋季则需开始逐渐减少使用次数。南方地区的草坪场地则基本没有使用限制。

（5）做好草坪场地的越冬管理。大体步骤包括:越冬前做修剪→早春时期做1次滚压→返青后及时浇水。

5. 游泳场所的管理

游泳场所是学生参加游泳运动学习和活动的专门场所。游泳场所占地面积较大,功能区域也较多,因此其管理内容也较多。从总体上看,可以将对学校游泳场所的管理分为对游泳池水质的管理和对场馆设施的管

第九章　体育教学管理的改革创新

理两部分。

（1）游泳池水质管理

泳池中的水的水质会随着使用时间的增加而降低。为此，为保证泳池水质达到标准，就需要定期换水，换水的标准和方式国家卫生防疫部门也作出了具体规定，游泳场所管理者参照执行即可。为了稳妥，即便定期按标准进行了换水作业，也需要定期取水样化验，检测水质情况是否达标，然后根据检测结果调整混凝剂、消毒剂、中和剂等化学品的使用量。如果在检测中发现水中含有某些严重致病菌，则必须将池水放干消毒后再行注水。

（2）游泳场馆的维护

游泳场馆中包含有较多的设施，与其他场馆不同的是，这些设施大部分与卫生和环境有关，具体涉及游泳者和水质。几乎所有游泳场馆都有凡是进入游泳区的游泳者都要先淋浴，然后经过消毒区方可进入的规定。为此，对这些相关设备都要进行相应的维护。

（三）体育器材的管理

学校中的体育器材普遍较多，特别是在高等院校或体育专科学校中更是如此。学校中种类多、数量大的器材只有在良好的管理下才能最大限度降低损耗率，提高使用率，从而满足学校体育教学或活动的需要。

1. 体育器材的购置管理

学校中的体育器材大多是通过采购获得的，因此，从器材采购环节就开始管理是非常必要的。要知道，体育器材的特殊性使得在采购时除了要看重价格外，还要注重器材质量，切不可因为图低廉的价格而采购质量不达标的器材，这关乎体育教学安全的大事。因此，在采购前要仔细对供货商进行选择，对器材进行鉴别，基本原则是选择国家正规的体育器材生产厂商的产品。为了保证稳妥，采购过程应有专业的人员陪同，以期能更加准确鉴别器材质量。

市面上有许多器材是供大众体育休闲使用的，所以在规格和标准上与竞技标准有所差别，这类产品是不适合学校采购的。学校所采购的体育器材应该为符合国际正式比赛规格和标准的器材，这也是体育教育严谨性所要求的。

2. 体育器材的入库管理

在购入体育器材之后，就要根据其不同的类型进行入库存放。对于一些木质、金属质或电子功能的体育器材来说,要给予特别"关照",放置在适合的环境中存放。一些经常使用到的器材应放置在离门口较近的适当位置上,再如一些球拍或球等器材应特别打造几组柜子来存放。对于一些格外贵重和精密的仪器,最好能将其与学校其他贵重仪器放在一起保管。

体育器材存储是一项严谨、科学的管理工作,其中有很多注意事项和科学依据,特别是一些容易被忽视的细节对器材寿命的影响很大,需要非常留意。

3. 体育器材的日常管理

当体育器材已经入库后,即开始了对其进行的日常使用管理工作,以高效发挥器材的使用价值,让其物尽其用。不过,体育器材中有一部分属于高消耗器材,在开始使用后就难免出现磨损,即便这是正常现象,但也需要对磨损情况做好记录,以便于工作人员及时对这些器材进行修理、维护或补充。

(四)体育场馆的管理

1. 体育场馆的安全管理

体育场馆是供学校开展体育教学或其他形式的体育活动的专用场所,鉴于其所承担的学科活动的属性不同,也就决定了体育场馆与其他教学场所的区别。一方面,体育教学和体育活动中有许多带有对抗性的项目,其中一些项目的对抗性还格外强烈,这就对体育场馆的安全性提出了极高的要求,如体操器械不稳固、足球场地不平整等问题,都可能给学生的体育活动带来安全隐患,仅凭这点就与其他学科教学场所有着根本不同;另一方面,体育项目往往有较多的观众,即便是学校中开展的活动也会出现上千人观看比赛的场景,从这个角度来看,也需要体育场馆拥有更高的安全度。

2. 体育场馆的卫生管理

众所周知,当人体处于运动状态中时,身体的呼吸和其他新陈代谢过程会加快。为此,对体育场馆的卫生状况进行管理,给学生一个干净整洁的运动环境就显得非常重要。对于那些观众坐席较多、较紧凑的室内体育场馆来说,更需要一个良好的通风环境,以避免提供给通过空气传播的传染病以蔓延的温床。在对体育场馆进行的卫生管理中,应明确划分区域,每片区域的卫生工作具体到人,力求做到卫生工作标准化、检查工作制度化。在对场馆卫生状况进行检查工作时做到定期检查与不定期抽查相结合,卫生标准从严。

第四节 体育教学管理现状及改革发展

一、体育教学管理中的问题与解决对策

(一)体育教学管理存在的问题

受各种主客观等因素的影响,我国的学校体育教学管理存在着各种各样的问题,具体而言主要体现在以下几方面。

1. 管理理念较为滞后

管理理念较为滞后,落后于教学实践,是我国体育教学管理中普遍存在的一个问题。在体育教学过程中,如果无法做到真正为教学活动提供充足的资源及服务,只停留在理论阶段,无法将理论层面的管理制度、创新方法应用到体育教学管理的实践中,那么,这种管理在实效性方面是不理想的,这一管理行为无法使体育教学的需要得到较好的满足,无法真正从思想上全面了解和认识体育教学管理体系的科学化、系统化,使得教育体制机制改革转型升级持续滞后,因此,加强体育教学管理理念的创新是非常有必要的,这对于提高体育教学管理质量具有重要的意义。

2. 管理方法较为单一

体育教学管理讲究"顺其自然",但实际操作起来却有非常大的难度。在具体的管理工作中,目前仍然存在着诸多问题,比如,多数教师缺乏主动尝试、积极创新的思想意识,固守传统的管理思维,像对待中小学生那样对待已经成年的、有独立思考能力的大学生。借助这样的管理方法教育出来的学生容易走向两个极端:一种是对学校、教师的管理指令唯命是从,如果没有教师的指导,他们将不知所措;另一种是产生强烈的逆反心理。这两种管理方式都是不科学的,不利于取得理想的教学效果,因此体育教学管理人员要引起高度重视。

3. 管理中师生关系不和谐

在体育教学管理系统中,教师与学生都是非常重要的主体,教学主体的发展如何将对教学质量起到至关重要的影响。在教学活动中,建立良

好的师生关系有利于教学活动的顺利进行。亦师亦友的师生关系是一个最理想的关系状态，因为这样能帮助管理者、教师倾听学生的想法，了解他们的诉求，同时，也能够让学生服从管理，减轻管理阻力。但是在实际的管理工作中，要做到这一点是非常困难的。比如，很多教师并没有耐心去开展调查、了解诉求，总是从管理者的主观角度出发，下达一些命令、安排一些任务，而忽略了学生的心理感受。由于双方角色地位、思维观念的不同，很多在教师看来理所应当、毫无难度的任务，对于学生而言却非常困难。长期在这样的教学状态下，师生关系难以获得和谐发展，不利于教学质量的提高。

4. 课堂教学形式和内容无法满足学生需要

通过大量的调查发现，目前我国绝大部分学校的课堂教学形式和教学内容都比较简单，难以满足全体学生学习的需求，这一点需要今后学校相关部门采取必要的措施和手段加以改进和完善。

另据调查，我国很多学校主要存在着两种不良的教学形式，一种是服从式教学，另一种是"放羊式"教学。服从式教学是指教师在课堂上讲什么，学生就学什么，服从教师的一切安排，这一教学形式比较呆板，师生之间欠缺必要的互动，学生学习的积极性不高；放羊式教学则是教师在进行必要的课前引导后，学生便展开自由活动，整个教学活动都是学生自己参与其中，教师难以发挥指导作用，这一教学形式比较散漫，课堂纪律性较差，难以取得理想的教学效果。

另外，在教学内容方面也存在过于单一的问题，我国大部分学校的体育课大都以篮球、排球、足球和乒乓球等西方竞技体育项目为主，像体育舞蹈、攀岩、定向运动等一些较新的课程仅在少数学校中开展，教学内容的单一也会在一定程度上影响体育教学的质量和效果。因此，在今后的体育教学改革中要非常重视教学内容的更新与完善，以满足广大学生的体育需求。

5. 教学场地及器材严重不足

据调查，当前我国有一部分学校还存在教学场地及器材不足的现象，这一部分的比例并不低。导致这一现象的主要原因在于学校扩招导致学生人数大幅度增加，人均场地和器材严重不足。在这样的情况下，体育教学管理的难度无疑会增大，影响体育教学的质量和效果。总体上来看，用于体育教学场地、体育器材设施等方面的投资要远远落后于其他教学设施的投资，导致现有的体育器材、体育场地不能满足这部分学校学生的身心发展的需求。对此学校有关部门要引起高度重视，今后要加大对体育

第九章 体育教学管理的改革创新

教学方面的投入力度,为学生上好体育课营造一个良好的环境。

6. 体育教学环境有待完善

一个良好的体育教学环境对于学生上好体育课具有重要的作用,一般来说,教学环境主要由社会环境与自然环境两个方面组成。以自然环境为例,据调查,我国学校体育教学环境存在一定的问题。以我国北方地区为例,由于大多数的体育实践课都是在室外进行的,而我国北方气候比较寒冷,加上空气污染,对学生的身体健康非常不利,所以冬季上体育课常常会受到寒冷气候和严重污染空气的双重影响;而在春夏季,我国部分地区又有很多的沙尘天气,这非常不利于教学实践活动的进行。

7. 体育经费短缺

据调查,我国大部分学校都存在体育经费短缺的问题,这一问题也是制约我国学校进一步发展的主要因素。很长一段时间以来,我国一些学校忙于扩招以及搞荣誉工程,将大部分资金都用于其他基础建设方面,忽略了体育经费的投入,在资金短缺的情况下,体育教学管理工作就难以得到顺利的开展,也就无法保证良好的体育教学质量。

(二)体育教学管理问题的解决对策

1. 加强教学管理理念的创新

在教学管理系统中,体育教师及相关工作人员扮演着十分重要的角色。这些人首先要端正教育管理的态度,遵循并贯彻"以学生为本"的基本理念,以此作为出发点和落脚点,始终保持教育管理创新的正确方向。为了让这种新型的教育理念在学校体育教学管理中推广开来,要求自上而下地进行学习和培训,要立足于本校的实际情况和教学需要,践行"侧重个性培养,全员成才教育"的育人理念;结合各个专业的特点,主动探究和尝试新颖的教学理念,在"试点应用—全面推广—总结提升"的过程中,形成一个具有学校特色的体育教学管理模式,从而提升教学管理效益,促进体育教学质量的提高。

2. 加强教学管理方法的创新

近些年来,我国学校不断扩招,学生人数不断增多,这为学校体育教学管理带来了一定的难题。面对这样一种形势,为了适应体育教学发展的需要,创新体育教学管理方法就显得势在必行。对于学校中的管理者、教师等,都必须要形成强烈的危机意识,增强学习能力,主动学习省内、全国其他学校在创新体育教学管理上作出的大胆尝试、获得的成功经验,然后取彼之长为我所用,让体育教学管理再上新台阶、再创新辉煌。可以通过引进激励机制,采取"物质奖励+精神激励"相结合的模式,来激发体育教师创新体育教学管理模式与方法的积极性,从而创新出新的符合学校教育要求的体育教学管理方法。这一点非常重要。

3. 在管理中建立和谐的师生关系

大量的实践表明,建立良好的师生关系对于教学活动的开展以及教学质量的提高都具有重要的作用。因此,在体育教学的管理中,就需要将建立和谐的师生关系作为关注的重点之一。因为只有教师愿意倾听学生的诉求,管理才会更有针对性;只有学生愿意服从教师的指令,管理才容易取得更好的成效。

作为一名合格的体育教师,要做好各方面的教学工作,不断提升自身的教学水平,使自己始终处于一个积极工作的状态。作为学校教育部门而言,要制定一个合理的奖惩制度,对于教学管理人员进行一定的奖励和惩罚。这样才能在体育教学中形成一个良性竞争的环境,促进体育教学管理人员不断发展和进步。也只有这样,才能充分激发体育教师参与创新的动力,促使自身不断发展。

二、体育教学管理的发展与创新

当前我国学校体育教学管理还存在不少问题,在解决这些问题后,还要考虑如何发展和创新,这一点非常重要。

(一)针对具体的教学实际建立一个科学的网络管理系统

在现代科学技术以及网络化发展的今天,为促进体育教学质量的提高,保证体育教学活动的顺利进行,还需要建立一个科学的网络管理系统,这也是一个非常重要的举措。在具体的教学管理中,要依据一定的教学目标,制定一个科学完善的教学大纲,制定并发放给学生体育《选课手册》,向所有学生展示任课教师的个人信息及课程信息,开展课程咨询活动,让学生更好地了解体育课程及体育教师的基本情况。需要注意的是,学生体育学习成绩的评定要严格按照程序化的形式进行,学生成绩以及各种教学信息都要录入教务处成绩管理系统,确保学生学习成绩评定的公正性,也为下一阶段体育教学的开展提供必要的依据。

第九章　体育教学管理的改革创新

（二）建立一个弹性管理体制

目前，一些学校建立了体育俱乐部，其中很多体育教学课的内容融健身、休闲、娱乐为一体，能激发学生学习的兴趣和积极性，但是，其中的很多项目收费相对较高，这对学生形成了一定的参与体育学习的阻力。

但据另外一项调查发现，有一些项目尽管收费较高，但学生却乐意去选择，说明这些项目具有极大的吸引力，学生的体育消费意识得到了提高。但需要注意的是，毕竟学生还没有收入能力，这就要求学校在开设的健身项目中，适当调整管理机制，更好地为学生参与健身活动提供有利条件。

（三）成立学生体质健康测试中心

全面实施"教测分离"，以新《纲要》和《标准》精神为主要依据，对学生的体质进行定期测评，但是，由于受到一些因素的制约，比如，学生专业相对分散、时间不好集中等，就需要建立专门的体育健康中心，这是非常重要且必要的。

学生参加体育健康测试的时间并不是固定的，可以在课余时间测试，这样能减轻体育教师课堂教学的压力，有利于体育教学目标的实现。另外，体质健康测试中心还要负责全校学生的健身、健心咨询，做好运动处方的制定等工作。因此，成立一个完善的体质健康测试中心是非常有必要的。这一点学校体育教育部门需要引起高度重视。

第十章 体育教学改革创新的科学保障体系构建

体育教学的改革创新,会受到体育教学的方法、内容、模式、主体、管理等方面的影响,因此,做好这些方面的创新发展是非常重要的,同时,体育教学的发展也是需要在一定的条件下进行的,这就需要做好体育教学发展的保障工作。一般来说,体育教学发展需要构建的科学保障体系包含着多方面的内容,本章在对体育教学发展的背景进行分析之后,重点对安全教育、环境保护以及特殊课程设置等几个方面进行了分析和探索,为体育教学改革创新创造了有利的条件。

第一节 体育教学改革创新的背景分析

一、社会不断进步的需要

社会经济、文化等因素对体育教学的不断发展和进步起着不可忽视的重要作用,在社会发展的大环境下体育教学的发展速度也在不断加快,发展水平也在不断提升,离开社会这个大背景和社会发展这个重要的宏观条件,体育教学不可能取得今天的成就,也无法继续向前发展,所以我们必须重视社会发展的现实背景,充分认识到这一宏观因素对体育教学发展的促进作用。

社会进步与发展对体育教学的发展提出了一定的要求,具体表现如下。

(一)社会对体育教学的关注和重视程度提升

随着体育教育的不断普及与发展,越来越多的人对此给予了一定的关注,且对其的认同程度也在不断提升,出现这一明显转变的时间大约是20世纪六七十年代。在学校体育教学中,相关教学活动的直接实施者是

第十章 体育教学改革创新的科学保障体系构建

体育教师,体育教师在开展体育教学方面责任重大,体育教学的方向是否正确,且能否一直按照正确的方向发展,与体育教师自身有很大的关系,这就要求体育教师有高度的责任心,坚持正确的教学方向,不断反思与修正自己的教学方式,尽可能传播体育教学的正面功能,将其负面影响降到最低,以获得人们对体育教学的认可。体育教师高度负责的态度和履行自己职责的行为使人们对体育教学给予了极大的认可。在一定程度上,也对体育教学效果的优化起到促进作用。

(二)从经济上支持体育设施的逐渐改善

改革开放之后,我国的社会经济发展迅猛,经济实力得到了显著的提升。拥有一定经济基础后,教育部门对学校体育教育的经济支持也不断增强,主要表现为划拨经费用于建设体育场馆设施,购置体育器材设备,而体育场地设施又是开展学校体育教学的必备条件,所以说社会经济的支持为学校体育教学的发展提供了基础保障。以往学校因缺乏场地器材而耽误了体育课程的开展,获得经济支持和有了物质保障后学校体育课程顺利实施,体育教学获得了一定的发展,而且在良好物质条件的支撑下,学校不断引进新的体育项目,以此来充实体育教学内容,吸引学生的参与。

近些年来,我们可以看到有越来越多的体育项目出现在学校体育课堂上,而且在学生课后的体育锻炼中也出现了很多丰富多彩的运动项目,学校体育内容的丰富极大地提升了学生参与的积极性,满足了不同学生体育兴趣爱好的需求,使其主动参与到自己感兴趣的运动项目中,这反过来又促进了体育课堂教学与课后体育的发展,促进了学校体育的发展。

(三)体育教育在解决社会问题的过程中得以发展

随着社会的不断发展,社会中存在的问题也随之不断出现,体育教育作为教育形式之一,有着解决这些社会问题的责任,就是在这一发现问题并解决问题的过程中,体育教育也得到了不断的发展,并且这种发展与社会发展是相适应的。

1. 社会"文明病"的出现

现代社会物质文明的发展已经达到了一个新的高度,这与人类的努力付出是分不开的,人类努力创造的物质文明也反过来造福了人类,使人类的物质生活条件得到了显著的改善,生活质量大幅提升,人们在现代文明不断发展的今天过着幸福的生活,享受着各种文明成果。但与此同时,现代文明发展带来的弊端也呈现出来,这主要从人们身心发展的问题上体现出来,如身体上的疾病,"三高"、冠心病等,患有这些疾病的人群越来越多,此外还有一些心理上的疾病,而且很多都是由身体疾病引起的,同样,心理问题也会引起身体疾病。有些人看似健康,没有疾病,但体质却在不断下降,身体抵抗力较弱,很容易受到病毒的侵袭,从而出现那些患病率高的疾病。现代人体质差、抵抗力弱,有一个很重要的原因就是缺少必要的身体活动和锻炼,社会生产力水平的提高使得社会上以体力输出为主的工作越来越少,大部分工作需要脑力输出,人们长期动脑不动手,体质自然就会下降,而且过度用脑也会引起身心的不适。总之,现代文明病出现频率高,蔓延快,已经到了不得不重视的时候了。

人们因为对疾病的恐惧而越来越关注个人健康,也渐渐体会到了体育促进健康的真正含义,健康意识的提升使人们在行动上积极参与体育锻炼。体育对健康的重要意义也是体育教学不断发展的主要原因之一,体育教学促进青少年学生体质健康发展的重要性受到了全社会的瞩目,因此学校体育教学工作任务艰巨,责任重大,教育工作者一定要全力付出,不辱使命。

2. 人们心理压力的增大程度不断提高

现代人承受的心理压力甚至比经济压力还要大,心理长期负重,必然会影响心理健康,进而影响身体健康,导致整体健康水平下降,增加患病的风险。社会竞争压力大是学生接受教育、好好学习的催化剂,积累知识、提高学习能力能够为学生将来步入社会打好基础,使其更好地应对复杂的社会环境和高强度的工作,并能抵抗得住压力,不被社会淘汰。为了达到这个目的,学校教育中文化课的教育被置于很高的地位,学生不仅要上很多文化课,课后还要做大量的作业,升学与就业使得各个阶段的学生都倍感压力,心理承受如此重的负担,难免会造成心理障碍,引起心理疾病,不良心理又会增加学生身体患病的几率。

体育教学的心理健康促进功能已经被科学研究证实,且在长期的实践中经受住了考验,因此得到了大众极大的认可,备受推崇与关注。所以必须加强体育教学对学生身心健康的干预,通过科学的体育教学来改善学生的不良心理,提高学生的心理健康素质,并促进学生性格的良好变化和人格的健全,使学生学会调节不良情绪,正确处理压力,提升意志品质,学会与他人合作,摆脱个人利己主义思想,在丰富多彩的体育活动中彰显自己的青春与活力。

第十章 体育教学改革创新的科学保障体系构建

二、教育事业发展的需要

社会教育事业是一个庞大的体系,随着经济的发展与科技的进步,社会教育也取得了显著的发展成就。在社会教育事业中,体育教学是一个非常重要的组成部分,社会教育的发展对体育教学的发展提出了新的要求,要求不断改革体育教学中落后的现象,不断加强体育教学创新,从而通过优化体育教育教学这个因素来推动教育教学体系的完善,推动社会教育事业的发展进步。因此说,体育教学的改革发展离不开教育事业发展这个重要的宏观背景。下面从四个方面来对此进行分析。

(一)国家对教育事业的发展更加重视

对于任何一个国家和任何时期社会的发展来说,教育都是至关重要的,在社会发展的各个阶段都要搞好教育,大力发展教育事业,培养大量的优秀人才,从而推动祖国建设,促进社会发展,提升国家综合实力。我国充分认识到了发展教育的重要性,基于这一正确的认识,有关部门对教育事业的发展给予了高度的重视,并采取了实际行动来推动教育事业向前发展,具体表现为出台政策、培养教育工作者、监督教育工作的开展,等等。

国家综合国力的提升有赖于国民综合素质的提升,而要全面提高国民的综合素质必须采取教育的手段,学校教育围绕学生开展教学工作,教学工作者努力培养学生的基本素质与专项素质,促进学生各项素质的全面均衡发展。学校教育中体育教育在培养学生综合素质方面发挥着举足轻重且不可替代的作用,加强对学校体育与健康教育的改革,有助于提升学生的健康素养,为了更好地达到提高学生体质健康水平的目的,需要构建学校、家庭、社区一体化的体育卫生教育体系,其中以学校体育教育为主,家庭和社区体育卫生教育为辅。

青少年学生是祖国的未来,在未来祖国的建设中他们是不可或缺的主要力量,作为社会主义的接班人和国家未来的建设者,青少年学生必须拥有健康的体魄和健全的心理,否则无法为祖国做贡献。青少年学生的健康与全面发展受到了国家教育部门的重视,这从教育部门出台的一系列政策及颁布的一系列文件就能体现出来。

青少年的健康水平对一个国家和民族的发展起着极其重要的作用。对此,学校要高度重视针对全体学生开展体育教育,合理设置体育课程,鼓励开展各式各样的课外体育活动,保证学生每天都能进行体育锻炼,将课内外体育教学有机结合起来,为学生参与体育运动创造良好的环境与条件。学校不能一味重视文化课程的开设,不能把教学计划中的体育课程教学当作摆设,不能为了应付上级检查而开展形式化的体育教学,也不能在体育课上进行其他学科的教学,对于这些不合理的教学行为,有关部门要加强监督,采取一定的处罚手段。只有加强监督,保证学生能够按时上体育课,课后能够顺利参加体育活动,那么学生的健康才有保障,体育教育的发展也才有保障,进而才能进一步促进我国社会教育事业的发展。我国在教育事业及体育教学的改革中,要根据国家有关部门出台的政策与颁发的文件来明确改革的方向,根据国家和社会发展的需要来采取改革的措施,如此才能保证体育教学在素质教育理念的指导下向正确的方向发展。

(二)新兴元素对教育改革发展起到促进作用

社会的不断发展对教育的改革与发展提出了新的要求,只有不断深入改革教育教学,加强创新,才能使教育的发展适应社会的需要,在教育领域进行深入改革,要注意对教育的各组成要素进行改革及优化组合,如教育理念、计划、方法、模式等,教师作为教育改革的主要力量,一定要将这些要素的改革重视起来,从而树立新的教学思想,创造新的教学方法,并不断完善教学环境与条件。要将经过改革与创新后的教育新元素运用到教育实践活动中,并发挥其积极影响与作用,就需要教师更新自己的教学观念,主动学习新知识,掌握新技能,接受新事物,并致力于对新的教学艺术的研究,从而发挥自己在教育中的主导作用。

(三)体育教学有"自主权"这一雄厚基础

现代教育改革提倡尊重教育主体的自主性,充分发挥教师与学生的主观能动性,使其在教育改革中有"自主权"和"发言权",这有助于增强教师与学生的责任感,彰显现代教育的民主教学理念。让教师与学生参与到教育的改革中,也有助于提高改革的实效性,使教育真正为学生服务。此外,教师参与教育改革,也能激发其科研的积极性,使其在教学研究中能够明确研究的主题与对象,提高研究的有效性,创造更多的科研成果。

三、体育事业发展的需要

体育事业的发展同学校体育的发展和改革有着非常密切的关系,促

第十章 体育教学改革创新的科学保障体系构建

使学校体育得以有效开展,对于体育事业的发展能够提供更多优秀的体育人才,以更好地促进体育事业向前不断发展,最终在全国范围内营造一个浓厚的运动氛围。反之,营造良好的体育氛围,能够促使学校体育始终处在一个可持续发展的模式,最终促使两者进入到良性循环。

由此可知,体育事业的不断繁荣与发展是学校体育改革与发展的一项重要现实背景。

第二节 体育教学改革创新的安全教育体系

一、体育教学中安全教育的重要性和必要性

学生群体,是每个家庭的希望,是祖国和社会未来的建设者与接班人,学生群体的安全教育关系着国家未来的发展,因此,做好他们的安全和健康教育工作是非常重要且必要的。

学生进入学校以后,教师和学校理所当然要承担安全保护义务和责任,体育教师在教学过程中要负责每一个学生的人身安全。就当前我国各级各类学校体育教学实际来看,无论是在体育基础设施建设,还是在学校安全管理制度、教师责任心与安全管理能力方面都存在不少的问题,需要进一步加强,加强学校体育课程教学安全教育是现阶段体育教学改革的重要内容。

体育教学的开展,需要在一个基本的前提下才能进行,就是保证安全性,只有保证了学生的安全,体育教学才有意义。但是,这并不就意味着所有有危险的教学内容都要摈除掉,一些学校对此就产生了片面的认识和理解,它们在条件有限、能力有限的基础上,错误地吸取了一些体育伤害事故的教训,将一些危险性高的体育教学内容全部取消,这种因噎废食的做法对于学校体育教学的发展以及学生的健康、全面、可持续发展是非常不利的。还有一些学校,为了避免在激烈的球类竞争中发生相撞、摔倒、扭伤等事故,对于开展普遍的球类运动项目,如篮球、足球,很少组织相关竞赛。而要求传承民族文化,开设武术课程的学校中,学生学到的只是花拳绣腿,毫无健身、防卫价值。长此以往,学校体育教学的根本教育意义就会逐渐消失。

学校体育是学校教育的重要组成部分,它肩负着为社会培养全面发展人才的神圣使命,它的基本任务就是增进学生身心健康、增强体质。因

此,保证学生人身安全是体育教学的首要任务,是每个学校和每位体育教师义不容辞的责任。

二、体育教学中安全教育的内容

（一）体育教学过程的安全教育

在体育教学中,体育课是体育教学的主要开展形式,在不同的体育教学内容的课程教学中,学生的安全问题和安全教育都是学校和体育教师必须要重视的方面。

一般的,通过与体育教学的基本结构相结合,可以将体育教学过程中的安全教育从课程教学的准备部分、基本部分、结束部分三个方面进行,以此来使学生的人身安全得以保证。

1. 准备部分的安全教育

（1）体育教学开始之前,体育教师仔细检查体育课教学中所使用到的所有器材和设施是否完好,排除安全隐患。

（2）体育教学开始之前,体育教师正确摆放课堂中有可能用到的运动器材,对于存在危险隐患的器材,应派专人看管。

（3）体育教学开始之前,对学生的穿着配饰等进行检查,要求学生不要带任何有碍运动的杂物。

（4）体育教学开始之前,询问学生有无生病和身体不适,提醒学生不要勉强做动作或参与某项活动。

（5）结合本次课的具体教学内容,充分介绍运动项目参与和技术动作完成过程中的危险因素,要求学生遵守课堂安全管理制度,提高学生的安全意识。

（6）根据气候条件、学生的生理和心理特点,合理设计和调整本次课的具体内容和活动环节。

2. 基本部分的安全教育

（1）对教学内容进行合理安排,运动负荷应符合学生的生理和心理特点。

（2）做好不同教学内容顺序的安排,尤其是技术、战术的练习要考虑到其逻辑关系。

（3）教法得当,示范准确,讲解清晰,引导学生准确地理解动作技术,建立正确的技术动作定型;明确运动过程中的自我保护技巧和要领。

第十章　体育教学改革创新的科学保障体系构建

（4）加强课堂组织纪律的管理，避免学生参与体育活动中的打闹、扰乱活动秩序等行为。

（5）做好学生的技术保护与帮助，尤其是在难度动作的学习中，加强辅助保护。

（6）体育教师自身也要加以改进，首先要时刻保持高度的责任心、观察力、注意力，随时观察学生的动作掌握程度、身体情况、情绪和心理变化。

3. 结束部分的安全教育

（1）体育教师要以整堂课的运动负荷为依据来合理安排相应的放松练习，使学生因体力不支或思想麻痹诱发伤病的情况得到尽可能的避免。

（2）体育教师对课堂上出现的有碍安全的违纪行为要给予严肃的批评指正，提高学生的安全意识。

（3）体育教师对课堂上出现的危险情况，认真分析，总结经验，吸取教训。

（4）体育教师要妥善保管、及时送还体育器材，避免学生私自使用发生意外。

（二）体育场地设施的安全使用

1. 田径场地、器材的安全使用

田径场地、器材是我国各级各类学校体育教学中使用最为广泛的体育场地和设施，如跑道、沙坑、跳高垫、接力棒、实心球、铅球、标枪、跨栏架、跳高架等。这些场地、设施在使用过程中一定要保证安全性。

具体可以按照以下几个方面的要求来安全使用田径场地、器材。

（1）学生安全使用田径场地、器材的注意事项

①学生干部要在体育教学开始之前，看管好器材设备，避免其他学生擅自使用。

②在体育教学过程中，学生要听从教师的统一指挥和组织安排，不争抢器材、不乱闯投掷区等。

③体育教学结束以后，按照教师要求回收、摆放、送回器材，不得在没有教师指导的情况下使用。

（2）体育教师对田径场地、器材的安全管理

①在体育教学开始之前，体育教师例行检查田径场地、挑选可用器材，排除运动安全隐患。

②在体育教学过程中,体育教师要教会学生科学使用各田径运动项目的设备与器材。

③在体育教学结束之后,体育教师要及时回收器材和设备,禁止学生私自使用和练习。

(3)学校对田径场地、器材的安全管理职责

①派专人定时检查田径场地,以及场地内的所有固定器材,确保各器材的使用安全。

②做好田径场地的四季维护和管理工作,做好田径运动器材的维护、修理、更换。

③做好田径场地的修整工作。

④定时检查和排除沙坑中的杂物。

⑤定期检查器材室内田径器材的磨损状况,及时修理和替换,排除有安全隐患的器材的使用。

2. 体操场地、器材的安全使用

体操场地主要是指室内场地,体操运动器材主要包括助木、单杠、双杠、山羊、跳箱、爬杆、海绵垫等。这些场地及器材的使用过程中一定要保证安全性。

(1)学生安全使用体操场地、器材的注意事项

①在体育教学开始之前,学生干部应做好体操器材的看管、摆放工作,禁止其他学生进行体操练习。

②在体育教学开始之前,学生应做好各项身体准备活动,未经教师许可不得私自使用体操器材做动作练习。

③在体育教学过程中,所有学生认真听老师讲解动作要领,明确动作的危险因素所在,在做动作时集中注意力。

④在体育教学过程中,在老师安排轮流练习的过程中,如果器材在使用过程中出现松动、海绵垫移位,应报告老师处理。

⑤在体育教学结束之后,学生干部协助教师送还体操器械,阻止其他学生私自进行练习。

⑥在体育教学结束之后,所有学生应及时归还体操器材,不在没有老师指导的情况下做练习。

(2)体育教师对体操场地、器材的安全管理职责

①在体育教学开始之前,例行检查所用体操器材。

②在体育教学过程中,充分讲解各体操器械的使用注意事项、体操动作的安全与不安全因素,提高学生的安全意识。

第十章　体育教学改革创新的科学保障体系构建

③体育教师合理摆放体操器械。充分考虑器材与学生之间的练习位置。

④重视对学生的体操练习保护,对于初学者和基础弱的学生,一定要使用保护垫。

⑤必要时,应在学生做体操动作练习时,在学生身边或安排有经验的学生在身边做好辅助和保护。

⑥对做辅助和保护的同学,教师应告知学生危险预判事项。

⑦在体育教学结束之后,教师要及时回收器材,以免学生私自使用发生危险。

（3）学校对体操场地、器材的安全管理职责

①派专人定期检查所有体操器材的安全状况,及时调适、修理、更换。

②室外固定体操器械,定期维护,排除安全隐患。

③室外固定体操器械,应配有明显的使用文字和图片,做好文字或图片警示,避免学生发生意外。

3. 球类运动场地、器材的安全使用

当前,我国各级各类学校的球类运动场地主要有篮球场、足球场、羽毛球和网球场地、冰球场地等;球类运动的器材主要包括各种球类用球、球拍、乒乓球台等。

（1）学生安全使用球类场地、器材的注意事项

①在体育教学开始之前,负责借送球具的学生干部要尽到看管的义务。

②在体育教学过程中,所有学生要听从教师的组织和安排。

③体育骨干要协助教师维持好课堂纪律,发现任何安全问题及时解决或向教师汇报。

④所有学生遵守纪律,不打闹嬉戏,不乱攀乱爬,看到其他同学的此类行为应制止或报告教师。

⑤在体育教学结束之后或课余球类运动练习,应注意运动安全。避免争强好胜和嬉戏打闹。

（2）体育教师对球类场地、器材的安全管理职责

①在体育教学开始之前,体育教师例行检查上课所用球类场地、器材,确保学生使用安全。

②球类器材摆放避免过于密集。

③球类器材摆放避免方位不当。

④球类器材摆放避免摆放不规范。

⑤危险球类器材避免随意放置。
⑥在体育教学过程中,体育教师要强调正确使用球具。
⑦体育教师应教育、指导学生规范地使用球类器材。
⑧体育教师应加强学生的自我保护能力培养。
（3）学校对体操场地、器材的安全管理职责
①派专人定期检查球类运动场地、器材,及时解决存在的安全隐患。
②固定器材应做好文字和图片警示。

（三）不同体育运动项目的安全教育

体育教学内容所涉及的体育运动项目众多,这里重点对几个代表性的运动项目在体育教学中的安全教育加以分析和阐述。

1. 田径项目的安全教育

（1）教师在安全教育方面的义务
①在体育教学开始之前,认真备课,结合教学对象的特点合理安排田径教学内容、运动负荷。
②使学生了解一些田径项目的适用人群,避免发生伤害和生命危险。
③使学生了解一些田径项目在进行中或进行后可能有哪些体征,让学生学会识别哪些体征是正常的,哪些是不正常的,如有异常应及时报告老师。
④使学生正确掌握动作要领、掌握自我保护要领。
⑤整个教学过程中,体育教师应不断强调一些动作技术的安全要领,提醒学生做好自我保护。

（2）学生对安全教育内容的学习
①在体育教学开始之前或者教学过程中,任何学生如有身体不适或感觉异常,应及时报告老师。
②在体育教学过程中,遵守课堂纪律,听从指挥。
③在体育教学过程中,认真听讲,学习规范技术动作、提高自我保护能力。

2. 体操项目的安全教育

（1）教师在安全教育方面的义务
①让学生了解各种体操器械的特性,要求学生正确地利用这些特性进行练习。
②让学生了解不同的体操动作可能发生的危险,并教会学生相应的自我保护方法。

第十章　体育教学改革创新的科学保障体系构建

③让学生明确体操运动中相互保护和帮助的手法、站位和要领,提高学生的责任心。

④必要时,教师亲自做好保护和帮助。

⑤整个教学过程中,体育教师应仔细观察学生的体力状况、心理变化,及时进行指导。

(2)学生对安全教育内容的学习

①端正学习态度、认真听讲,掌握正确的技术动作要领,练好基本功,提高动作质量。

②适时、主动地与教师交流心得和体会。

③学生对于不擅长的项目,要克服恐惧心理,相信保护和帮助自己的教师和同学,提高做动作的自信心。

④进行保护和帮助的学生,要切实尽到保护同学安全的职责,提高责任心。

3. 球类项目的安全教育

(1)教师在安全教育方面的义务

①明确各球类运动不同动作的技术要领,技术动作不当可能造成的危险。

②对学生球类运动的体能和技术练习,合理安排负荷,避免学生因体力下降引起动作变形而造成伤害。

③直接对抗的球类运动的教学,教师要教会学生规避合理冲撞和躲避被球击中的技巧。

④安排比赛前,重点强调规则,使每位学生能投入比赛和享受比赛,避免争强好胜和违规伤害动作的发生。

⑤直接对抗的球类比赛中,教师要仔细观察学生,有效控制学生的激动情绪,预防学生发生过激行为。

(2)学生对安全教育内容的学习

①遵守课堂秩序,不用球具打闹。

②在直接对抗的球类项目的练习和比赛中,动作要规范,以免自己和他人受伤。

(四)特殊体质学生的运动安全

1. 学生自身的安全保障

(1)在体育课前,作为体质异常的学生,应主动向老师说明,报告自己的病情、病史,以便教师做特殊安排。

(2)在体育课过程中,体质异常的学生应注意观察自己的身体变化,如有不适应及时报告老师采取相应措施。

2. 教师在安全保障方面的工作内容

(1)在体育教学开始之前,体育教师应仔细查看学生的健康档案,掌握本班学生的身体状况。

(2)在体育教学过程中,体育教师对能够从事体育活动的体质异常的学生,要控制运动负荷。

(3)在体育教学过程中,体育教师应做好体质异常型学生的保护与帮助,以防发生意外。

3. 学校在安全保障方面的举措

(1)针对体质异常的学生,学校应有详细的病史或健康档案记录。

(2)针对不能参加体育活动的体质异常学生,学校应安排其他的相适宜的教学内容。

(3)针对可以参加体育活动的体质异常学生,学校应将该生的具体情况通告其任课教师。

三、学校开展体育安全教育的方法

学校作为体育教学活动开展的重要场所,必须重视体育安全教育工作,具体可以采用的方法有以下几个方面。

(一)建立学生健康档案

开学之际,对全体新生的体格健康状况进行检查,了解学生的身体健康状况,是否有既往病史等,将关于每个学生身体健康的相关信息记录在其相应的档案中。每个学生都有自己的健康档案,从入学到毕业的健康信息都记录在其中。

除了要对新生进行健康检查,还要对非新生进行健康检查,也就是说每年都要定期对全校各年级的学生进行健康检查,了解学生的身体变化情况,及时发现学生的健康问题,并实施具有针对性的干预工作。

对于特殊体质的学生群体,要在其健康档案中详细说明其身心存在的健康问题,安排体育教学工作也要充分考虑这部分群体的特殊性及特殊需求,并及时与其家长取得联系,争取家长的配合,协同干预,有效解决

第十章　体育教学改革创新的科学保障体系构建

特殊体质学生的健康问题,为其健康成长与全面发展保驾护航。

（二）宣传体育安全

体育教师作为学校体育教育工作的实施者,必须将体育教学的各方面相关工作做到位,其中就包括安全管理工作,体育教师在日常体育课上要适当进行安全教育,将安全常识融入到体育知识与技能的教学中,时刻提醒学生要注意安全,尤其是在体育实践课上更要注意安全,学生安全意识提高了,才会在练习技术动作时小心谨慎,做好安全防护措施。由于体育教学的特殊性,学生在体育课上要做大量的身体活动,因此出现安全问题的可能性较大,因此教师要加强对学生自我救护技能的培养,使学生拥有良好的自救能力。

单单依靠体育教师在课堂上向学生宣传体育安全知识,灌输安全意识是远远不够的,学校的广播、校刊、宣传栏等都是宣传体育安全知识的重要媒介,因此应发挥这些媒介的作用,创造良好的校园安全氛围,使学生在耳濡目染中强化安全意识,预防安全事故发生,学会自我救护。

（三）举办体育安全讲座

开展体育安全讲座也是对学生进行安全教育的一个重要途径,开展这类讲座可以邀请学生的家长参与,提高学生及家长的安全意识,使家长配合学校做好关于学生的安全工作。安全讲座上多安排医学工作者和专门研究体育安全的专家发言,提高这类讲座的权威性,取得学生及家长的信任,这也有助于顺利达到开展体育安全讲座的预期目的。

（四）开展体育安全活动

体育安全活动可以以各种不同的形式开展,体育安全知识竞赛就是其中一种非常重要的形式,这种开展形式在学校也是比较常见的,学校开展这类活动,鼓励学生参与,学生出于好胜心,会主动学习体育安全知识,从而在竞赛中有优良的表现,这是引导学生关注安全、重视安全的一个重要措施。

四、体育教学中突发性伤害事故的判断与处理

在体育教学过程中,会不可避免地发生一些伤害事故,尤其是突发性伤害事故,因此,这就要求必须具备能准确判断伤情并科学处理的能力,具体如下。

(一)体育教学中突发性伤害事故的判断

在学校体育教学中要做好安全防护工作,保护好学生的安全,防止出现安全事故,并在安全事故发生后更大程度地减少损害,竭尽全力维护学生的安全与健康。突发性伤害事故在体育课堂上发生的可能性较大,对于这类事故,教师要善于观察,并做出准确的判断,从而进行及时的有针对性的救护。

判断体育教学中突发性伤害事故,可参考以下几个步骤,具体在实践中要灵活运用,提高判断的准确性与救护的有效性。

1. 看

学生的身心健康状况最直观地从其身体外部状态中表现出来,所以教师要善于观察学生,看学生的体表特征是否有异常。教师观察学生应清楚需要观察哪些方面,否则盲目的观察是无济于事的,而且会错过最佳救护时机。下面简要说明哪些是体育教师在实践课上需要重点观察的内容。

(1)观察面色。

(2)观察出汗情况。

(3)观察肌肉。

(4)观察关节。

(5)观察肢体活动。

(6)观察体表。

(7)观察技术动作。

(8)观察情绪。

(9)观察周围环境。

(10)其他。

2. 问

如果教师在观察时发现学生体表有异常,就要及时询问,进一步了解学生有哪些不适症状,以对其健康状况做一个基本的判断。下面列举几项教师经常询问的内容。

(1)问学生现在是否有肝病或曾经患有肝病。

(2)问学生现在是否有胃病、心脏病或曾经患有这些疾病。

(3)问学生是否感冒。

第十章　体育教学改革创新的科学保障体系构建

（4）问学生曾经是否在运动中受过伤或有过其他疾病。

教师如果察觉某个学生有异常，除了要问当事人，还要问当事人的同学，以获得更多有价值的信息，对当事人的健康状况了解得更清楚、更全面一些。

3. 摸

教师经过观察和询问后，可以基本了解学生的问题出在哪儿，但为了了解得更清楚一些，还要借助触感，通过摸来了解学生身体状况是否正常，如果学生确实有健康问题，通过摸也能了解问题的严重性。摸不同的身体部位，可以了解不同部位的健康状况，常见的情况有以下几种。

（1）摸脉象。

（2）摸肌肉、韧带、骨骼等。

（3）摸关节窝。

（4）摸骨干。

4. 判断

经过观察、询问和触摸，体育教师基本能对学生的健康状况做出一个判断，为了提高判断的准确性，教师不仅要将学生的身心情况作为判断依据，还要将教学环境作为一个重要的因素而考虑在内，这样信息更全面，判断更准确。

例如，学生在体育课上晕倒，不能单凭晕倒就判断其是中暑或运动强度大，要结合周围环境因素来考虑，中暑现象一般出现在夏季户外体育课上，如果不是在夏季，户外温度适宜，那么学生晕倒则可能与其做大量高强度动作练习有关。所以说，判断不能片面，不能主观武断，要考虑客观现实因素，做到具体问题具体分析，否则将会影响判断的准确性，耽误对学生的救护。

（二）体育教学中突发性伤害事故的处理

首先要对学生在体育课堂教学中的生理和心理状况进行全面的了解，在此基础上进行准确判断，可为教师正确、及时处理学生所发生的突发性伤害事故作出科学的参考。

对于不同类型的突发性伤害事故，要采用不同的方法来处理，体育教师要冷静选择最适宜的处理方法，尽可能确保救护工作的及时性、有效性。

第三节 体育教学改革创新的环境保护体系

一、良好体育教学环境的价值体现

(一)促进学生身心健康发展

体育教学环境的好坏对体育教学效果的高低起到重要的决定性作用,体育教学的效果又对学生的身心健康发展产生相应影响。由此可见,教学环境对学生身心健康发展是具有直接影响的。良好的教学环境对学生的身心健康具有积极的影响,体育教师要尽可能发挥良好教学环境的积极作用,提高学生的健康水平。相反,教学环境差,则必然对学生的身心健康造成制约,体育教师应尽可能将教学环境的负面影响降到最低,通过优化教学环境来发挥其积极的作用,使体育教学环境在体育教学体系中的重要作用真正发挥出来,以此提高体育教学质量。

(二)对教师与学生的激励价值

在体育课堂教学中,学生的学习情绪高不高,是否有学习的热情,是否积极回答问题和表现自己,这都与体育教学环境这一课堂教学因素有关,教学环境佳,则学生热情高涨,积极表现自我,自觉配合教师,主动回答问题,而如果教学环境差,则学生的课堂表现就完全与在良好教学环境下的表现相反了。同样的,教师的教学热情、教学积极性、创新能力的发挥等也都与教学环境因素有关。

下面简要说明良好体育教学环境的激励作用具体表现在哪几个方面。
(1)调动师生教与学的积极性。
(2)促进预期课堂教学目标的实现。
(3)提高课堂教学效率。
(4)活跃课堂氛围。
(5)使教学硬件资源与软件资源的价值得到充分发挥。
(6)培养学生的终身体育意识及锻炼习惯。

(三)指导学生朝着积极方面发展价值

学生的价值观、行为表现、学习态度等都会受到其周围环境因素的影

第十章 体育教学改革创新的科学保障体系构建

响,教学环境是学生经常面临的环境,学生置身于一定的教学环境中学习新知识,教学环境对学生学习的影响是非常重大的。良好的教学环境对于培养学生的正确价值观和优化学生的行为表现具有积极的意义,而这又有助于使学生发展成为符合社会要求和满足社会发展需求的人才,将来以国家栋梁的角色参与到社会主义建设中,推动国家富强发展。体育教学环境是教学环境的一种,其对学生的积极影响主要是使学生在健康方面和体育领域朝着好的方向发展,如提高学生的身心健康水平,丰富学生的体育专业知识,增强学生的运动技能,提升学生的体育素养,使学生养成终身体育锻炼的好习惯和健康文明的生活方式。

(四)陶冶学生高尚情操价值

环境对人的影响是潜移默化的,这种影响既有明显的方面,也有不易发现的方面,如学生的性格就会受到学习环境的影响,这方面的影响不是一朝一夕就有的,而且学习环境对学生性格的影响不易被察觉,但不可否认良好的学习环境确实能培养学生良好的性格,培养学生的道德品质和情操。

鉴于体育教学环境的重要性,学校必须尽可能优化体育教学环境,既要从硬环境着手,又不能忽视软环境的重要性,从而真正发挥良好教学环境的上述价值,促进体育教学的发展及教师与学生的全面健康发展。

二、体育教学环境的具体优化

(一)优化体育教学环境应遵循的原则

优化体育教学环境主要是为了使体育教学更好地为学生服务,所以在优化教学环境的过程中学生的需求是首先要考虑的因素,除此之外,还要结合学校教学实际情况来进行优化,脱离实际情况的教学环境无法真正发挥作用。

为提高体育教学环境的优化效果,应坚持以下原则来着手体育教学环境的优化工作。

1. 整体性原则

系统论要求整体优化体育教学环境的相关因素,各因素经过优化后,其在教学环境中更能发挥重要作用,而且各因素之间相互协调,从而使教学环境在整体上达到要求。

2. 因地制宜的原则

优化体育教学环境的具体方法有很多，各校可以借鉴成功的经验，但不能完全套用，因为每个地方的客观环境不同，如气候、地形、习俗等，如果忽视这些客观实际而盲目套用其他优化方法，则难以取得预期的优化效果，甚至还会破坏自然环境，造成不可估量的严重损失。

3. 简便原则

在体育教学环境创设、优化的过程中，所使用的措施务必要是简单、便捷及省时省力的，在不影响最终优化目的的同时，节省更多的精力。

（二）优化体育教学环境应采取的策略

优化体育教学环境，除了要遵循上述几个方面的原则之外，还要采取相应的策略，具体可以从以下几个方面入手。

1. 对体育教学班级建制加以优化

我国体育教学以集体教学的组织形式为主，班级学生数量多，这种教学组织形式的弊端在于有限的体育场地器材设施资源无法同时供应给数量多的学生，总有一些学生没有机会用到器材设施，而且大班教学的工作量大，体育教师无法一一顾及每个学生，师生互动少，教学质量较差。对此，应适当采用小班教学形式，按学生的兴趣爱好、运动水平分班，从而使学生之间更好地互动，也能使教师很好地指导每个学生，提高教学的效果。但也不是所有的学校都适合采用小班授课制，具体还要依据本校的实际情况尤其是教学资源情况而定，可以从本校实际出发设计其他一些更适宜的教学组织形式，以能够激发学生的学习兴趣，提高学生学习的积极性，有效提高体育教学效果为主要目的。

2. 对体育教学的器材和场地设施加以优化

现代社会的发展对全面发展型人才提出了严格的要求，学校作为培养人才的主要阵地，必须开设多学科的教学来为培养全面型人才服务，满足社会发展的需求。体育学科教学能够培养学生的身心素质、道德品质、健全人格、审美素养等，在培养全面发展型人才方面具有其他学科不可比拟的优势，其重要性不可忽视，为了适应社会发展需求，开展体育教学，加强体育教学改革迫在眉睫。体育场地器材设施是开展体育教学的物质基础和基本保障，改革体育教学，优化教学环境，体育教学设施的改革与优化是重点之一，学校应为体育教学设施的建设投入一定的资金，从财政

第十章　体育教学改革创新的科学保障体系构建

上保障体育教学设施建设的顺利进行,增加设施数量,提高设施规格与质量,从而为开展项目丰富、形式多样的体育教学提供充分的条件,吸引学生参与到体育学习及课后体育锻炼中来,培养学生的体育兴趣与锻炼习惯,同时也能避免造成学校教学资源的浪费。

3. 对体育教材结构加以优化

体育教学环境包括硬件环境和软件环境两种类型,二者都很重要,各自发挥不同的重要作用,缺一不可。在体育教学硬件环境中,体育教材的重要性不可忽视。当前我国学校体育教学中教材方面存在的问题主要是教材内容陈旧,长期没有加入新内容,实用价值减弱,与教学实际情况不符,无法真正使学生的学习需求得到满足,也无法充分促进学生的全面发展。针对这些问题,体育教育工作者要树立先进的教学理念,实事求是,与时俱进,定期对教材内容进行优化更新,使教材内容符合教学实际,满足学生需求。这对体育教师的科研能力是一个较大的考验,体育教师应发挥自己的主观能动性,加强对教材新内容的科学研究,真正发挥教材的价值。为社会培养高素质、全面发展的人才。

4. 对体育教师的教学能力加以优化和提升

体育教学环境中软件环境的重要性不亚于硬件环境,优化体育教学环境,必须将软件教学环境的优化充分重视起来。体育软件教学环境中作为体育教学组织者与主导者的体育教师是非常重要的组成因素之一,对这一因素进行优化具有非常重要的意义。

现代社会的发展对学校培养人才的规格与质量提出了很高的要求,教师作为人才的直接培养者必须承担起社会赋予的责任,尽自己所能为社会培养有理想、道德好、有文化、全面发展的人才。教师培养人才的效率及质量直接受教师自身专业素质的影响,所以提高教师的专业素养与教学能力也是非常关键的,这也是优化学校教学软环境的需要。对此,学校要加强对体育教师的专业培养,提高教师的教学能力、科研能力,使体育教师能够树立先进的教学理念,合理安排教学内容,科学选用教学方法,高效构建教学模式,顺利开展各项教学工作,研究体育教学的热点问题,丰富教学理论,为教学实践提供理论指导,最终切实提高教学效率与教学质量,培养出健康优秀的体育人才。

5. 对体育教学的心理环境加以优化

体育教学环境还包含心理环境,这在体育教学环境的改革中是一个容易忽视的因素。心理环境对顺利开展体育教学活动、提高课堂教学效率的重要性不容小觑,所以必须转变观念,将这一教学环境因素重视起来,并不断优化这一具有系统性、复杂性等特征的隐性教学环境因素。

第四节　体育教学发展的特殊课程设置

在体育教学中,除了开设统一的体育课程之外,还要根据学校中特殊学生群体的具体情况,来开设相应的特殊课程设置。一般来说,体质较弱的学生是较为典型的特殊群体之一,针对这类群体设置的体育课程就是特殊体育课程。

一、体质弱势群体的体育教学任务

（一）体质弱势学生群体的分类

对体质弱势学生群体的类型进行划分,要将学生体质健康状况和身体素质水平作为划分的主要依据,依此可具体将其划分为下列三种类型。

第一类:身患残疾不适宜参加体育活动的学生。

第二类:身体患有各种慢性疾病(肥胖症除外)以及其他疾病(学校禁止的疾病除外)的学生。

第三类:身体过于消瘦或肥胖、基本运动素质较差以及其他情况的学生。

（二）针对体质弱势学生群体的特殊体育课程的教学总目标

开设特殊体育课程,要以不同体质弱势群体的身体情况为依据,真正关注学生的健康需求,要实现的教学总目标是使学生树立科学的体育观和正确的健康观,掌握课程知识,掌握与自身身体情况相适应的学习方法。

（三）针对不同体质弱势学生群体的体育教学任务

特殊体育课程教学的教学任务因教学对象不同而有一定的区别,也就是说要根据不同教学对象的实际情况,尤其是身体情况来设置教学任务。下面简要说明针对各类体质弱势学生群体进行体育教学所要达到的任务及相应的要求。

第十章 体育教学改革创新的科学保障体系构建

1. 针对第一类特殊体质学生群体的体育教学任务要求

这类学生群体是残疾人士,但残疾的部位、程度不同,所以身体特征不同,要根据具体情况为其设计体育学习方式,使其找到适合自己的方法来进行体育锻炼,改善身体症状,提高身体功能,使肢体与器官向健康的方向发生积极的变化。体育教师要及时对学生的学习效果进行评价,并观察学生有哪些体育方面的特长,可以鼓励这些学生参加残疾人体育比赛。

2. 针对第二类特殊体质学生群体的体育教学任务要求

这类学生群体患有慢性病,所以要通过专门的课程来帮助其康复,使其恢复身体功能。慢性病患者在体育学习中要量力而行,选择适合自己的方式来锻炼。

3. 针对第三类特殊体质学生群体的体育教学任务要求

这类学生群体缺乏良好的运动素质,且身体形态不良,对于这类学生,要重点改善其身体形态,使其身体机能达到一定的水平,使其具备一定的运动能力,提高其身体素质和运动素质。

二、体质弱势群体的体育教学内容

(一)明确体质弱势群体的体育教学内容的意义

第一,使体育教学的开展更加有针对性。
第二,对于体育教学质量的提高有帮助。
第三,对于构建特殊体育课程有利。

(二)明确体质弱势群体的体育教学内容的依据

教学目标制约着教学内容,但教学内容又支撑着教学目标的实现。根据特殊体育课程的目标体系,体质弱势群体的体育教学内容必须要满足三类学生的体育需求,使之符合特殊体育课程的构建。在明确体质弱势群体体育教学内容的时候要坚持以下几点原则。

第一,必须按照教学目标来选择教学内容。
第二,必须严格遵循安全和适度原则。
第三,要保证教学内容的实用性和趣味性。
第四,要保证所选择的教学内容是简便易行的。

（三）体质弱势群体的教学内容的构想

根据特殊学生群体的体质情况和素质水平，可以将体质弱势学生群体分为三大类，不同类别的特殊学生群体的教学内容和任务都是各不相同的。

1. 针对第一类特殊体质学生群体的教学内容

（1）基础理论知识
①一般体育健身原理。
②残疾人体育运动常识。
③运动锻炼的方法。
④关于运动负荷对机体生理适应的规律。
（2）基本运动技能
①一般体育健身方法。
②残疾人体育锻炼方式方法及其注意事项。
③适合本类人群的实用有趣的体育运动项目。

2. 针对第二类特殊体质学生群体的教学内容

（1）基础理论知识
①一般体育健身原理。
②常见慢性疾病的一般病理过程。
③常见慢性疾病康复的方法理论。
④适宜的体育运动方式。
⑤合理饮食方案。
⑥健康生活方式与慢性疾病康复的关系。
（2）基本运动技能
①一般体育健身方法。
②疾病人群的体育锻炼方式方法。
③适合本类人群的实用有趣的体育运动项目。

3. 针对第三类特殊体质学生群体的教学内容

（1）基础理论知识
①一般体育健身原理。
②肥胖、消瘦、体弱的一般病理过程。
③通过体育运动控制体重、增强体质的方法论。

第十章 体育教学改革创新的科学保障体系构建

④合理饮食方案。
⑤健康生活方式与体质的关系。
（2）基本运动技能
①一般体育健身方法。
②改善身体形态的体育锻炼方式。
③适合本类人群的实用有趣的体育运动项目。

三、体质弱势群体的体育教学方法

（一）体质弱势群体的体育教学方法的选择

针对体质弱势群体的总体特点，要选择相应的教学方法，具体来说，要参考的依据有以下几个方面。
第一，依据体育教学目标选择教学方法。
第二，依据教学内容的特点选择教学方法。
第三，依据学生实际情况选择教学方法。
第四，依据教学条件选择教学方法。

（二）体质弱势群体的体育教学方法的运用

在运用所选择的体育弱势群体的体育教学方法时，需要做到以下三个方面的要求。
第一，坚持鼓励原则。
第二，将整体功能充分发挥出来。
第三，运用时要保证灵活性。

（三）选用体质弱势群体体育教学方法的注意事项

第一，要将体育教学与心理暗示结合起来进行。
第二，要尊重并遵循个体差异性。
第三，将对学生顽强意志品质的培养作为重点关注的一个主要内容。

四、体质弱势群体的体育教学评价

（一）体质弱势群体体育教学评价的主要内容

1. 体质改善的状况

对体质较弱的学生来说，体质状况的改善是一个长期缓慢的过程；对于身患疾病的学生来说，体育教学能够做到的是控制病情，甚至有所好转；对于残疾的学生来说，体育教学对身体的客观情况并没有实质上的改变，重点在于心理素质的提高，对现有身体机能的改善和提高；对于偏瘦、偏胖的学生来说，体育教学的干预空间较大，体育锻炼的效果也较为明显，应该作为重点改善的对象。

2. 心理素质的变化情况

在设计体育教学评价指标的时候，要着重反映学生参加体育锻炼前后心理素质的变化情况。

3. 参加体育运动的积极程度

设计体育教学评价指标时，着重反映学生参加体育锻炼前后态度的变化情况，参与积极性的程度等。

4. 体育知识和技能的传授与掌握情况

掌握一定的体育保健知识是开展自我体育运动的前提和保障，正是体育教学实践和体育理论知识的指导，才产生了体育教学效果。因此，体育教学评价的核心是传授体育基础知识和理论、体育保健知识和技能，帮助体质弱势学生树立学习生活的信心，感受体育运动的快乐，培养体育锻炼的兴趣和习惯，在体育练习中获得成就感和满足感。

（二）体质弱势群体体育教学评价的标准

体质弱势群体可以分为三类，针对这些不同类型学生所采用的体育教学评价的标准也应该是有差别的，具体如下。

1. 针对第一类体质弱势学生群体的评价标准

针对这一类型学生，体育教学评价应该将学生积极参与体育锻炼前后的态度变化和掌握适合自身条件的体育锻炼方法的情况重点反映出来。还要兼顾一些有特长的学生，适当开展残疾人竞技体育的教学和锻炼效果的评价。

2. 针对第二类体质弱势学生群体的评价标准

针对这一类型学生,体育教学评价应该着重反映参加体育锻炼前后疾病的康复情况,积极参加体育活动前后态度的变化情况。

3. 针对第三类体质弱势学生群体的评价标准

针对这一类型学生,体育教学评价应该着重反映学习和掌握有效的体育锻炼方式手段,达到改善形体、提高机能,特别是心肺功能的效果,为进一步提高基本运动素质奠定坚实基础。

(三)体质弱势群体体育教学评价的注意事项

针对体质弱势群体所采用的体育教学评价,需要对以下几个方面的事项加以注意。

第一,一定要将歧视观念杜绝掉。

第二,对个体进步加以重视。

第三,采用的评价内容应该以鼓励为主。

五、体质弱势群体体育教学的改革措施

针对体质弱势群体体育教学的课程设置以及发展情况,需要对其中的一些方面加以改革,以促进其进一步的发展和完善,具体可以从以下几个方面着手。

(一)要保证体育教学目标的多样化

了解体质弱势群体的分类标准,清楚各类体质弱势群体的身心特征,针对各类学生的实际情况提出适宜的教学目标,保证各类体质弱势群体经过努力学习可以达到各自相应的目标,从而增强其自信心。针对体质弱势群体设计的教学目标要体现多样性,如增强体质的目标主要针对身体素质差的学生而设计,提高运动素质,改善身体形态的教学目标主要针对肥胖、运动素质差的学生而设计,促进健康,恢复身体机能主要针对患有疾病的学生而设计,总之,不能用统一的教学目标和教学要求来实施教学,否则就无法获得实际效果,而且对体质弱势群体也有失公平。

体育教师要了解针对不同类型体质弱势学生群体各自要达到的教学目标,鉴于教学目标的多样化,教学策略也应体现出多样化,从而为多样化教学目标的实现提供保障。

（二）要因人而异选择体育教学内容

体质弱势群体由于自身身心情况的特殊性，需要安排特殊的教学内容，不能和其他学生的学习内容完全相同。而且体质弱势群体也有不同的分类，各类弱势群体所学的内容也有不同的侧重，这主要应以各自的教学目标为依据来进行合理的选择。体育教学内容丰富，要注意根据学生体质情况来划分出不同功能的教学内容，从而针对不同弱势群体实施不同的教学内容，发挥各类教学内容的功能，从而使不同体质弱势群体都能学到对自己有价值的体育知识，掌握适合自己的体育运动方式。例如，运动保健类和养生康复类体育教学内容适合患有疾病和残疾的学生，健身健美类的体育教学内容适合身体形态较差的学生，等等。

（三）采用的体育教学方式方法要丰富多样

在体质弱势群体的教学中，教学目标与教学内容的多样化决定了教学方法的多样化，只有灵活采用丰富多样的体育教学方法，才能保证各类教学内容的功能得到充分的发挥，并实现各个层次的教学目标。多样化教学是体育教学的发展趋势之一，该趋势在体质弱势群体的体育教学中同样能够体现出来，为适应该趋势，必须加强对多样性教学方法的科学设计，并将各种有效的教学方法运用到实践教学中，使体质弱势群体真正学有所获，并找到适合自己的学习方式，达到自己的学习目标。

第十一章　互联网与体育信息化教学发展研究

当前,已经处于信息化时代,信息的高速传播主要是借助于发达的网络实现的。鉴于此,"互联网+"成为近阶段非常火的名词,这一话题的提出并不是偶然的,而是与时代发展需求相适应的,可以说,这是时代发展的产物。信息网络的迅速发展和广泛普及,对于整个社会来说,包括体育教学,所起到的作用是非常显著的。本章主要对互联网与体育信息化教学的发展进行研究。

第一节　互联网时代背景与体育教学发展形势

一、"互联网+"的内涵与特征

(一)"互联网+"的内涵

"互联网+"中,所强调的关键点不在"+",而在"网"。网的意义不仅在于简单的连接,而是更重要的交互,以及通过互动衍生出来的种种可持续发展的特性,从而最有效地提高生产效率和资源利用率,使人类发展水平得到提升。

关于"互联网+"的内涵,可以从以下两个方面来加以分析。

1. "互联网+"将互联网作为核心和基础

"互联网+"所构建的一个能实现人与物、物与物的信息交换和共享的网络信息系统,其重要基础就是互联网。整个信息系统的运行都是在互联网的运行下所开展的网络系统,可以说,"互联网+"是互联网接入方式和端系统的延伸,也是互联网服务的拓展。

2. "互联网+"有机整合了物质世界和信息世界

通常,人们对"互联网+"的理解为一个动态的全球信息基础设施,其实质在于,将世界上的人、物、网和社会融合为一个有机的整体,在"互联网+"的基础上,使世界上人类的生活活动、生产活动、经济运作、社会活动更加智能化地运行。

(二)"互联网+"的基本特征

从对"互联网+"的分析中发现,"互联网+"是通过各种感知设备和"互联网+"连接物体与物体的,全自动、智能化采集、传输与处理信息的,实现随时随地和科学管理的一种网络。由此可见,"互联网+"所具有的基本特征可以大致归纳为:"网络化""物联化""互联化""自动化""感知化""智能化"等。

1. 网络化

网络化是"互联网+"的基础。无论是 M2M、专网还是无线、有线传输信息,感知物体,形成网络状态这是一个必要条件;不管是什么形态的网络,最终都必须与互联网相连接,这样,真正意义上的"互联网+"才有可能形成。否则,"互联网+"是根本不可能形成和存在的。

2. 互联化

"互联网+",实际上就是一个多种网络、接入应用技术的集成,也是一个让人与自然、人与物、物与物进行交流的平台,这就赋予了其在一定的协议关系下,实行多种网络融合,分布式与协同式并存的显著特征。

"互联网+"的开放性特征要比互联网的该特征更加显著,这主要是由于"互联网+"具备随时接纳新器件、提供新的服务的能力,可以将其理解为自组织、自适应能力。

3. 物联化

"互联网+"要求人物相联、物物相联,这是基本条件。"互联网+"能够使人们和物体"对话"以及物体和物体之间的"交流"都得以实现。换而言之,互联网完成了人与人的远程交流,而"互联网+"所完成的则是人与物、物与物的即时交流,这也对由虚拟网络世界向现实世界的连接转变的顺利实现起到了促进作用。

4. 自动化

通过数字传感设备自动采集数据,然后以事先设定的运算逻辑为依

第十一章　互联网与体育信息化教学发展研究

据,通过软件自动处理采集到的信息,这一过程基本上可以自动完成,不需人为干预;按照时间、地点、压力、温度、湿度、光照等设定的逻辑条件,可以在系统的各个设备之间,自动地进行数据交换或通信;对物体的监控和管理实现自动指令执行。

5. 智能化

"智能",主要是指个体对客观事物进行合理分析、判断及有目的地行动和有效地处理周围环境事宜的综合能力。"互联网+"的产生本身就是一种智能的体现,具体来说,其是微处理技术、传感器技术、计算机网络技术、无线通信技术不断发展融合的结果,从其"自动化""感知化"要求来看,它已能代表人、代替人"对客观事物进行合理分析、判断及有目的地行动和有效地处理周围环境事宜",智能化实际上体现的是其综合能力的高低。

"互联网+"能够通过数字传感设备来实现数据的自动采集,同时,也可以借助云计算、模式识别等各种智能计算技术的利用,来对采集到的海量数据和信息进行自动分析和处理,这些通常是自动完成的,不需要人为的干预,其本身就能按照设定的逻辑条件来进行,在系统的各个设备之间,自动地进行数据交换或通信,对物体实行智能监控和管理,使人们可以随时随地、透明地获得信息服务。

6. 感知化

"互联网+"的感知元器件,主要是指"互联网+"的射频识别、红外感应器、全球定位系统、激光扫描器等信息传感设备,这些感知元器件的主要功能,和人的视觉、听觉和嗅觉器官的功能是一样的。

二、互联网时代背景

(一)"互联网+"是近阶段最火的概念之一

当前,有很多比较火的概念,比如,"一带一路""四个全面""命运共同体",当然还有"互联网+"。这些都是当下最火的热点词汇。

前几年,"互联网+"就已经开始逐渐普及并发展,受到很多家学者的关注,研究的频率也非常高,可以说,当时,"互联网+"已经深入人心,并且其是作为新经济现象的代表而被人们所接受和青睐的。对于不同的人来说,他们对新鲜事物的感知能力会有所不同,因此,对于一些人来说,已经感知到了"大众创业、万众创新"的"互联网+"的大时代以不可逆的势态悄然来临,并会在未来的日子里深刻影响整个世界,当然也有人对此的感知要差一些,但不管如何,"互联网+"时代的来临是客观发生的。

2015年3月5日,李克强总理在十二届全国人大三次会议上,在政府工作报告中提到"互联网"的次数达到了18次之多,并且首次明确了"互联网+"的概念和行动计划。对此,其强调"制定'互联网+'行动计划,推动移动互联网、云计算、大数据、'互联网+'等与现代制造业结合,促进网商、工业互联网和互联网金融健康发展,引导互联网企业拓展国际市场"。

"互联网+"概念和行动计划的提出,在让大家初步了解这一概念之后,还为大家提供了无限的想象空间。

1."互联网+"的概念及其提出

早在2012年,"互联网+"的概念就已经被提出来了。当时,这个概念还只是处于探索阶段的一个在互联网圈内发展的理念,关于对其的理解,主要为:它是互联网对传统行业的渗透和改变。经过近几年的发展,"互联网+"已经上升为国家战略和行动计划。

腾讯CEO马化腾认为"互联网+"是一种"生态"。

李克强总理则从更加全面的角度,对"互联网+"作出了更加清晰的解释:"互联网+"行动计划,就是通过移动互联网、云计算、大数据、"互联网+"等的综合利用,来与现代制造业相结合,从而促使创新2.0下互联网发展的新形态、新业态的形成与发展。

2."互联网+"的功能体现

对于当前信息智能文明时代来说,诞生于工业文明时代的商业模式,已经无法使当前人们的生产、工作、生活方式的需求得到有效满足了。就像农耕文明时代的商业模式不能适合工业文明时代一样。

如今已进入信息智能文明时代。在这个新的时代发展过程中,需要完成一项重要任务,即寻求、发现和认识什么是这个时代最先进的生产力、交换力和消费力。要完成这一任务,就要求必须对各种商业旧思想、旧模式、旧框架进行深入改革,采用新理念、新模式、新结构。只有这样,才能将规模庞大的信息智能经济创新出来,启动并坚实地承托起更便捷、更安全、更幸福、更有价值的高品质生活模式。

在全球信息化的推动下,各个传统领域中越来越广泛地应用互联网技术,这在世界范围内都是如此,正因为如此,传统劳动演变成智慧劳动和应用服务,其能够通过"互联网+"进行再运用或再分配,其价值得到有效提高,与智慧劳动有着密切的关系。在这样的情形下,经济能够将其

第十一章 互联网与体育信息化教学发展研究

强劲的渗透力和影响力充分发挥出来,将创新的智慧劳动和智慧经济带到社会的各个角落,对各行各业的方方面面都产生影响,并且这种影响是全方位的、深刻的。

这里所说的"互联网+"中的创新智能劳动,作为劳动形式的一种,并不是唯一的,其他劳动形式仍然是存在的。还需要强调一点,创新智能劳动的产生,并不是就全面否定了传统经济形式的存在,相反,创新智能劳动,还会起到积极提升农业经济、工业经济、服务经济的显著作用。由此,在"互联网+"经济和环境下,物质型经济所得到的提升程度会更大,只是其在整个社会经济的贡献值和地位相对于"互联网+"经济是有所下降的。而"互联网+"经济在各个经济结构中的贡献地位和主导地位,迟早会代替物质型经济之前在整个经济体系中的主导地位,这一点是毋庸置疑的。

当前,"互联网+"的应用,不仅范围上不断扩大,深入程度也越来越高,其中,以互联网和数字产品为主导的数字生活,在向智能生活模式转型时,速度是非常惊人的,并且还充分展现出了"互联+万物+云计算+创新+智能终端"="互联网+"的集成态势,这方面的速度也非常惊人,由此,人们的活动时空得到了极大的拓展。由此可见,"互联网+"在作为一个简单的信息交互工具的同时,也是转向成为一个具全面应用功能的综合生活平台和工作平台,除此之外,其还在很大程度上支撑着未来的信息智能文明生活。

当今世界,对商品成交率产生影响的因素有很多,其中,起到决定性影响的因素主要有信息传播的速度、交易的速度、决策所需的时间、信息传播的成本、交易的成本,同时,这些因素也是衡量一种新的商业模式先进和科学与否的最重要标准。

作为一种智能文明新生态,"互联网+"毋庸置疑已经成为近几年最火的概念之一,其在商业方面有着得天独厚的优势,同时,还将其显著的可持续性、可分享性、可共赢性特点充分体现了出来。由此可以预见,我们未来的生活主要形态是"互联网+"环境支撑下的生活,社会经济特征也将变为"互联网+"环境支撑下的经济。

3. "互联网+"的显著优势

从上述内容中可以发现,"互联网+"是一种智能文明的新生态,其具有显著的特点。这可以通过对其精髓的分析中得知,具体来说,其精髓是对物实现连接和操控,同时,其还通过技术手段的扩张,赋予网络新的含义,实现人与物、物与物之间的相融与互动、交流与沟通。由此,这里可以将"互联网+"的优势大致归纳为以下几个方面。

（1）"互联网+"是互联网的一种延伸

"互联网+"与互联网之间的关系是非常密切的，前者是后者的延伸，却不是互联网的翻版或者接口。

"互联网+"在经过互联网的扩展之后，也被赋予了互联网的特性，但是，其本身的特殊性也决定了其所具有的有些特征与互联网也是不同的。具体来说，"互联网+"能够实现由人找物，也能够实现以物找人，通过对人的规范性回复进行识别，除此之外，其还能够科学选择方案。

（2）合作性与开放性以及长尾理论的适用性

对于"互联网+"来说，其在应用中所表现出来的显著特征，就是合作性与开放性以及长尾理论的适用性，正是因为这些特征，才有效促进了"互联网+"经济的蓬勃发展。

在人物一体化形式的推动下，"互联网+"在性能上会得到进一步的强化，具体来说，能使人和物的能力得到有效拓展和提升。从网络的角度来说，人与人之间的接触会因此而有所增进，从中，更多的商机也会被发现和发掘。

这里所说的合作性与开放性，所指的范围比较广，不仅仅局限于物与物之间，还指人与物之间。互联网的合作性与开放性这两大特征对其当前的繁荣发展有着非常积极的推动作用。具体来说，开放性特征能够使无数人通过互联网得以实现他们的梦想；合作性则成倍增加了互联网的效用，使得其运作与经济原则的适应程度更高，从而为其竞争占据了先天优势。

（3）超大容量

"互联网+"的信息存贮量已经超过了世界上最大的图书馆，并且这一过程很短，只用了几年时间就实现了，因此，"互联网+"现在已被公认为人类最庞大、最综合的信息源。而且这是一个拥有不断地自我更新机制的网络。从理论上讲，网上每秒钟的信息都在变化。这是一个非常态性的文化存在形式，它是在动态中保持总量增加的载体。

（4）高度一致性

"互联网+"在网络建设费用与信息传播的公众性方面已经形成了良好的平衡状态。在这种平衡状态下，其同电话的使用与费用结算形式之间存在着类似的关系，这就使在有效使用中进行合理收费的问题得到了妥善解决。

（5）高度共享性

"互联网+"的并行能力是非常强的，其能够允许在同一时间内对同

第十一章　互联网与体育信息化教学发展研究

一信息库进行同主题的多用户访问,这就基本实现了资源供给与需求的一致性原则,避免了信息资源的浪费情况。这种世界性的信息文化,在存在特点和表现形式上都具有极大的趋同性。

（6）超宽领域

起初,"互联网+"的发展方向就已经明确了,即综合性、大众性,也就是说任何领域的公共信息和绝大部分专业信息都可能在网上存在并得到许可进行访问。

（7）消除信息传播弊端

"互联网+",将传统信息传播对于接受者在获取信息时间上的固定化打破了,这就为信息使用者提供了较大的便利,也使信息使用的时值峰差难题得到有效解决;但是,其在整体信息源的完整上面进行了良好的保留,同时也使个体的多样化需求得到满足。

（8）高度自选择性

互联网本身作为一个大型的信息超级市场,其具有显著的开放性和超宽领域、超大容量性等特性,这些组合起来就形成了"互联网+"上特有的高度自主选择性,同时,信息传播和使用的效率也大大提高。它在信息组合形式上具有大数量级的可能,并拥有信息多次组合、多重组合的状态,而且这是在自由状态下的非固化组合。

（9）对信息储存与传播地域的突破

从理论上来说,只要有网络覆盖的地方,都可以进行网络访问,由此可以看出,信息文化可以通过一种极为广泛的世界性的形式而存在和被使用。

（10）自由对话

国际"互联网+"给每一个上网用户提供了一个前所未有的、十分广阔的自由对话领域,其使不同文化背景下个体间的接触越来越密切,大大方便了个体间的异地远程联系。在网上,不管是什么主题的、长时间的(可保留的)、多媒体形态的不同文化形态中个体间的联络都可以实现,而且,其运行成本却是非常低的。

（11）综合社会服务功能

除了上述这几个方面的优势外,其还具有功能综合性的显著特点,主要表现在教育、科研、医疗、国防、商务、政治、艺术、体育等各方面、各层次的服务功能上。

（二）"互联网+"是时代的发展产物与选择

近年来,在全球范围内,从所有的经济领域的角度上来说,信息技化是发展的关键所在,未来更是创新信息智能互联化。

信息互联在各国经济中有着非常突出的核心地位,这是其他方面所无法替代的。不管是农业、制造业、服务业,还是政府部门,信息互联已经成为一个"普遍深入"的因素。

这些技术的联动,最终实现的是世上各种有形的、无形的资源在时空上的利用最大化、安全保障化、成本最低化。

除此之外,报告还指出:在成为全球第二大经济体后,中国将面临经济结构调整和重新均衡的挑战。由此,我们不由得提出这样的问题,中国经济增长的转型要想顺利实现,需要借助的力量有哪些?

通过与当今全球经济的运行环境和整体发展趋势相结合发现,我国经济结构调整是否成功,主要的决定性因素是我们的"互联网+"经济,换言之,就是"互联网+"经济在整个经济结构中所占的比重和影响力在很大程度上决定着信息互联经济的发展程度。

通过相关的实例分析和归纳总结,可以得出以下几点结论。

(1)全球经济处于低迷震荡的状态,但作为"互联网+"经济的基础——信息经济却呈现出持续增长的态势。

(2)在全球一体化进程的推动下,和谐经济框架的受重视程度再度提升,更是进入到了经济发展的首要位置上。

(3)从中国经济运行的数据上可以看出,中国经济正处于结构性调整的状态。

在这样的时代背景下,我国政府提出在经济结构调整和发展方式上要实现三个目标,它的实现途径所涉及的领域中,主要为"互联网+"经济领域。

(1)由投资和出口的拉动积极转变为向消费、投资、出口协同拉动。协同就是需要同步提高,其中,最好、最大的动力源是高科技的应用。

(2)由工业带动积极转变为一产、二产、三产协调拉动。一产、二产、三产的创新化应用和信息经济比重提升,这些都对整个"互联网+"经济体的单位成本构成产生了直接影响。

(3)由过度依靠资源消耗积极转变为依靠技术、管理、创新方面。"互联网+"经济是在科技和创新的基础上实现的,"互联网+"经济在整个经济体的份额中所占的比重的高低,能够将整个经济体资源消耗的依赖度的下降程度充分反映出来。

正是这些"互联网+"经济的技术、管理、创新等要素的变化结果,最终也能够将我国经济结构转型的程度反映出来。

"互联网+"经济在我国三产里面的比重不断上升,这是其一个重要

第十一章　互联网与体育信息化教学发展研究

表现,同时,其还有一个显著表现,即为将直接渗透到我国的一产和二产之中,并对一产和二产产生影响。这也就决定了"互联网+"经济将顺理成章地成为我国经济结构发生转变过程中所要研究的重中之重。

身处全球经济依存度相对高度发达的大环境中。一定要高度关注国际形势的走向,这也会对我们自身的发展走向产生影响。如今,发达国家中已经有一半以上的从业人员从事以信息为主的工作,且预测在未来10年人类的全部工作中将有4/5与信息经济有关。

另外,以电脑、网络、机器人为标志特征的信息时代,其发展速度让人瞠目结舌。信息已经不仅仅局限于专业的研究了,其已经进入到了人们的日常工作和生活中。信息已经将全世界的电脑都联系起来了,所有的信息以及各种多媒体视听设备都属于这一整个系统的一个组成部分,并在人们的生活和工作、学习中有着广泛的应用,也正是因为如此,每一个人的生活、工作、学习都因此而发生着变化,除此之外,全球人类的生活习惯、工作习惯、学习习惯、生产习惯、科研习惯和商业习惯也都发生了变化,人类的生活、工作和学习内容更加丰富和充实。

信息无处不在、无时不在。不同内容的信息,所产生的价值和价格不同,不同内容的信息的市场需求也会不同,能服务的行业以及适用的人群也各不相同。

(三)"互联网+"会对世界经济发展产生影响

1."互联网+"发展的必然性

世界上最有意义的事物大都是多样融合的网络系统。人是由许多丰富的网络系统所组成的。其中,脑是一个由神经键连接的巨大的神经元网络。在一个细胞中,基因行为的控制是由调节蛋白连接的基因丰富的网络控制。如人的眼、耳、鼻、舌、皮肤等信息采集器官与嘴、手、脚等信息输出器官以及大脑构成的信息处理器和存储器,就是通过遍布人全身的神经网络互联在一起而形成一个人体内部的多样融合的网络系统。

通常来说,丰富的网络系统采取的基本都是自下而上的有机组织模式。所有的组织可以分成两种类型:一种是传统意义上的自上而下的机械组织模式;另一种则是正在改变着企业和世界面貌的有机组织模式。

随着社会的发展,世界向日益水平的以联系和合作为主要特征的运行模式转变。这就需要不断进行组织创新,打破和拆解一道道"围墙、天花板和地板",发展"多样融合的网络系统"。"互联网+"就是这种智慧的产物。

在全球信息产业发展的带动下,"互联网+"已成为一种发展的必然。细细分析发现,"互联网+"发展驱动力有多个方面,具体包括:第一,是信息业务的分组化,这是网络演进和融合的最大驱动力;第二,是技术的进步,新技术层出不穷;第三,是用户需求的提高,用户希望能够利用任何终端在任何地方、任何时间享受丰富多彩的业务;第四,则是运营的需求,为了支持多种电信和传媒业务,各大运营商都希望能有一个整合的IP化的基础网络。

2."互联网+"对世界经济发展的影响

"互联网+"的存在与发展是必然的,同时,其也具有存在与发展的必要性,这主要体现在其对世界经济发展所产生的影响上,大致有以下几点。

(1)固定电话市场的逐渐萎缩促使固网运营商在运营成本上加强了控制

当前,语音应用越来越多,这就促使IP协议的服务质量不断改善,数据网络打电话已经成为现实,这就使得原本非常昂贵的长途电话变得非常便宜,实现了信息交流的便民化和普遍化。

在技术发展的推动下,电话网络和数据网络逐渐融合在一起,具体来说,就是语音信号通过数据网络传输已经成为现实和普及的趋势。电话网络和数据网络的合并,能够使通信网络的运营成本大大降低,网络的管理流程也大大简化。这些对于运营商而言,意味着运营成本得到了理想的控制。

(2)经济全球化需要"互联网+"的网络架构

"互联网+"所产生的影响并不仅仅体现在成本的节省和网络管理的简化上,IP技术能使移动和便捷性的需求得到极大满足,才是其最大的益处所在。这里所说的移动的便捷性,主要是指通过IP网络使PC和PC、PC和电话、电话和电话的对接得以实现,如此一来,不仅能使生产效率得到提升,还能大大降低成本。

随着全球性企业和经济全球化趋势的逐渐增进,这就对企业需要融入一个全球化的架构提出了要求,"互联网+"的架构是全球化的,在有互联网的地方,就可以和合作伙伴进行便捷的沟通。

(3)绿色、低碳经济的发展离不开"互联网+"

基于"互联网+"的经济活动代表的是一种新的工作方式,一种更为绿色、低碳的经营方式。现代化企业是以全球化发展为立足点的,面对"低碳"经济的大趋势,发展和实践"互联网+"有其必要性和紧迫性。

（4）"互联网+"兼顾多方利益

"互联网+"对行业发展所产生的影响都是积极的，具体可以从不同方面来加以分析。

①就客户来说，能够使客户关系简化，并能提供一致的客户体验。

②就行业自身来说，"互联网+"能够使行业结构失衡的问题得到妥善解决，同时，还能有效优化资源配置，升级换代行业结构，实现可持续发展。当今的情况是运营商太多，制造商太多，ISP也太多，从全球范围来说是这样，这在中国也不例外，整合就显得非常重要且必要。

③从制造商的角度来说，"互联网+"将研发、生产线和市场这几个方面高度聚焦起来，并且妥善解决了产品过多过滥、低层次低水平重复的问题。

三、"互联网+"背景下体育教学发展的形势

（一）"互联网+"教学模式及其价值体现

从教育领域来说，"互联网+"从整体改变了教学模式。目前，在我国的教育体系中，传统教育模式仍然占据主体地位，备课、课堂教学以及教学考核仍然是教学过程中的主要流程。但是，传统的教学模式与当前教育教学的发展以及学生的学习需求已经不相适应了，在发展平台和资源方面并没有优势，这就在激发学生兴趣、提升学生能动性方面无法起到应有的作用，不利于学生的综合发展与提升。而"互联网+"给教学模式所带来的改变则恰好能使传统教学模式的发展弊端得到有效弥补。

第一，"互联网+"教学模式能大大提升传统教学模式的各类流程的运作效率，这样，也能有效解放教师在传统教学模式方面的约束与束缚，也可以紧跟时代潮流，借助互联网以及信息共享迅速获取资源、管理资源，有效提升工作质量。

第二，"互联网+"能使学生和教师之间的沟通交流得到有效增强，使得学生的学习反馈、老师的教学指导均能实现实时化，这就大大方便了教师教学管理的开展与实施。

第三，在"互联网+"背景下，教师能为学生打造一个更广阔的自主学习平台，这具有非常显著的现实意义，主要体现在学生的学习兴趣以及主观能动性、独立思考能力以及综合学习能力等方面。

（二）"互联网+"对体育教学改革的影响

当前，"互联网+"是较为热门的概念之一，可以将其理解为发展概念的一种，其积极影响着体育学科教学改革和发展，具体体现在以下几个方面。

1."互联网+"获取信息丰富

在"互联网+"的背景下，体育教学在信息获取渠道上得到了进一步的开拓和扩展，这就能使体育教学内容得到丰富和充实，这是传统体育教学内容所无法比拟的。

2."互联网+"有效提升学习效率

同时，在传统的高校体育教学过程中，教师所教授的学生往往是几十人甚至上百人一个班级，而教师在学生中则处于绝对的中心地位，为了提高教学效率，学生仅仅能在课堂上根据教师简单的讲解和示范被动地进行模仿和学习，由此所取得的教学效率十分低下。而在"互联网+"的背景下，学生能从相应的信息教学平台中获取更多的体育信息，通过文字、图片、音频以及视频等途径来对体育课程内容和相关知识有更加充分和全面的了解，可以说，这是教师借助时代背景红利所应创造的学习环境，也是学生学习效率提升的重要基础。

3."互联网+"知识储备雄厚

调查发现，目前我国的很多学校在体育教学课程以及资源方面，并不占优势，并且这些资源都是非常有限的，这就制约了许多学科的开展与发展，即便能勉强开展，学生在了解体育领域更多的相关知识和发展现状方面也不会取得理想的成效。

在"互联网+"的教学改革下，学生能够通过网络信息技术，以多元化的途径和方式来获取体育领域内各个方面的知识，如此，不仅能使学生在体育方面的知识得到丰富和充实，还能使他们在体育方面的兴趣和能动性得到有效激发和提升，这对于学生综合素质和综合能力的发展与提升有积极的意义。

（三）"互联网+"促进体育教学改革与发展

"互联网+"对体育教学改革及发展也会产生积极的影响，具体体现在以下几个方面。

第十一章　互联网与体育信息化教学发展研究

1. 使体育教学的互联网思维进一步加强

在"互联网+"背景下,要想将之前的传统体育教学模式的禁锢打破,建立并加强其体育教学的互联网思维是首要任务。所谓互联网思维,就是首先要对互联网的基本情况有充分的了解,在此基础上,来更加深层次地挖掘和分析其内在的发展规律以及优势,从而达到有效促进体育教学改革的作用。

当前,传统的体育教学仍然存在,并且主要表现为教师的言传身教,对于学生来说,他们只能在有限的课堂时间内仓促模仿,所取得的学习效果可想而知,这也会影响到学生的学习兴趣。因此,这就要求教师应将互联网信息技术对体育教学进行信息化模式改革充分利用起来,有效改善体育教学的现状,提升教学效果。比如,可以借助互联网技术来对传统的体育课程内容进行信息化变革,使体育学科内各项体育运动的知识内容以及探索性渠道都得到有效拓展,并对学生进行积极的指导,从而使他们能够在该平台上自主获取必考的知识以及感兴趣的内容。除此之外,教师还可以通过微课的利用,来开展新型的教学设计,从而使教学资源更加丰富,也为学生更好地参与到体育教学中提供支持。

2. 体育教师的互联网教学素养有所提升

在体育教学中,教师是处于重要的主导地位的,是核心人物,对于学生的学习以及其他教学活动的开展与管理来说,都起到不可替代的重要作用。因此,要促进"互联网+"时代背景下体育教学的改革与发展,从根本上来说,就是要对体育教师的互联网教学素养进行培训和提升。因为教师在体育教学中对学生有着积极的引导作用,教师综合素养的水平决定着其教学水平,因此,做到这方面的培养与培训是至关重要的。

要对教师进行互联网教学素养的培训,首先应促进教师的计算机应用水平,并通过组织相关的培训课程提高教师的多媒体应用技术,使其能充分利用互联网教学手段对传统的体育学科内容进行变革。[1]

3. 构建网络平台创新体育教学模式并使其更加完善

目前,"互联网+"已经在不同的领域中都有了普遍的应用,人们对于在各类互联网平台上进行学习以及交流已经形成了习惯,并且非常乐于这样做。因此,对于体育教学的变革而言,要对体育教学的发展起到积极的促进作用,首先,要让学生能够对这一学习方式持接受的态度,这是首

---

[1] 张舵."互联网+"时代背景下高校体育教学改革与发展研究[J].当代体育科技,2019,9(32):160-161.

要任务。从教师的角度上来说,也要通过网络资源管理为学生创造良好的网络学习环境,使其能在日常学习中通过这些网络平台完成专业的体育学习任务。

只有这些还远远不够,教师自身要在构建以及完善网络学习平台的过程中,高度关注体育学科的知识资源的量,同时,还要重视这些资源的筛选和管理,这样,不仅能使学生在网络平台学习过程中将平台的价值最大程度地利用起来,高效率地选择出那些适当的知识点和内容,保证学习资源的质量,而且对于学生体育参与度的提升以及学习主观能动性的加强也是有益的。

4. 优化校园体育文化,打造校园"互联网+"体育氛围

近年来,随着互联网技术的飞速发展,已经有许多学生能通过互联网获取较多的信息资源。然而,对于学校学科发展而言,要想为学生提供更好的自主学习环境,充分利用互联网技术和资源是必经之路。因此,这就要求学校必须对校园体育文化的构建加以重视,通过资源设计打造校园"互联网+"体育氛围。具体来说,教师首先要对现代体育精神及其对当下学生体质健康发展以及心理健康发展的价值有充分的了解和认识,同时,还要做好社会主义核心价值观的宣传。除此之外,学校还要与体育院系联系起来,在学校中开展各院校的联合体育活动,通过互联网平台进行宣传、直播,定期在校园内营造足够的体育文化氛围。

(四)"互联网+"对教育理念传播的影响

教育理念在体育教学中是处于灵魂地位的,教育理念的先进与否,在很大程度上决定着体育教学的发展状况,因此,优化和提升教育理念至关重要。"互联网+"对于教育理念的传播与发展也起到积极的影响,具体如下。

1. 体育教育视频在教育网站的发布

随着"互联网+"行业的迅猛发展,教育行业中的商机逐渐显露出来,越来越多的人开始开发这方面的资源,发展至今,各类教育教学课程应有尽有,层出不穷。

通过对目前市面上较火的一些教学软件研究发现,各软件上关于教育的课程非常多,但是,关于体育教学方面的,却相对比较少,所占的比重也非常低。对此,体育教学相关单位应该再接再厉,在充分了解人们的需求和兴趣的基础上不断地创新网络教学方式,以吸引更多的受众,在互联

第十一章　互联网与体育信息化教学发展研究

网上发扬体育教育,将体育教育与互联网这一途径充分结合起来,为体育教育的开展创造良好的条件,也可有效满足学生在这方面的需求。

2. 体育教学宣传片的播放

当前,经济发展速度飞快,人们的物质生活已经达到了较为理想的水平,简单的物质需求在得到满足之后,人们将关注点逐渐转移到了自身形象和健康长寿等方面,并对这些方面有更好的期许。这就导致了健身行业的产生、发展和逐渐普及,健身房如雨后春笋般接连出现在人们的面前,因此,当前大部分人们对健身的需求已经得到了满足。

需要强调的是,健身行业的迅速发展,所导致的直接后果就是,更多的人将健身计划列入了自己的日程单中。但是有一点要注意,在这些自己摸索着健身的人群中,很多都是没有经过系统的有关体育知识的学习的,因此,很多人盲目跟风健身而受伤的情况也普遍存在。为了使在健身过程中意外受伤的情况得到有效避免,如果有经济条件,聘请有经验的私教进行指导是非常好的一个方式。但是,私教的价格非常高,不是所有的健身人群都能承受的。所以,对于那些没有学过专业的健身知识又没有经济条件请私教的人,在互联网上观看相关的体育教学视频,学习教育知识就显得十分必要了。某种意义上来说,体育教学视频的出现,主要就是为了满足这大部分人的需求,使他们通过网络上的学习,大大缓解他们的经济压力。而且,好多软件都有讨论互动的地方,这样老师们能及时接受学员们的反馈,不断改进完善课程教学内容。[①]

3. 网上教学的定期开展

众所周知,现在的网课已经成为普遍现象,相较于线下的课程来说,价格实惠并且最大程度地实现了资源共享,是网上教学的显著特点。一般的,可以通过邀请体育界内知名的专家来向全国各地的人士传授体育知识,并且在课堂中可以通过打字与老师进行互动学习,从而使人们的时间与精力都得到最大程度的节约,同时,也能尽可能保证学习效果。

---

① 钱琴. 在"互联网+"时代下体育教学发展的新思考[J]. 才智,2019(31):128.

第二节 体育信息化教学的意义与发展

一、体育信息化教学的意义

体育信息化教学中对计算机网络技术的应用非常普遍,这给体育教学活动的顺利实施带来了极大的便利,大大提高了体育课堂教学的效率。在体育课堂教学中使用现代教育技术也是体育教学改革与素质教育改革的要求。体育教师将现代信息技术掌握好,将相关信息技术与数据有的放矢地运用于体育信息化教学中,将有利于显著提高体育课堂教学的效果。信息化教学手段在体育课堂教学中的高效运用具有至关重要的意义。

在体育教学中采用信息化教学方式,能够将信息技术的优势与作用充分发挥出来,使所要教的内容显得更加立体与形象,便于学生理解与掌握。例如,体育教师在教某个项目的技术动作时,可采用信息技术来处理该技术动作,如慢动作播放,对动作进行分解,制作关于重点动作的视频课件等,通过这样的处理,能够使体育课堂教学显得更加灵活和丰富,能够成功激发学生的兴趣,吸引学生关注教学内容,使学生将完整的动作要领乃至动作细节准确把握,这样既能达到课堂教学目标,还能培养学生的体育兴趣,使学生感受到体育课堂教学的良好氛围和信息化教学方式的重要性。

信息技术不仅可以用到体育课堂教学中,还可以用于课下,为体育教师与学生的课下交流与互动提供便利,使体育教师更好地了解学生的学习情况,帮助学生解决学习上的问题,使学生的学习效率得到提高,这也是建立良好师生关系的好机会。相比于传统体育教学方式,信息化教学进一步丰富了课堂教学内容,改善了学生的课前预习情况,并通过与多种翻转课堂教学形式的结合使学生打破了时空限制,随时随地学习,最终取得了非常显著的教学效果。

体育信息化教学模式的运用不仅体现了教学方式的变革与创新,还体现了学生学习方式的创新,学生可以在体育信息化教学中学习一些信息技术,掌握现代化的学习手段,提高自己的信息素养。例如,学生掌握体育知识与技能后,基于自己的理解采用计算机网络技术制作学习课件,这样便于巩固知识,进一步熟悉知识,深入掌握技术。学生在制作学习课件的过程中也能开阔思维,锻炼实践能力和创造能力,熟练学习软件,获

第十一章　互联网与体育信息化教学发展研究

得更多的学习灵感,为学习新的体育知识与技能奠定良好的基础。

二、体育信息化教学的理论

(一)体育信息化教学的概念与要素

体育信息化教学是指,在现代教学理念的指导下,体育教师充分利用现代信息技术,包括网络技术、计算机及多媒体技术、卫星通讯技术等,整合与运用丰富的教学媒体和信息资源,构建良好的体育教学环境,引导学生积极发挥自身的主观能动性,使学生自觉成为知识和信息的建构者,从而不断提高体育教学质量的过程。[①]

传统体育教学系统由"三要素"(教师、学生、教学内容)构成,如图11-1所示。体育信息化教学系统在"三要素"的基础上增加了媒体因素,构成了由"四要素"组成的教学系统,如图11-2所示,四个要素之间相互促进、相互作用,缺一不可。

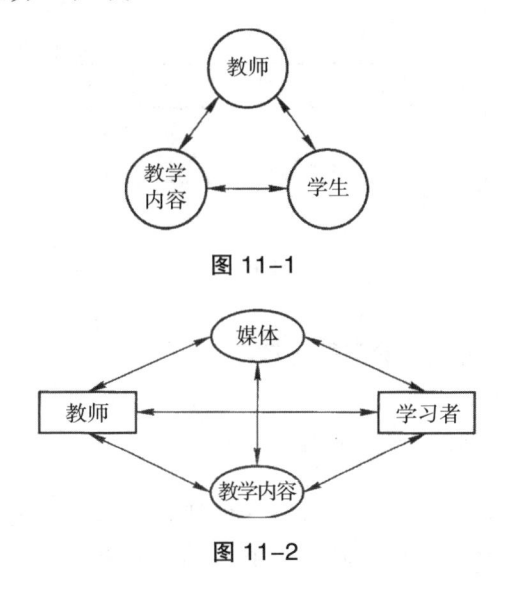

图 11-1

图 11-2

(二)体育信息化教学模式

体育信息化教学模式主要有协作型信息化教学模式、基于电子学档的信息化教学模式等,下面以协作型信息化教学模式为例进行分析。

---

① 景亚琴.信息化教学[M].北京:国防工业出版社,2014.

协作学习是指学习者以小组的形式在一定的激励机制下,学习者个人和小组通过协同互助的方式,为完成共同任务而开展的学习活动,又被称为"合作学习"。小组活动是协作学习的主体,强调小组成员的协同互助、强调目标导向功能、强调以总体成绩作为激励。[①]

通常来说,学习者协作学习过程主要分为分组、学习、评价三个阶段。在此基础上,结合计算机支持协作学习的特征,从学习者的角度出发,提出一个计算机支持的协作学习系统过程模型,如图11-3所示。可以大致将这一学习系统分为四个阶段,分别是学习者特征分析、分组、学习过程和总结评价。

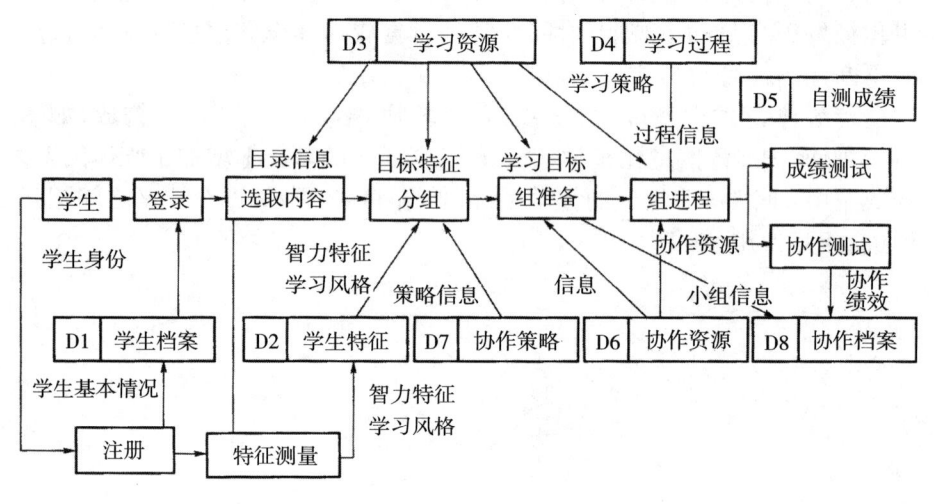

图 11-3

三、体育信息化教学的问题与改革

(一)体育信息化教学的问题

当前,我国体育信息化教学存在一些问题,这些问题对信息化教学工作的顺利开展造成了严重的制约。下面具体分析主要的内部环境问题与外部环境问题。

---

① 马腾,孔凌鹤.现代体育教学改革与信息化发展研究[M].北京:中国商业出版社,2018.

第十一章　互联网与体育信息化教学发展研究

1. 内部环境问题

（1）体育教师的认知程度低

当前，我国大部分体育教师对信息化教学的认知程度还不够高，这对信息技术在体育课堂教学中的实施造成了根本上的制约。在一些体育教师看来，体育教学与信息技术的叠加就构成了体育信息化教学，这是错误的看法，二者简单的叠加并不是真正的信息化教学，信息化教学要求将体育教学与信息技术科学结合及深度融合起来，如此才能真正发挥信息技术在体育教学中的作用，才能促进体育课堂教学效果的有效提升。

（2）体育教师的信息化教学经验不足

一些体育教师信息素养不高，缺乏基本的信息化专业知识，信息化教学软件的实践操作能力也较差，更没有丰富的信息化教学经验，这些都直接制约了体育信息化教学工作的开展。在对体育教师进行信息化教学技能的培养中，年龄较大的教师掌握先进教学技术的速度较慢，需要很长时间才能熟练操作信息化教学软件，因此影响了体育信息化教学进度和教学质量。

（3）信息化技术的应用缺乏合理性

在体育信息化教学中，如果不能合理使用信息技术，就会出现信息化教学目标偏差的问题，有些信息化教学手段看似新潮，但实用性差，有些教师为了吸引学生，过多使用这类教学手段，最终导致学生对学习目标的认识出现扭曲。有的教师在使用信息化技术上过于保守，倾向于传统教学方法，这又不利于激发学生的学习兴趣，也不利于培养学生的自主学习能力。

2. 外部环境问题

（1）信息化教学硬件与软件资源缺乏

信息化教学硬件设施不完善、软件资源少及信息化教学氛围不佳是制约我国体育信息化教学的主要外部环境因素。因为很多学校管理者不重视体育信息化教学，甚至不重视体育教学，所以为体育课程提供的多媒体技术及信息化设备较少，信息化教学的硬件资源严重缺乏，体育教师无法顺利开展信息化教学工作，所以在体育课堂上还是以传统教学方法及教学手段为主，最终制约了学生对新信息技术和教学内容的掌握，影响了体育教学质量的提高。学校体育教学以实践课为主，主要教学场所是体育场，体育考核一般都在体育场上进行，但如果不能依托信息化硬件资源而构建与完善体育考核体系，那么考核成绩的说服力较弱，难以使学生信服。

除了信息化硬件资源短缺的问题,教学软件不足也对体育信息化教学造成了严重影响。在体育信息化教学中,教师与学生之间沟通与交流主要依托的是互联网,软件资源的不足直接影响了师生沟通。如果不能及时解决教学硬件与软件的问题,体育信息化教学活动的开展将举步维艰。

（2）体育教学资源库少

现有的体育教学资源库较少,一些学校正在规划创建体育教学资源库,但是短期内很难有显著成果。适合体育信息化教学的多媒体资源库在网络上很难搜索出来,一些规模较大的资源库需要付费才能获得资源,这不便于在体育信息化课堂教学中随时查找资料,也不便于学生在课后查找学习资料。

（3）体育教师信息化教学技能水平不高

体育信息化教学中必然要用到先进而丰富的信息化技术,这是顺利进行信息化教学的基础与前提,所以加强信息化软硬资源建设非常重要。在这一前提下,还要特别重视对体育教师信息化教学能力的培养,否则信息化教学资源再完善,如果体育教师不会正确运用这些资源,也将无济于事。对体育教师的信息化教学技能培养不足是很多学校普遍存在的问题,这也是制约学校体育信息化教学工作开展的主要瓶颈。学校必须充分认识到提高体育教师信息化教学能力的重要性,加强专业培训,使体育教师有能力将信息技术与体育课堂教学真正结合起来。

（二）体育信息化教学的改革

1. 科学开发体育信息化教学资源

（1）拓宽研究领域

对很多学校来说,体育信息化教学是一种新的教学模式,开发体育信息化教学资源也是一个新的尝试,通过这一尝试能够使体育教育工作者更好地理解信息化教学资源,通过深入开发体育信息化教学内容资源,能够促进体育教学内容的丰富和校园体育文化的延伸,最终也会给体育信息化改革及体育文化的发展带来积极影响。

（2）加强体育学科与其他学科的融合

目前,体育学科具有一定的封闭性,这对该学科的发展非常不利,在互联网背景下开发体育信息化教学资源,需要突破体育学科的封闭性,打破局限,在开发过程中融入其他学科的信息化教学资源,使体育信息化教学资源愈发丰富,使资源体系愈发完善,提高体育教学的信息化水平。多学科信息化资源的相互融合与渗透将对学生的全面发展产生重要影响,

第十一章　互联网与体育信息化教学发展研究

这也是素质教育的要求。

（3）加强学校体育与社会体育的联系

学校体育教学具有自身的局限性，在体育信息化教学资源的开发中要勇于突破限制，适当加工整理社会体育中有价值的信息化资源，将其整合到学校体育信息化教学系统中，丰富学校体育信息化教学资源，这对提高学生的社会体育认知能力、引导学生树立开放性学习理念、提高学生的综合性体育素养具有重要意义。

2. 优化体育信息化教学策略

在互联网时代，计算机网络无处不在，信息技术在各级各类学校的各科教学中的应用越来越普遍，体育学科的教学中同样也在越来越多地使用信息技术与多媒体教学手段。在学校体育教学中采用信息化辅助教学手段能够增加教学的灵活性与趣味性，便于师生展现自己的个性。为了充分发挥信息技术在体育教学中的作用，要注重对体育信息化教学策略的优化与完善。

（1）正确理解信息化教学内涵

体育教师要对体育信息化教学的内涵有正确且深入的理解，在此基础上善于运用信息化教学的硬件与软件资源来调动学生的兴趣，活跃课堂氛围，使体育信息化课堂教学更丰富、生动、有趣，使学生在愉快的课堂氛围中掌握体育教学内容，使学生的主体性和创造性得到充分发挥。在体育信息化课堂教学中，教师要引导学生正确使用计算机技术来为自己"量身打造"学习课件，激发学生的学习积极性，调动学生的学习热情，使学生既熟悉了计算机的基本操作方法，也掌握了体育知识。

（2）加强师生沟通与互动

要提高体育信息化教学效率，就要注重师生之间的良好互动与交流，这是非常有效的策略之一。在信息化课堂教学中，体育教师要在课前完成对教学计划与流程的设计工作，使学生对教学思路有所明确，然后跟着教师的节奏有序学习，在整个课堂教学中，师生的交流必不可少。另外，体育教师在信息化教学中要注意教学用语的简洁性与准确性，要善于以简短的语言准确总结教学内容，以免学生不能准确把握学习重点。体育教师还要结合学生的实际生活来精选问题，创设问题情境，以拓展学生的思维。

3. 优化改革体育信息化教学环境

在互联网背景下优化与改善体育信息化教学环境，要求重点做好以下几方面的工作。

第一,对体育教学与信息化教学的新发展予以密切关注,从而对体育信息化教学的改革动向有个准确的把握。学校要注重培养体育教师的信息技术素养,加强这方面的培训。不断强调信息化教学的理念,宣传信息化教学知识,使体育教师对信息化教学技术有很好的掌握与理解。

第二,学校从本校办学条件出发对信息化教学平台进行构建,从资金上提供基础保障,使信息化教学设备条件能够满足体育信息化教学需要。

第三,体育教师自觉树立信息化教学理念,及时转换教学思想,更新教学观念,主动对基础教学环境予以改善,和学生共同努力营造愉快和谐的体育信息化课堂教学氛围,从而使信息化课堂教学能够取得理想的教学效果。

4. 关注多媒体教学及微课教学

在信息化教学的发展过程中,微课教学在各学科的信息化教学中逐渐受到重视。微课教学主要是结合教学标准与教学实践,将视频作为主要的教学载体,围绕知识点进行教学与互动。在体育信息化教学中,运用多媒体教学及微课教学,能够促进学生全面掌握体育技能与方法,使学生对知识点的理解更直观。通过微课教学,能够提高学生学习的积极性,通过多种教学手段对教学内容进行展示,将教学中的重点、难点更加直观地展现在学生面前,提升学生的求知欲。另外,生动的教学情境可以提高学生的学习兴趣,提高学习质量。例如,在篮球教学中会涉及传切、空切等战术问题,许多同学在初步学习时都比较紧张,如果教师单纯进行讲解,既费时间,又不能获得良好的效果。如果采用微课教学方式,通过 NBA 篮球比赛游戏软件来制作微课教学课件,可以随意切换游戏中的规则,通过模拟软件进行演示,这样会吸引学生竞相模仿,在实践中熟练掌握战术。[1]

5. 科学构建体育信息化教学管理体系

通过构建与完善信息化教学管理系统,能够提高对学生学习的管理效率,全面实现数据资源的高效利用与维护,提高学生学习资料的公开化与共享性,对教师的教学也有一定的借鉴意义,提高体育课堂教学效率。

---

[1] 杨光. 关于高校体育信息化教学探析 [J]. 冰雪体育创新研究,2020 (5): 45-46.

第十一章 互联网与体育信息化教学发展研究

第三节 体育信息化教学的设计与实施

信息化教学设计的基本模式如图11-4所示,体育信息化教学设计可以参考该模式,但要突出体育课程的特点与教学重点。在体育信息化教学设计中,要重点做好以下几个环节的工作。

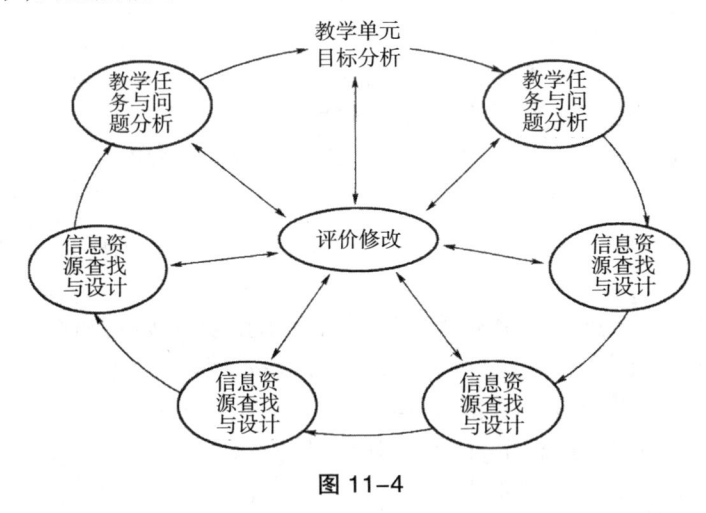

图 11-4

一、构建信息化教学模块

进行信息化体育课堂教学设计,要求体育教师及时转变陈旧的教学观,树立新的教学理念,尽可能地丰富教学内容,采用新的教学方法,在课堂上将信息技术与现代化教学手段的作用与价值充分体现出来。体育教师构建信息化教学模块,必然会用到丰富多元的教学手段,但这要建立在与学生实际情况及个体差异相结合的基础之上。在信息化教学模块的构建中,有趣的图片、视频往往能调动学生的学习热情,提高学生的注意力,这就需要体育教师利用信息技术有选择地进行导入。在学习多媒体课件或微课视频课程的制作中,体育教师要将相关知识点集中放到一起,为学生的学习提供便利,这也便于学生对自己学习进度的自主掌握。科学设计信息化课堂教学模块,可以使学生将自己的想法勇敢地表达出来,使学生在搜集信息和思考问题方面更有自觉性与积极性,这也为培养学生的想象力与锻炼学生的创造力以及构建和谐师生关系提供了良好的机遇,学生的成长与和谐师生关系的建立都有助于进一步提升体育教学质量。

二、制作信息化教学视频

制作信息化体育教学视频对促进体育课堂教学效率的提升具有重要意义,这一环节对体育教师信息化素养的要求较高,体育教师对信息技术和信息化教学手段的运用情况直接影响信息技术优势的发挥程度,最终直接影响教学效果。因此,体育教师要熟练掌握现代化教学工具,灵活操作计算机,熟知相关软件与工具的作用及优劣势,这样才能把教学视频做好。体育教师应将高质量的教学视频上传到相关学习网站上,以资源共享的形式帮助更多有需要的教师与学生。

为了制作出高质量的信息化体育教学视频,为更多的师生提供帮助,学校要特别重视对体育教师信息技术素养的培养,加强这方面的专业培训,促进体育教师计算机实践操作能力的提升,进而促进体育课堂教学效果的优化。

下面以篮球技术教学为例来说明信息化教学视频的制作要点。例如对传球和运球两个技术进行讲解时,适宜以教学视频的形式进行教学,学生通过对视频的反复观看能够熟悉动作,练习起来就会比较容易。在这类教学视频的制作过程中,体育教师可以先设计传球和运球类的游戏,使学生将注意力集中到课堂中,并对要学习的篮球技术产生兴趣。在游戏的基础上将基本教学内容加入其中,视频中应有用不同方法传球和运球的连贯动作与分解动作,在视频展示中要特别注意动作的规范性和准确性,要提醒拍球的部位与力量,强调容易出错的地方。融声音、文字、图片于一体的教学视频可以很好地将教学重难点、易出错动作呈现给学生,使学生全面了解所要学习的内容,深刻认识要重点学习的东西,从而通过不断的练习牢固掌握教学内容,达到较为理想的教学效果。

三、加强教学反馈研究

在体育信息化课堂教学开始前,体育教师要先了解学生对之前教学内容的掌握情况及对将要学习的教学内容的了解情况,然后再根据学生的实际情况进行具体的信息化课堂教学,有针对性地安排教学计划和运动处方,为学生科学锻炼和学练运动技能提供指导,在促进学生增强体质和提高运动技能的同时保障学生的安全,培养学生对体育课的持久兴趣与长期主动性。

第十一章　互联网与体育信息化教学发展研究

体育信息化教学为师生搭建了良好的信息化教学平台,打破了传统体育教学的时空限制,学生可以随时查看体育教师在信息平台中上传的教学课件,这样不仅能掌握课本知识,还能获得有价值的信息,获取拓展性知识。教师与学生借助信息平台这个媒介频繁互动,教师随时了解学生的学习动态,为教学反思提供了有价值的素材。体育教师利用信息平台教学不仅便捷,而且拓展了教学范围,局限性小,对学生的指导也更及时,对督促学生进步具有重要意义。

四、制订新的教学计划

体育教师通过信息平台观察学生的学习情况,经过教学反馈与教学反思后了解学生对教学内容的掌握情况和学习进度,然后根据这些有价值的信息制订新的信息化课堂教学计划,使学生更好地掌握信息化教学课件中的教学内容,并为学习新的体育知识与技能奠定良好的基础。

五、开展问卷调查

在体育信息化课堂教学后,体育教师要及时做好与学生的沟通工作,掌握学生的学习情况和学习进度,并收集学生对信息化课堂教学的意见与看法,以便能够根据学生的学习效果来改进后面的信息化教学工作,并尽可能完善信息化课堂教学,使学生满意。课后开展问卷调查是体育教师掌握学生学习情况和了解学生对信息化教学的意见的一个好方式,在问卷调查后再进行数据统计,这样对学生学习情况的了解更直观、清晰。

第十二章　体育信息化教学方法研究

微课教学、微格教学都是体育信息化教学中的重要方法,也在当今的体育教学中获得了一定的应用。本章对这两种体育信息化教学方法进行研究,为体育信息化教学的发展和应用奠定基础。

第一节　体育信息化教学之体育微课教学

一、微课教学的基本理论

（一）微课教学的概念

微课教学是指教师将微课的资源整合到日常课堂当中,根据学生的学习特点和学习进度,将微课资源与普通课堂相结合,从而实施教学的过程。

（二）微课教学的特点

微课教学的特点主要体现在以下几个方面。
（1）内容易懂,精力专注。
（2）集中、强化教学技能。
（3）突出自身优势,彰显个性特点。

（三）微课教学的意义

1. 促进学生学习积极性的提升

微课教学中,教师用直观的教学手段清晰地展示抽象的理论知识和不易掌握的技术动作,为学生理解与掌握提供了方便,使学生学习起来更容易一些。学生对新鲜事物总是充满好奇心,而对于青少年学生来说,新

第十二章　体育信息化教学方法研究

颖的微课教学模式是比较新鲜的事物,能激发他们的好奇心和求知欲,学生在新的教学模式下学习的积极性会得到提升,更愿意主动学习,这对于提高学习效果、提升体育素养具有重要意义。

2. 使学生的个性化学习需求得到满足

微课教学可以使不同学生的个性化学习需求得到满足,学生可以根据自己的学习需要对所要学习的内容进行灵活选择,既能强化自己已经掌握的知识与技能,又能重点学习自己还未掌握的知识与技能。微课教学为学生提供了延伸性的学习平台,学生利用这一拓展化的学习资源可以查漏补缺,完善自己的知识体系,巩固自己的运动技能。传统体育教学中,由于一节课时间比较长,学生的注意力很难始终保持高度集中的状态,学生注意力分散,无法与教师配合好,自然就会影响课堂教学的顺利进行和最终的教学效果。而微课教学模式下,由于时间短,而且学生面对的是生动形象的教学资源,所以更容易集中注意力,更容易准确抓住知识点,还能主动思考与探索,这对于促进学生视野的拓展及学习水平的提高是有好处的。

二、体育微课教学的组织与实施过程

体育微课教学的组织与实施过程可分为以下三个阶段。

(一)课前准备

课前准备工作的好坏直接反映教师的内容编制技能,准备阶段的工作主要包括对教学内容的选取、对教学目标的确定、对教学策略的制定、对教学顺序的安排及对教学器材的摆放等内容。选取教学内容一定要有明确的主题,对某一个或少数几个选定的问题集中进行说明,这样才能体现出体育教学的目的性、计划性,才能使教学目标发挥引领作用。[1]

(二)课中教学

1. 课程导入

微课时间较短,在有限的时间内尽可能用新颖的方法引出课题,这样

---

[1] 蒿彬.现代体育教学多元理论与实施路径研究[M].北京:中国书籍出版社,2019.

才能在短时间内吸引学生的注意力,使其在接下来的时间里集中精力学习。这一环节用时较少。

2. 正式进入教学活动

教学活动是主体部分,以解决一个技术问题为主线,教师的讲解要简短精炼,留出让学生自主练习的时间,教师在旁边巧妙启发、积极引导。

3. 课后小结

课堂小结是对教学内容要点的归纳及整个教学的总结。课堂小结贵在"精",要起到画龙点睛的作用,不要做不必要的总结,以免画蛇添足。

(三)课后反思

教学探究和解决问题是课后反思的基本立足点,反思的要点有两个,即教和学,通过反思来检验目标的合理性与达成情况,根据现实问题而提出解决方案与改进建议。

三、互联网视域下微课教学在体育体能课中的应用案例分析

(一)案例陈述

以体能课上核心力量训练的教学为例,微课教学在该课中的应用案例见表12-1。

表12-1 体能微课教学设计——核心力量训练[1]

授课教师		教学对象	
教学内容	核心力量训练的含义、意义、方法、应用		
教学重点	核心力量训练的方法和应用	教学难点	核心力量的形成机制
教学方法	问导式教学法、启发式教学法、多媒体教学		
教材选择	由王卫星主编,高等教育出版社出版的体能教材——《体能训练理论与实践》		

---

[1] 蒿彬. 现代体育教学多元理论与实施路径研究[M]. 北京:中国书籍出版社,2019.

第十二章　体育信息化教学方法研究

续表

授课教师		教学对象	
教学程序	1. 课程导入：直接式 2. 主体教学 （1）核心区的概念 （2）核心力量训练的含义 （3）核心力量的形成机制 3. 核心力量训练意义 4. 核心力量训练方法（运用半球型滚筒、瑞士球、悬吊器械、小蹦床、平衡垫、平衡板等器材） 5. 核心力量训练应用（竞技体育、大众体育、康复医疗） 6. 课堂小结 7. 习题解答 8. 布置作业：为自己喜爱的体育项目设计力量训练方法。		

（二）案例解析

本案例教学过程相对完整，微课教学任务较为明确，教学方法有一定的创新。但需要将教学内容适当精简，解决好重点与难点问题，使学生学到"精华"。

第二节　体育信息化教学之体育微格教学

一、体育微格教学的基本理论

（一）微格教学与体育微格教学的概念

微格教学是利用现代教学技术手段来对教师的教学技能进行培训的一种教学方法。微格教学的创始人——美国斯坦福大学的爱伦教授认为，微格教学是一种缩小了的可控制的教学环境，它使准备成为或已经成为教师的人有可能集中掌握某一特定的教学技能和教学内容。一般将微格教学定义为一个有目的、有控制的实践系统，它能使师范生和教师集中解决某一特定的教学行为，或在有控制的条件下进行学习。它是建立在教育教学理论、视听理论和教学技术基础上，系统训练教师教学技能的方法。[1]

---

[1] 施小菊.体育微格教学[M].厦门：厦门大学出版社，2013.

体育微格教学指为培养体育师范生的课堂教学技能,将体育课堂教学目标的实现、教学专业提升、教学技能训练的人力、物力及自然资源整合起来进行专门训练的教学。①

(二)体育微格教学的特点与作用

微格教学的特点总体上可以概括为"训练课题微型化,技能动作规范化,记录过程声像化,观摩评价及时化";具体表现为训练内容单一、参加的人数少、上课时间短、运用视听设备、评价技术科学合理、心理负担小。

有关专家与学者对体育微格教学的作用进行了研究,提出了自己的观点,下面列举几个主要观点。吉学武认为,体育教学是基础,微格教学是为体育教学服务的,二者的关系是相辅相成的,微格教学是促进体育教学的重要手段;翟凤鸣等通过对微格教学的过程进行研究指出,体育专业生在实习前应该接受微格课堂训练,可以大幅度提高教学能力;张秀华通过实验研究表明,采用微格教学可以显著提高学生篮球裁判技能;王进通过对比研究认为,通过实验班和对照班的对比,采用微格教学,能够使学生的目标更明确,能够提高学生角色转变后的教学技能和教学水平。②

众多专家学者的研究结论显示,无论从理论的角度,还是从实践的角度,体育微格教学是理念先进、较为系统的教学技能培训手段。对体育教育专业学生掌握教学技能具有深远意义,应该在实践过程中广泛推广体育微格教学。

(三)体育微格教学技能

1. 导入技能与结束技能

(1)导入技能

导入技能是在体育教学活动开始时,立疑激趣,建立认知准备,铺设桥梁,衔接新知与旧知。导入技能也被称为"开门之技"。导入设计得好,能很快渗透主题,引领学生进入情境,在短时间内使学生的注意力迅速指

---

① 刘莹.信阳师范学院体育教育专业微格教学现状问题及对策研究[D].信阳师范学院,2018.
② 刘莹.信阳师范学院体育教育专业微格教学现状问题及对策研究[D].信阳师范学院,2018.

向特定的体育教学目标。此阶段主要是观察学生在体育教师的引导下的反应,而微格教学中的"教师"是由没有教学经验的学生扮演的,"学生"是由同伴扮演的,不能在短时间有效地缩短"师生之间""学生与教材之间"的距离,有的导入部分会出现偏离重点,过于牵强的现象,很难做到自然引入新课,衔接紧凑恰当。①

(2)结束技能

完整的体育教学必须做到善始善终,结束技能也是衡量体育教师教学艺术水平的一个重要标志。在完成基本体育教学内容后,体育教师应对本次课所传授的运动知识、技能进行归纳和总结,引导学生对所学知识技能及时地进行总结、巩固、扩展、延伸、迁移等,从而达到更好的教学效果。

2. 讲解技能

体育教师在教学过程中的语言表达能力直接影响教学效果。因为课堂上,学生对每项运动技能的掌握,都需要体育教师既做示范又对技术动作进行解释和说明。学生在模仿练习时,体育教师也要借助于语言进行必要的指导和解释,讲解时要注意以下几个方面。

(1)口令的音量、音节、音调、语速、节奏适宜,教学术语规范。

(2)教学用语能准确、清晰、及时地传递信息。

(3)能恰当、适宜地控制信息传播的量和强度。

(4)能增强课堂教学感染力,提高学生对教学信息的接受率。

(5)配合动作示范的讲解清晰,时机适合等。

3. 示范技能与演示技能

(1)示范技能

体育教师对技术动作进行传授,必然要亲自示范动作,示范时先完整示范,然后分解动作逐一传授,不管是完整示范还是分解示范,都要将学生的视觉充分调动起来,要将动作结构、重点准确展现出来,这是使学生形成技术动作概念及在大脑中建立正确运动表象的重要条件,只有通过准确示范,才能使学生正确模仿,在反复模仿练习中将技术动作掌握好。

(2)演示技能

在体育教学过程中,体育教师为了传授更具体、形象的教学信息,会用到一些教具,如挂图、模型、多媒体等,通过教具的演示或展示,使学生

---

① 刘莹.信阳师范学院体育教育专业微格教学现状问题及对策研究[D].信阳师范学院,2018.

对技术动作的相关要领有所理解与掌握,如动作的方向、路线、力度、幅度等。

4. 组织教学技能

作为体育教学的引导者与组织者,体育教师必须具备良好的组织技能。体育教师在微格教学中的组织技能主要体现在以下几个方面。

(1)对体育教学内容的选择。
(2)对体育教学方法的选用。
(3)对运动负荷的安排。
(4)对学生队形的安排与调整。
(5)对运动场地器材的布局。
(6)对课堂上突发事件的处理等。

5. 教案编写技能

教案是组织课堂教学的具体方案,是体育课堂教学过程实施的重要依据。教案设计得好坏及能否在课堂上顺利实施将直接影响教学计划的完成。可以说,良好的教案及有序的实施可以保证教学计划的顺利进行。编写体育课程教案,一定要将体育教学的特点凸显出来,要将教师对教学技能的运用及学生主体的学习行为重视起来。编写教案是一项基本功,也是非常基础的教学技能,这项工作并不是孤立的,它与其他教学工作密切相关,直接影响后续教学工作的开展。

一般来说,教案要包含的内容有教学目标、师生的教学行为和学习行为,具体如实施教法、使用教学媒体、分配时间等。教案编写技能对体育教师的逻辑思维能力、文字组织能力都提出了较高的要求,一般来说,教学经验丰富的教师在教案的编写上更得心应手一些,缺乏教学经验的教师编写教案时会有些吃力或者说编写的教案不够完善。体育教师编写教案的技能是在实际工作中通过不断学习、总结和积累而不断提高的。

通过设计教案表格,以表格的形式呈现教案,有助于整体上把握微格教学的过程,见表12-2。

第十二章 体育信息化教学方法研究

表 12-2 微格教学教案设计表[1]

学科： 日期： 年级：
执教者： 指导老师：

教学课题	
教学目标	1. 2. 3.
技能目标	1. 2. 3.
时间分配	教师行为	教学技能	学生行为	所用教具、仪器和媒体等

二、体育微格教学设计与实施

(一)体育微格教学设计

在体育微格教学中,体育教师要以体育教学目标和教学技能培训目标为依据进行教学设计,教学设计的理论基础包括教学理论、学习理论、传播理论等,在这些理论基础上对体育微格教学问题与教学需要进行系统分析,从而设计能够将教学问题解决好的教学策略与教学方案,教学方案成形后,就进入方案试行阶段,并对试行结果进行评价,最后再修改方案。[2] 促进体育微格教学效果的优化及提高教学技能培训效果是进行体育微格教学设计的主要目的。

与一般的体育教学设计相比,体育微格教学的教学设计有自己的特点和不同之处。在一般的体育教学设计中,完整的单元课是设计者面向的设计对象,教学过程是完整的,具体包括导入、讲解、练习、评价等几个连贯的环节。通常情况下,微格教学较为简短,是片段式教学,将一节课的一部分作为教学内容,教学设计也是针对这个片段进行的,主要目的是训练某种教学技能。鉴于一般体育教学设计与微课教学设计的不同,在体育微课教学的教学设计中,建议将概念、原理、事实、方法等要素放在一个体系里,将它们作为一个完整的过程进行设计,而不是从宏观角度对这些结构要素——分析。从体育微格教学设计的特点来看,以培训教学技

---

[1] 施小菊.体育微格教学[M].厦门:厦门大学出版社,2013.
[2] 施小菊.体育微格教学[M].厦门:厦门大学出版社,2013.

能为主的微格教学主要有以下两个教学目标。

（1）使被培训者将教学技能熟练掌握好。

（2）通过灵活而高效地运用教学技能来实现体育教学目标。

体育微课教学目标的实现离不开教师对多种教学技能的掌握及灵活运用，微课教学目标的实现程度又能检验教师的教学技能水平。可见，上述微课教学的两个教学目标相互联系与依存。为了更好地实现这两个教学目标，在体育微格教学的教学设计中，要遵循一般教学设计的原理，灵活运用教学设计的多种方法，同时也要将微格教学的特点体现出来。

需要注意的是，在体育微格教学的教学设计中，体育教师既要注重价值理性，又要重视技术理性，要将二者充分结合起来，使学生对微格教学的内涵及对教学技能都有更深入的认识。在学生练习动作方面，既要强调准确性与规范性，又要关注理论方面的培养，使学生能够准确而清晰地进行语言表达，提高学生的综合素质与实践能力，为其将来从事体育教师职业打好基础。在教学设计中关注价值理性与技术理性，有助于培养学生的实践能力，同时能促进学生的职业情感。

在体育微格教学的设计中，体育教师既要强调技能培养，又要关注情感培养，尽可能将二者统一起来。为了优化微格教学中的情感因素，体育教师要努力与学生建立和谐的师生关系，使学生保持积极向上的学习情绪，进一步提升学生的学习能力、心理健康水平及心理素质。在角色扮演中，学生扮演教师的角色传授知识，示范动作，有的学生教的意识不强烈，不适应新角色，所以教师在课程设计中要加入培养学生教的意识的训练内容，使学生将教与学结合起来，从而有更多的有意义的收获和更全面的进步。

（二）体育微格教学的组织与实施过程

体育微格教学的组织与实施过程如图12-1所示。

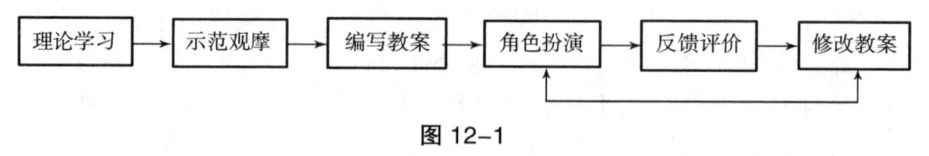

理论学习 → 示范观摩 → 编写教案 → 角色扮演 → 反馈评价 → 修改教案

图12-1

1. 理论学习

微格教学是一种全新的实践活动，其具有深刻的理论基础，因此，学习和研究新的教学理论是十分必要的。理论学习和研究的内容包括微格教学的概念、微格教学的目的和作用、学科教学论、各项教学技能理论。

第十二章 体育信息化教学方法研究

2. 示范和观摩

在提高各项教学技能时,可以提供相关的课堂教学片断,组织学生进行示范观摩。观看录像后引导小组成员讨论分析,取得共识。这样,学生不仅获得了理论知识,也有了初步的感知。

在观看示范录像片断时,教师要先提出具体要求,明确目标,突出重点,边观看边提示。提示时要画龙点睛,简明扼要,不可频繁,以免影响学员观看和思考。[1]

3. 编写教案

关于编写教案,在体育微格教学技能中已经作了分析,这里不再赘述。

4. 角色扮演

角色扮演是微格教学的中心环节,培养学生教学技能的具体教学实践活动,在活动中学生都要扮演一个角色,进行模拟教学。这样改变了传统的"老师讲、学生听"的教学模式,给学生提供了充分的实践机会,提高了教学质量。

角色扮演的要求主要有以下几个方面。

(1)扮演"教师"者要把自己当成一个"纯粹"的教师,要把自己置身于课堂教学的真情实境之中,一切按照备课计划有控制地进行教学实践活动,训练教学技能。

(2)扮演"学生"者要充分表现学生的特点,自觉进入特定情境。

(3)在角色扮演前,指导教师要说明有关角色扮演的规定。

(4)除了执教者和学生以外,减少模拟课堂上其他无关人员的数量。

5. 反馈评议

反馈评议阶段,首先由执教者将自己的设计目标、主要教学技能和方法、教学过程等向小组成员介绍,然后播放微格录像,全组成员和老师共同观摩。观看录像后进行评议,可以由执教者本人先分析自己观看后的体会,检验设计的目标是否达到,及自我感觉如何;再由全组成员根据每一项具体的课堂教学技能要求进行评议。评议过程包括学生自评;组织讨论、集体评议;指导教师评议几个环节。

6. 修改教案

根据录像,参考技能示范录像和技能理论,对照评议结果,针对不足

---

[1] 施小菊.体育微格教学[M].厦门:厦门大学出版社,2013.

之处修改教案。

三、体育微格教学的优化

（一）注重微格理论知识的教学

进行体育微格教学，需要先具备一定的微格理论知识素养，这是非常重要的前提之一。学习微格理论知识，既能促进知识的丰富，思路的拓展，又能更深入地理解不同教学技能在教学中发挥的重要作用，从而为上好微格教学课打好基础。体育理论教学时数较少，而微格教学的相关理论知识很多，所以为了使学生将微格理论知识掌握好，需要在理论教学中拓展渠道，以使学生系统地掌握关于微格教学的丰富知识。

关于微格理论知识的教学，具体可以从以下几方面着手。

1. 强化理论学习，提高教学质量

微格教学理论非常丰富，主要内容有教学目标类型划分、教材与教学技能分析、教学设计、多种教学方法、综合教学评价、各种教学设备的运用等。由于涉及的理论知识较多，而理论教学时数又少，所以体育教师要善于面向这些丰富的理论知识进行分类，分析不同类知识的特点，明确教学重点与难点，然后在理论课上有计划地传授知识，以多样化的教学形式帮助学生掌握微格教学理论知识，使学生系统而全面地认识与了解微格教学。

2. 结合实际案例使学生理解微格理论知识

单独学习微格教学的理论知识，学生理解起来有一定难度，这就需要与实际教学案例结合起来，使教学内容更形象、生动，使学生容易理解。教师以成功的教学案例引导学生学习，可以吸引学生的注意力，促进学生学习积极性的提升，也能让学生自主发现问题，勇敢提出自己的看法，从而更好地掌握微格教学理论知识。

（二）构建微格教学资源平台

学生对微格教学理论知识的学习、教师对微格教学视频的上传、学生对微格教学案例的观看以及师生的互动都可以在微格教学资源平台上实现。微格教学资源平台非常重要，其在体育微格教学的整个过程中都发挥着至关重要的作用，学生在体育课堂教学中及课外学习中都能通过这个平台获得帮助与指导。因此,构建这个平台是非常重要的工作,而确定该平台的内容更是重中之重。微格教学资源平台包含的内容如下。

(1)微格教学理论知识。

(2)优秀教学案例。

(3)学习视频即时上传。

(4)建立实训教室使用管理系统。

(三)增加学习评价环节

学生学习理论知识,观看教学案例后,就进入实训阶段,在这个阶段学生的自我评价与分析非常重要,通过自我分析与评价能够为体育微格教学的进一步顺利开展奠定基础。关于学生学习的分析与评价,可采用以下几种方式。

1. 学生自我分析

学生了解自己的特点、优势与不足,可以自主分析自己擅长哪些教学技能,哪些技能掌握起来比较困难,以便于教师在教学中可以有针对性地进行训练,在学生的弱项技能上多下功夫指导,在学生的强项技能上不浪费时间,以提高课堂教学效率。

2. 教师指导分析

相对来说,教师的分析与评价更专业一些,分析与评价结果更有说服力,更能被学生信服。教师指导分析既有一定的主观性,也有一定的客观性,主客观相结合的分析对学生全面认识自己更有帮助。教师通过分析与评价也能为调整教学方案提供现实依据。

3. 同学协助分析

学生在自我分析中难免主观性较强,可能存在在某方面过高评价自己或过于谦虚的问题,而且可能忽略了自己的一些潜能,所以同学协助分析与评价显得很有必要,这样能够有效提高评价的客观性与全面性。

(四)通过开展竞赛来提高学生的学习积极性

学生讲课,教师评课是微格教学的一种常见形式,评价以小组内部评价为主,单一的教学组织方式和评价方式往往不利于调动学生学习的热情和自主性,因此可以拓展教学竞赛的方式,以此来培养与提高学生的学习兴趣与积极性,并促进学生对知识与技能的掌握。关于教学竞赛的拓展方式常见的有以下几种。

（1）单项技能竞赛。

（2）微课竞赛。

（3）说课竞赛。

（五）加强专业师资队伍建设

为体育微格教学培养专业的师资队伍,提高教师队伍的业务能力与教学水平,这是优化体育微格教学的必然要求。具体可以从以下两个方面着手。

1. 增加专业教师的数量

选派有教学经验的教师充实到教师队伍中,使其成为微格教学指导教师小组的成员,对学生进行针对性的教学指导,并进行具有个性化与更加细致的教学评价,以提高教学效果。

2. 提高教师的业务水平,加强业务交流

体育微格教学需要体育教师对教学技能有较高的认识水平和熟练运用的能力,同时由于微格教学中要用到教学资源平台,所以还需要教师具备运用信息技术的能力。因此,在教师培养中应加强专业技能和信息化技能的培养。另外,教师之间应加强业务交流,深入探讨相关教学问题,共同完善教学过程和提高教学效果。

参考文献

[1] 毛振明.体育教学论(第三版)[M].北京：高等教育出版社,2019.

[2] 王丹.体育教学的理论与实践探索[M].北京：北京理工大学出版社,2019.

[3] 周春娟.高校体育教学的影响因素分析与改革探索[M].青岛：中国海洋大学出版社,2018.

[4] 曹电康.信息化时代体育教学思维转变及其改革发展探索[M].北京：水利水电出版社,2019.

[5] 李薛.现代教育技术革新下高校体育教学研究[M].北京：中国纺织出版社,2019.

[6] 冯德学.体育教育教学研究方法概论[M].西安：陕西师范大学出版总社有限公司,2016.

[7] 毛振明.简明体育课程教学论[M].北京：北京师范大学出版社,2009.

[8] 张振华.体育教学理论与方法[M].北京：北京师范大学出版社,2016.

[9] 于晓东,刘庆广,窦秀敏.体育课程热点探索[M].北京：人民体育出版社,2008.

[10] 程晖.体育新课程背景下学校体育理论研究[M].北京：科学出版社,2016.

[11] 刘剑.高校公共体育课教学改革的研究与探索[M].西安：西安地图出版社,2009.

[12] 夏志琴.我国高校体育教学内容改革的探讨[J].内江科技,2012,33（02）.

[13] 吴明智.高校体育教学内容体系的构建与优化[J].运动,2013（19）.

[14] 王崇喜.体育课程与教学改革研究[M].郑州：河南大学出版社,2014.

[15] 韩建华. 谈体育教学中的健康教育的渗透 [J]. 甘肃教育, 2019（14）.

[16] 王立言. 构建高校体育教学创新体系的研究 [J]. 科技视界, 2019（30）.

[17] 龚正伟. 体育教学论 [M]. 北京：北京体育大学出版社, 2008.

[18] 刚红光."探究式教学法"体育教学中的应用 [J]. 现代企业教育, 2011（22）.

[19] 龚坚. 现代体育教学论 [M]. 重庆：西南师范大学出版社, 2009.

[20] 卢丹旭. 体育教学与模式创新 [M]. 北京：中国纺织出版社, 2018.

[21] 邵伟德. 体育教学模式论 [M]. 北京：北京体育大学出版社, 2005.

[22] 刘鸿国. 现代信息技术与初中体育教学的有效整合 [J]. 课程教育研究, 2019（38）.

[23] 乔小进. 信息技术与中学体育教学的整合探究 [J]. 教育信息化, 2019（20）.

[24] 张文兰. 信息技术与课程整合 [M]. 西安：陕西师范大学出版社, 2012.

[25] 何克抗, 吴娟. 信息技术与课程整合 [M]. 北京：高等教育出版社, 2007.

[26] 杨雪芹, 刘定一. 体育教学设计 [M]. 桂林：广西师范大学出版社, 2008.

[27] 秦椿林, 袁旦. 体育管理学 [M]. 北京：北京体育大学出版社, 1995.

[28] 谢志强. 公共体育课程体系优化与创新研究——以闽南理工学院为例 [J]. 体育世界(学术版), 2019（10）.

[29] 胡珺. 基于创新教育的高校图书馆学习共享空间建构研究 [D]. 合肥工业大学, 2016.

[30] 杨磊. 创新教育理念下武汉工程大学教育管理改革策略研究 [D]. 华中师范大学, 2015.

[31] 曹卉. 中学思想政治课教学的创新教育研究 [D]. 鲁东大学, 2014.

[32] 张晓博. 创新教育视野下中学思政课教学实效性的问题及对策探究 [D]. 信阳师范学院, 2016.

[33] 张丽蓉, 刘洪伟, 王永祥. 体育教学的价值回归探索 [M]. 北京：中国纺织出版社, 2017.

[34] 张梦雅. 创新教育理念下普通高中的课程管理研究 [D]. 济南大学, 2017.

[35] 杜惠平. 创新高校体育教学的探究 [J]. 当代体育科技, 2019, 9（32）.

[36] 黄建奎. 微格教学与传统教学法的比较研究 [J]. 时代报告, 2011（12）.

[37] 全炳男. 职业教育中的体育教学方法创新探讨 [J]. 农家参谋, 2019（24）.

[38] 霍军. 创新教育理念下体育教学方法理论与实践研究 [D]. 北京体育大学, 2012.

[39] 钟绍春, 王伟. 关于信息技术促进教学方法创新的思考 [J]. 中国电化教育, 2013（02）.

[40] 潘凌云. 体育教学模式探讨 [D]. 华中师范大学, 2002.

[41] 任利敏. 基于创新教育的高中数学教学模式研究 [D]. 信阳师范学院, 2014.

[42] 宁东波. 高中体育教学创新模式分析 [J]. 才智, 2019（31）.

[43] 侯桂明. 教学模式创新与高校体育教学优化对策探讨 [J]. 体育世界(学术版), 2019（09）.

[44] 刘捷. 专业化：挑战21世纪的教师 [M]. 北京：教育科学出版社, 2002.

[45] 陈雁飞. 新中国体育教师队伍建设与发展之路 [M]. 北京：北京体育大学出版社, 2009.

[46] 郑燊宇, 李军, 刘小明. 中小学体育教师创新行为的现状与促进策略 [J]. 体育科技, 2019, 40（06）.

[47] 陈建燎. 中职学校体育教师专业发展创新路径探究 [J]. 创新创业理论研究与实践, 2019, 2（17）.

[48] 张辉. 高校体育教师职业能力创新发展研究 [J]. 山东农业工程学院学报, 2019, 36（10）.

[49] 刘进. 高中体育教学中学生创新素质的培养 [J]. 亚太教育, 2019（10）.

[50] 龚嘉荣. 体育教学中学生创新意识与实践能力的培养分析 [J]. 当代体育科技, 2019, 9（27）.

[51] 方亚冰. 创新教育背景下大学体育教学策略探讨 [J]. 内蒙古财经大学学报, 2019, 17（06）.

[52] 吴玉朋. 经验视野下的创新教育理论浅析 [D]. 山东大学, 2013.

[53] 何文晓. 高职院校创新型人才培养的问题与对策 [D]. 南京师范大学, 2019.

[54] 吕国利,姚飞.创新教育理念下高校教育管理探究[J].中外企业家,2020(06).

[55] 张军波.高校体育教学环境优化策略的思考[J].青少年体育,2018(12).

[56] 卢炳惠.教学创新研究[D].西南师范大学,2002.